60 ANOS

TRADIÇÃO EM
COMPARTILHAR
CONHECIMENTO

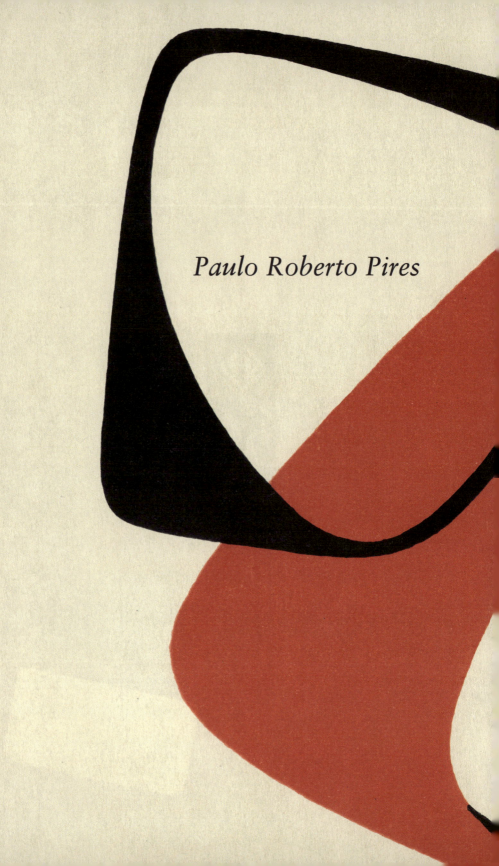

Paulo Roberto Pires

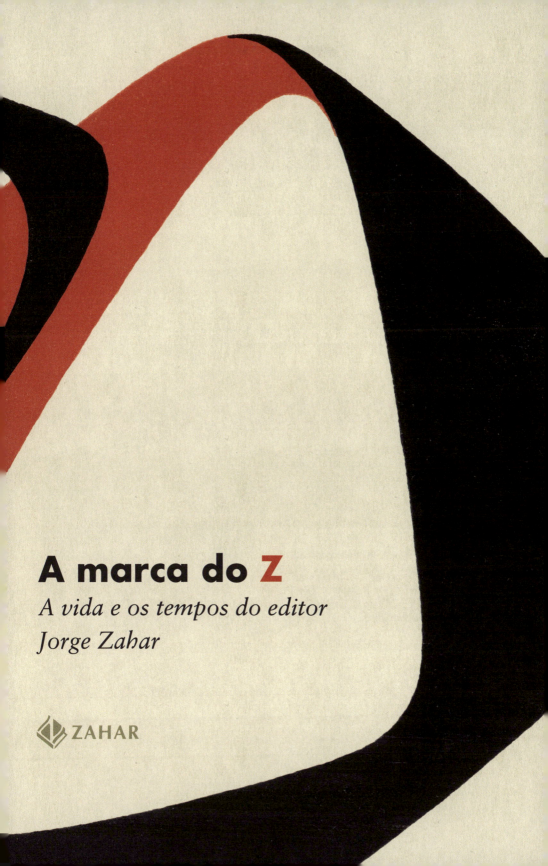

Copyright © 2017, Paulo Roberto Pires

Jorge Zahar Editor Ltda.
rua Marquês de S. Vicente 99 – 1º
22451-041 Rio de Janeiro, RJ
tel (21) 2529-4750 | fax (21) 2529-4787
editora@zahar.com.br | www.zahar.com.br

Todos os direitos reservados.
A reprodução não autorizada desta publicação,
no todo ou em parte, constitui violação de direitos
autorais. (Lei 9.610/98)

Grafia atualizada respeitando o novo Acordo Ortográfico
da Língua Portuguesa.

Todos os esforços foram feitos para identificar
possíveis detentores de direitos. Caso tenha havido
alguma violação involuntária, eventuais omissões
serão incluídas em futuras edições.

PROJETO GRÁFICO: Victor Burton
DIAGRAMAÇÃO: Victor Burton, Anderson Junqueira
TRATAMENTO DE IMAGENS: Anderson Junqueira

PREPARAÇÃO: Angela Ramalho Vianna
REVISÃO: Eduardo Monteiro, Carolina Sampaio
INDEXAÇÃO: André Telles

FOTOS DO ACERVO JORGE ZAHAR: Pepe Schettino
CARICATURA DE JORGE ZAHAR NA QUARTA CAPA: Chico Caruso

CIP-Brasil. Catalogação na publicação
Sindicato Nacional dos Editores de Livros, RJ

P745m
Pires, Paulo Roberto, 1967-
A marca do Z: a vida e os tempos do editor Jorge Zahar/Paulo Roberto Pires. – 1.ed. – Rio de Janeiro: Zahar, 2017.
il.

Inclui bibliografia e índice
Cronologia
ISBN 978-85-378-1713-1

1. Zahar, Jorge, 1920-1998. 2. Editores – Brasil – Biografia. 3. Editoração – Brasil – Biografia. I. Título.

17-44744
CDD: 920.5
CDU: 929:070

"Cruzo os arredores da Broadway com um imenso outdoor anunciando a próxima estreia nos cinemas de *A marca do Zorro*, com Antonio Banderas. Ao vê-lo, não penso em Douglas Fairbanks, Tyrone Power ou Frank Langella, os primeiros Zorros da tela, mas em outro herói com sua própria marca. Penso em Zahar, Jorge Zahar. Foi em livros com sua marca que a minha geração – e não só ela – aprendeu o que precisava saber de ciências políticas e sociais, antropologia, mitologia e até música erudita." **Sérgio Augusto**

SUMÁRIO

"Um perfil? Mas eu sou low profile" 9

Capítulo 1 | **Quarenta anos numa noite** 15
*A despedida na Argumento – Salão de Paris – Últimos projetos –
Sérgio Augusto de NY*

Capítulo 2 | **Um lírio do vale** 29
*Com Balzac na cabeça – Uma mitologia familiar – Sírios e libaneses no
Brasil dos "turcos" – Infância e pobreza na província e na cidade grande*

Capítulo 3 | **Na cidade das letras** 49
*O Rio das livrarias – Com o anarquista Herrera, uma profissão –
Mais do que caixeiros-viajantes – "É tão simples o amor"*

Capítulo 4 | **Os capitalistas relutantes** 71
*As responsabilidades de um livreiro – Na Ler, um novo ponto de encontro –
A formação de um autodidata – De homens de letras a professores*

Capítulo 5 | **Primeira edição** 87
*Um manual de sociologia para todos – Nasce um público culto –
O primeiro agente literário do Brasil – A difícil arte da tradução –
Carpeaux revisor – A sedução pelas capas*

Capítulo 6 | **Progresso social** 115
*1964, a década decisiva – A Biblioteca de Ciências Sociais – Leo Huberman
e a riqueza do homem: o livro de uma vida – Com Ênio e Francis, os
amigos fundamentais*

Capítulo **7 | Edições perigosas** 155
Boemia e revoluções – Vigiado pelo poder – A cultura como arma – A universidade portátil das coletâneas – A ditadura bate à porta: exílios

Capítulo **8 | Rumo ao terceiro tempo** 197
Rupturas – Segunda vida editorial, entre clássicos e contemporâneos – Gilberto Velho e as utopias – Os mundos psi e Jacques Lacan

Capítulo **9 | Tempo de muda** 231
No bolso, o espírito do seu tempo – Cartão de visitas: o catálogo – Réquiem para Ênio – Uma nova amizade entre livros – A aventura de uma geração – Tempo de muda

Bibliografia geral 269
Agradecimentos 273
Uma cronologia de Jorge Zahar 274
Seleção de títulos e autores 276
Créditos das imagens 284
Índice onomástico 286

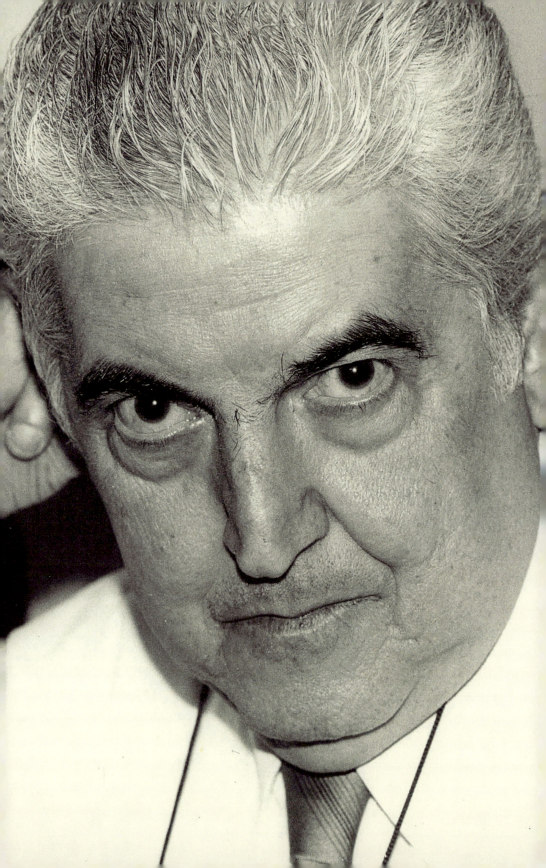

"Um perfil? Mas eu sou low profile"

Há quem defenda que uma vida só pode ser contada numa obra. Joseph Brodsky, que saiu da pobreza na Rússia, penou num Gulag e ganhou o Nobel de Literatura, teve, convenhamos, uma vida e tanto. Mesmo assim, sustentava que nada disso valia mais ou dizia mais dele do que seus poemas. Se, no caso de biografia tão venturosa, esse princípio é duvidoso, talvez seja infalível quando aplicado a editores. Jorge Herralde, fundador da Anagrama, a importante editora espanhola, publicou alguns livros sobre seu ofício, mas em todos eles defende que a melhor biografia de um editor sempre será seu catálogo, documento de suas ideias, escolhas, acertos e também dificuldades e erros.

Acho a tese muito boa. Salvo exceções como Giangiacomo Feltrinelli, o aristocrata que virou guerrilheiro e se explodiu num atentado terrorista frustrado, não sem antes contribuir decisivamente para a modernização do universo editorial na Itália, vidas de editores costumam ser tranquilas em seus enredos – ainda que muitas vezes intensas em suas decisões e charmosas pelo convívio íntimo com escritores e intelectuais. Disso dão testemunho as memórias de grandes editores americanos ou europeus, e alguns dos livros escritos sobre eles e seus

Jorge Zahar em Paris, sua cidade favorita, em outubro de 1994.

catálogos. Ainda que autocongratulatórios ou hagiográficos em sua maioria, esses relatos são indispensáveis para tentar entender uma ciência tão inexata quanto a de publicar livros.

No Brasil, os editores fundamentais do século passado e do atual pouco nos legaram de suas memórias – e apenas alguns foram objeto de biografias. Mas ainda que seguíssemos a tradição americana, que conta com novos títulos a cada ano, seria difícil encontrar algo parecido assinado por Jorge Zahar. Discreto nos mínimos detalhes, só posava para a imprensa ao lado de seus livros. Sobre sua vida, além de esparsas entrevistas, quase sempre ligadas a uma nova empreitada editorial, o máximo que se permitiu foi um pequeno e importante volume da série Editando o Editor, publicada pela Edusp, que transcreve depoimento prestado na universidade. Ainda assim, ele próprio encarregou-se de editar o texto final, cortando mais que acrescentando. Jorge – e assim vou me referir a ele daqui para a frente – não era avaro de sua experiência. Ao contrário, estava sempre disposto a ajudar editores iniciantes ou compartilhar informações. Mas seguia à risca o princípio de que um editor *É* os livros que publica. E ponto.

De fato, para a maioria dos leitores brasileiros, Jorge Zahar foi um livro. Ou melhor, um livro marcado por um "Z" que, entre estudantes e intelectuais, era símbolo de inovação, combatividade e excelência – as duas primeiras sempre submetidas à última. Se é impossível entender a literatura e o pensamento brasileiro modernistas sem José Olympio, outro homem que virou livro, é pouco provável que as ciências sociais no Brasil possam ser dissociadas da marca do Z, em suas três vidas editoriais – na sociedade com os irmãos, que fundou a marca, em associação à editora Guanabara e, por fim, na parceria com os filhos, que perpetuou a editora.

Para mim, Zahar deixou de ser um livro na primeira vez em que falei com Jorge pelo telefone. Eu era repórter do Segundo Caderno do *Globo*, dedicado a cobrir livros e literatura. Entrevistei-o não lembro mais por quê, e a partir de então falávamos com uma certa regularidade. Infelizmente não fui seu amigo e tampouco frequentei as famosas festas de Natal na sobreloja da rua México, no Centro do Rio. De nossas conversas, telefônicas em sua maioria, guardei um princípio: mais importante do que um editor ou um jornalista terem um ao outro como "contato" ou "fonte" é se elegerem como interlocutores. É daí que nascem os diálogos que valem a pena cultivar. E que, nesse caso específico, resultariam, depois de consolidada a confiança dele, em uma longa entrevista feita na sede da editora, em março de 1998, três meses antes de sua morte. "Você me disse que quer um perfil? Mas eu sou *low profile*", brincou ele quando cheguei a seu escritório. "Trouxe o fórceps?", continuou. Na época, escrevi que as advertências, acompanhadas pelo sorriso aberto de sempre, "mais convidam do que afastam um interlocutor". Era isso mesmo.

É da condição de interlocutor, ainda que bissexto, que vêm as poucas e marcantes lembranças pessoais desse que agora vira meu personagem. A de uma conversa em que ele me pedia opinião sobre o tradutor de um livro de filosofia – e eu, muito espantado de ser consultado sobre algo que estava longe da minha especialidade. De outra, tristíssima, em que o entrevistei sobre a perda sucessiva de Antonio Callado, Darcy Ribeiro e Paulo Francis, este, um de seus amigos essenciais. Ou de um telefonema divertido em que ele combinava me enviar – como de fato enviou – uma montanha de livros de filosofia que estavam parados na editora, e que ele achava interessantes para um repórter na época jovem e metido a tratar no jornal de esoterismos filosóficos, sobretudo franceses.

Lembro ainda de cumprimentá-lo na cerimônia em que se tornou Chevalier des Arts et des Lettres, durante o Salão do Livro de Paris, em 1998. Poucos ali mereciam tanto a honraria e estavam tão genuinamente felizes quanto ele e Ani, sua mulher, naquela que seria a última viagem internacional do casal. Cristina, sua filha e àquela altura já uma amiga, me telefonou no início da madrugada, logo depois da morte de Jorge, para dar a notícia e pedir ajuda para divulgá-la. Encerrava-se ali uma conexão entre os anos de jornalismo sem graça que eu então vivia e um passado intelectual inapelavelmente perdido.

Estas páginas cumprirão seu objetivo se reconstituírem, passados sessenta anos da publicação do primeiro livro com a marca do Z, algumas das interlocuções de Jorge Zahar. Naquela que seria nossa última entrevista, ele relembrava seu lema: editor não é intelectual, é o sujeito sensível ao fenômeno cultural. Concilia ideias e comércio e, sobretudo, tem a humildade de entender o quão inexata é a ciência da edição. "É, tem isso, sim senhor, tem muita coisa que a gente não sabe. A profissão de editor é assim até hoje, por mais que se diga o contrário", me contou Jorge Zahar em 1998, mais de quarenta anos depois de ter entrado no mercado editorial para escrever parte decisiva de sua história.

Jorge retratado por Chico Caruso em dezembro de 1996, na festa de Natal na editora, sempre animada e com muito uísque entre amigos.

Capítulo 1 | **Quarenta anos numa noite**

Numa noite de junho de 1998, quem passasse pela Argumento, tradicional livraria do Leblon, no Rio de Janeiro, teria a sensação de estar em outro tempo. Na vitrine, os lançamentos da ocasião davam lugar a livros de outras épocas, de várias épocas, todos de uma só editora, às vezes marcados pelo "Z" icônico da Zahar, outras pelo "JZE" que se tornou o logotipo da Jorge Zahar Editor, única transformação da marca em quatro décadas. À esquerda de quem entra, as estantes foram afastadas para dar lugar a um pequeno tablado. Garçons circulavam entre amigos, escritores, editores, livreiros e intelectuais, servindo uísque, a bebida preferida do homenageado. Naquele dia 17, celebrava-se a memória de Jorge Zahar, ateu convicto que, no lugar de missa, ganhou festa.

O anúncio publicado dias antes no *Globo* destoava de outros comunicando serviços fúnebres. No texto, sem adorno de crucifixo ou outro símbolo religioso, a família agradecia as demonstrações de "carinho, amizade e reconhecimento" e convidava: "No sétimo dia de sua morte, preferimos estar junto a seus amigos ao estilo de Jorge Zahar: cercados de livros."

Jorge Zahar entre 1940 e 1994.

Ao longo de sessenta anos, as três marcas do Z: a letra cortada por um livro aberto, que circulou entre 1957 e 1984; JZE, iniciais da Jorge Zahar Editor, fundada em 1985; e, finalmente, o logotipo que, a partir de 2007, remete à marca original.

O coração pulverizado range
sob o peso nervoso ou retardado ou tímido
que não deixa marca na alameda, mas deixa
essa estampa vaga no ar, e uma angústia em mim,
espiralante.

Declamando "Contemplação no banco", Marlene de Castro Correia abriu a noite com voz firme e autoridade de quem, como professora e crítica, tanto se dedicara ao autor dos versos, Carlos Drummond de Andrade. O poema era, na obra de Drummond, um dos preferidos de Jorge. E para ela, amiga fraterna por quase cinquenta anos, sintetizava um dos ideais, quase utopia, do editor: construir um novo homem, para o futuro. O "estilo de Jorge Zahar" passava ali a ganhar o ambiente: tudo partia do livro, mas era sempre preciso conversa e convívio, era preciso uísque, de preferência Cutty Sark, e, muitas vezes, em geral no adiantado da madrugada, fazia-se necessário, premente, ler em voz alta poesia, o gênero preferido de um apaixonado por literatura que passou a vida publicando não ficção.

Fazendo as vezes de mestre de cerimônias, Regina Bilac Pinto, então editora da Forense e companheira de tantas viagens a Frankfurt, para a Feira do Livro, chamou ao palco o poeta Moacyr Félix. Figura lendária da Civilização Brasileira, colaborador próximo do editor Ênio Silveira – um dos melhores amigos de Jorge –, Moacyr imprimiu a Fernando Pessoa a veemência própria de sua poesia engajada. E a conhecida "Ode à noite", do heterônimo Álvaro de Campos, teve reforçados seus arroubos líricos:

Vem, soleníssima,
Soleníssima e cheia
De uma oculta vontade de soluçar,
Talvez porque a alma é grande e a vida pequena.
E todos os gestos não saem do nosso corpo
E só alcançamos onde o nosso braço chega,
E só vemos até onde chega o nosso olhar.

O adido cultural francês e amigos leram os poemas preferidos de Jorge na festa que marcou o sétimo dia de sua morte na livraria Argumento, no Rio de Janeiro.

Então adido cultural da França no Rio, Romaric Sulger Buel leu "L'invitation au voyage", um dos poemas emblemáticos de *As flores do mal* e também o que Jorge mais citava, de memória:

Mon enfant, ma soeur,
Songe à la douceur
D'aller là-bas vivre ensemble!
Aimer à loisir,
Aimer et mourir
Au pays qui te ressemble!

As primeiras linhas do poema de Charles Baudelaire – "Minha filha e irmã,/ Pensa na manhã/ Em que iremos longe, em viagem,/ Amar a valer,/ Amar e morrer/ No país que é a tua imagem!" – eram, para a família, uma senha de que, em noite de festa, chegara a tal hora da poesia, lida ou recitada de cor. Ao homenagear o homem tão apaixonado pela cultura da França, Romaric aumentou a voltagem emocional do ambiente, provocando discretas lágrimas em Ani, companheira de Jorge por mais de cinquenta anos, mãe de seus três filhos e que até ali tinha aguentado firme.

Là, tout n'est qu'ordre et beauté,
Luxe, calme et volupté.

A menção de um lugar idealizado, onde, na tradução de Guilherme de Almeida, "tudo é ordem, nitidez,/ Luxo, calma e languidez", sugeria uma possibilidade de transcendência. Pois esta, se existia para Jorge, estava mesmo na poesia que ali era lida na língua que dominava e que aprendeu com a mãe, francesa casada com um libanês, que chegou ao Brasil ainda na década de 1910 e aqui criou seus quatro filhos.

Com a bela voz e a dicção tão bem conhecidas de gerações de alunos de filosofia e teoria psicanalítica, Luiz Alfredo Garcia-Roza trouxe para a noite o Manuel Bandeira que sempre acompanhou, em surradas edições, seu amigo e editor. O conhecido "Belo belo" celebra a vida – "quero a delícia de poder sentir as coisas mais simples"–, mas o poeta que, para o fim de todos nós, cunhou a expressão "indesejada das gentes" se fez presente ainda com o realismo delicado de "Preparação para a morte":

Tudo é milagre.
Tudo, menos a morte.
– Bendita a morte, que é o fim de todos os milagres.

Ao "estilo de Jorge Zahar" não poderia faltar Federico García Lorca e especialmente "La casada infiel", que foi lido, também no original, por Nenen Werneck, uruguaia, mulher do jornalista e escritor Moacyr Werneck de Castro. Nas leituras caseiras, o poema do *Romanceiro gitano* era sinal de que, para Jorge, a noite já ia alta – e ele não economizava dramaticidade para sublinhar o *"Me porté como quien soy"*, chegando muitas vezes às lágrimas.

A Medalha de Chevalier des Arts et des Lettres (na página ao lado) foi outorgada a Jorge em cerimônia no Ministério da Cultura francês. Acima, Jorge (penúltimo à direita) com o grupo condecorado. Da esquerda para a direita: Fernando Gabeira, José Sarney, Lygia Fagundes Telles, Carlos Heitor Cony, a ministra Catherine Trautmann, Zélia Gattai, Nélida Piñon, Anne-Marie Métailié, Sérgio Machado, Antônio Torres, Alice Raillard, Jorge Zahar e Vanna Piraccini.

> *Me porté como quien soy.*
> *Como un gitano legítimo.*
> *...*
> *y no quise enamorarme*
> *porque teniendo marido*
> *me dijo que era mozuela*
> *cuando la llevaba al río.*

Organizada em menos de uma semana, sob o impacto da morte, a noite na Argumento evocou cenas familiares à maioria dos que ali estavam. Por parecer uma festa, ajudou a atenuar a tristeza geral. O luto entre os livros, como não poderia deixar de ser, começava assim a elaborar-se de forma menos sombria.

PARA QUASE TODO MUNDO a morte de Jorge Zahar fora uma surpresa. Os problemas de saúde mais sérios vinham desde o início da década, mas eram assunto evitado por ele no convívio social e editorial – mesmo depois de duas cirurgias, realizadas em 1991 e 1996, para implantar próteses das válvulas aórtica e mitral, duas pontes de safena e um marca-passo. Jorge continuava trabalhando com a energia de sempre, incansável em buscar novidades e persistindo num antigo e complexo projeto editorial, a edição de seletas dos ensaios de Thomas Mann.

Menos de três meses antes, ele fazia parte de um grande grupo de escritores, editores e livreiros reunidos em Paris para o 17ème Salon du Livre, que tinha o Brasil como país homenageado. Não era uma viagem como tantas outras à sua cidade preferida, quando se dedicava sempre ao trabalho e à boa mesa. Dessa vez, Jorge estava entre os contemplados com a comenda de Chevalier des Arts et des Lettres. Criado em 1957, o título honorífico distingue personalidades francesas e estrangeiras que de alguma forma ajudam a difundir no mundo a cultura do país.

Na cerimônia realizada nos suntuosos salões do Ministério da Cultura e das Comunicações, no Palais Royal, as estrelas para a imprensa eram, por motivos bem diferentes, Zélia Gattai, acompanhada por um Jorge Amado já alquebrado, e José Sarney, *"le président"*, ambos condecorados Commandeur, o título superior da ordem. Na turma dos Chevaliers estava um eclético grupo de escritores formado por Lygia Fagundes Telles, Fernando Gabeira, Carlos Heitor Cony, Antônio Torres e Nélida Piñon. Dos bastidores do livro foram contempladas as francesas Alice Raillard e Anne-Marie Métailié, respectivamente tradutora e editora, Vanna Piraccini, fundadora da histórica livraria carioca Leonardo DaVinci, e, representando os editores, Sérgio Machado, da Record, e Jorge.

Destacando em discurso como o trabalho de todos reforçava as "pontes" entre os dois países e reafirmando a literatura como ponto de partida "para uma relação cultural mais intensa", a ministra Catherine Trautmann entregou pessoalmente uma única medalha, a de Jorge. Ruth Cardoso, que representava o Brasil como primeira-dama, confidenciaria depois ao antropólogo Gilberto Velho, seu amigo e ex-orientando: "Ela sabia quem ele era." Lembro que, ao ouvir da ministra um resumo de sua biografia, Jorge parecia um menino tímido. Mas que não deixou de desaprovar, com um sutil balançar da cabeça e o sorriso de sempre, o tropeço do cerimonial: segundo o texto biográfico, ele teria nascido no Espírito Santo e não no Rio de Janeiro.

"Eu sempre fui um pouco desconfiado dessas coisas, mas na hora, quando a ministra falou seu pequeno discurso, confesso que fiquei emocionado", contou ele menos de um mês depois, ao participar em Salvador do VIII Encontro do Campo Freudiano. No evento – promovido a cada dois anos pelo grupo criado em 1979 pelo próprio Jacques Lacan para difundir sua obra e reunir analistas e estudiosos a ela dedicados – a Jorge Zahar Editor lançava a primeira edição brasileira dos *Escritos*, pedra fundamental na obra do autor dos *Seminários*, publicada em 1966 e que há mais de trinta anos esperava por sua edição integral brasileira. A viagem profissional era, como quase sempre acontecia, também afetiva. Ele aproveitava para visitar a filha mais velha, Aninha, que desde meados dos anos 1970 morava em Salvador. E também para reencontrar Jacques-Alain Miller, o todo-poderoso e controverso gestor da obra de Lacan, de quem ficara próximo por conta do cuidadoso trabalho de edição iniciado em meados da década de 1970 no Brasil.

No final de maio, quando o ano editorial mal começara – e já corria pontuado por tantas celebrações –, o coração voltou a dar sinais de que algo não ia bem. Acometido por febre alta, Jorge acabou sendo internado no Pró-Cardíaco, no dia 26, para uma série de exames. O diagnóstico viria dias mais tarde: a válvula mitral implantada na cirurgia de 1996 havia desenvolvido uma infecção e deveria ser trocada. Mas a endocardite bacteriana, nome técnico da complicação, dificultava a única medida cabível, a cirurgia para troca da prótese. Na difícil corrida contra a infecção que ameaçava se alastrar, os médicos e a família decidiram finalmente pela cirurgia, que se sabia arriscada. Depois de dez horas de procedimento, Jorge não resistiu. Às 23h40 do dia 11 de junho foi declarado morto, ainda no centro cirúrgico do hospital carioca.

Na previsível – e justificada – enxurrada de matérias e artigos que se seguiu, a morte de Jorge Zahar ganhava o peso simbólico do fim de uma era. A década, de fato, havia começado para o mundo editorial com o desaparecimento, em 1990, do mítico José Olympio, com 88 anos e já aposentado. No ano seguinte, aos 68, Alfredo Machado, fundador da Record, não resistiu a um câncer, mesma doença que, meses depois, levaria Sérgio Lacerda, 53 anos, da segunda geração da Nova Fronteira, antes dirigida por seu pai, Carlos Lacerda. Em 1992, um acidente interrompeu a brilhante reinvenção da Brasiliense comandada por Caio Graco Prado, 61 anos, que herdou a editora do pai, Caio Prado Júnior. Em 1996, a morte de Ênio Silveira, aos 70, encerrava definitivamente a fase histórica da Civilização Brasileira.

O sentimento era também de troca de guarda. Dentro da Jorge Zahar Editor, a sucessão estava encaminhada: os filhos Ana Cristina e Jorge Júnior tocavam o negócio com o pai, ela no editorial, ele no comercial. Mariana, filha de Cristina, já dava expediente para valer no escritório da rua México, no Centro do Rio, onde Clarice, filha de Jorginho, veio também trabalhar depois da morte do avô. Em 1999 chegava às livrarias *Café Philo: as grandes indagações da filosofia*, o último projeto pessoal de Jorge, que, ao bater o olho num número especial da revista *Le Nouvel Observateur*, na derradeira viagem a Paris, viu ali um óbvio livro para seu catálogo. Em 2009 seria publicado o primeiro volume dos ensaios de Thomas Mann, tão ansiado por ele.

FOLHA DE S.PAULO

sábado, 13

JORGE ZAHAR

"O Brasil perdeu seu único edito

MEMÓRIA

Além da vulgaridade

CARLOS HEITOR CONY
do Conselho Editorial

Parece nome de mágico e vai ver que é. Se eu fosse Deus, estivesse aporrinhado com a humanidade e desejasse destruí-la (teria bons motivos para isso), seria obrigado a excetuar um Justo. Esse justo seria o Jorge Zahar, cuja passagem pela face da terra me obriga a ser mais tolerante com os outros e até comigo próprio.

Ele continua dando ao Brasil uma das contribuições mais nobres do nosso mercado cultural. O seu catálogo é coerente e digno. Sobrevive às crises de setor sem abandonar a opção do início da carreira. É a referência que buscamos quando falamos em bons livros.

Cada final de ano, Jorge reúne seus amigos na editora. Curiosamente, não são seus editados e sim editados de outras casas. Além de outros editores que não são rivais porque ninguém se considera rival dele.

Alguns já se foram como Ênio Silveira, Paulo Francis e Callado. Pessoalmente, não sou de frequentar esse tipo de reunião, mas é ali junto do Jorge e de seus amigos, que me sinto perdoado e, enquanto merecer a amizade dele, desconfio que tenho salvação.

Mudando de assunto, mas continuando a falar no próprio. Está sendo lançada por ele uma série de divulgação dos principais filósofos da humanidade. São textos pequenos excepcionalmente bem escritos por Paul Strathern, publicados originalmente na Inglaterra. É um trabalho suave e necessário para melhor divulgação dos principais caminhos que nos ajudam a compreender o homem e o mundo.

Tanto nos grandes títulos que já publicou, como em textos de circulação mais abrangente, Jorge Zahar permanece como nosso patriarca editorial, além e acima da vulgaridade comercial. Se me perguntassem o que falta ao Brasil para ser um grande país, eu diria que uns cinco Jorges resolveriam a questão. Mas, para uso próprio, continuaria devoto do modelo original.

Texto publicado na Folha em 17.dez.97

---

da Reportagem Local

Leia a seguir depoimentos de editores, escritores e estudiosos sobre Jorge Zahar, que morreu ontem, no Rio de Janeiro.

★

Luís Schwarcz, editor da Companhia das Letras - "O Brasil perdeu seu maior editor. Ou melhor, o Brasil perdeu seu único editor. Nós que restamos somos meros comerciantes. Jorge Zahar era o nosso ideal, o exemplo de dignidade que a profissão sempre teve. Será que terá depois dele? Minha esperança são Cristina, Jorginho e Aninha, seus filhos, e Mariana e Clarisse, suas netas. Eles nasceram vendo-o fazer livros eruditos com o mesmo carinho que destinava aos homens mais simples. Viram Jorge amar a nobreza das idéias e a singeleza dos pobres. Viram-no cumprimentar o ascensorista dando-lhe a mesma importância que dava a um autor badalado. Viram-no ensinar a gerações de editores sua profissão e abrir as portas para que nós nos trasséssemos e mobiliássemos a casa. Viram-no no dia-a-dia o exemplo de um homem generoso como só ele, pessimista no discurso, mas otimista na sua atuação. Eles ouvirão as gargalhadas que Jorge deu ao contar a última piada que ouviu, todos os enfermeiros, serven-médicos que o levaram à mesa de operação, de onde saiu sem com um sorriso inesq
Pedro Paulo de Sena M

CRONOLOGIA

1920 - Nasce Jorge Zahar, no Rio.

1953 - Funda a Zahar Editores.

1969-70 - Publica "Dependência e Desenvolvimento na América Latina", de Fernando Henrique Cardoso, e a coleção "Os Seminários", de Jacques Lacan.

1973 - Associa-se a Pedro Lorch,

JZE marcou a música

IRINEU FRANCO PERPÉTUO
especial para a Folha

As letras "JZE" (Jorge Zahar editor) predominam nas lombadas biblioteca de qualquer interessado por música

---

Mor

Ele não resi operação ne realizada a noite no Pró-

ROBERTA J

RIO - O editor Jorge Zahar na noite de an anos, no hospital Pró rante cirurgia para tro vula mitral contamina fecção bacteriana. 2 não resistindo à cirurg cerca de dez horas, e morreu na mesa de operação. O cor po do editor foi ve lado durante todo o dia de ontem na capela 1 do Cemité rio São João Batis ta, na zona sul. A previsão é de que o corpo seja crema do hoje ou na ma nhã de segunda-feira, no do Caju.

Jorge Zahar foi interna Cardíaco no dia 26, por apresentando febre muit temperatura que chegav graus. Como os médicos n guiam determinar a causa decidiram interná-lo para mais detalhados.

Cinco dias depois da int descobriram que Zahar s uma endocardite bacterian infecção no coração, cuj

---

Vida

CLÁUDIO FIGUEIREDO

Elogios a editores costumam incluir referências a "serviços relevantes prestados à cultura brasileira". O que geralmente não passa de um chavão vazio, às vezes aplicado a pessoas cujo maior interesse é ganhar dinheiro, no caso de Jorge Zahar corresponde à mais absoluta verdade. Neste fim de década de 90, quando as editoras universitárias se multiplicam, tornam-se mais profissionais e oferecem um número cada vez maior de títulos, é difícil imaginar o impacto que o trabalho de Zahar teve sobre a vida intelectual do país nos anos 50, 60 e 70. Sua editora - instalada desde 1956 na sobreloja do nº 31 da Rua México, no Centro do Rio - foi durante muito tempo quase que a única janela por onde a inteligência brasileira podia acompanhar a evolução das ciências sociais no exterior e tomar contato com novas idéias e novos pensadores.

O primeiro livro, publicado em 1957, *Manual de Sociologia*, de Rumney e Meier, já apontava o rumo da linha editorial, volta

Mannheim. A evolução do ca tora registra as oscilações do lectual, com nomes que entra - de moda: autores como Alt se, McLuhan, Ronald Laing A intensa politização dos ar deixou sua marca apenas versão resumida de *O capit* blicada em 1967, mas també dos maiores best-sellers da *da riqueza do homem*, de Paul Sweezy, que desde su 1962, vendeu mais 300 mil

Zahar não se limitou a estrangeiros. Estimulou ta regime militar, a publicaçã tantes de cientistas sociai 1970, lançou *Dependência to na América Latina*, de F Cardoso e do chileno Enz publicou *Capitalismo de sociais na América Latin* nandes, e o livro de estre Gilberto Velho, *Utopia u*

Na área da economia, tores brasileiros com a

pos mais difíceis. Foi um exemplo de independência."
"É um homem de grande importância para a cultura brasileira universi... e era professor imprescindível dos tí... a sua editora..."
João Ubaldo Ribeiro, escritor

LITERATURA
Rio o editor Jorge Zahar

...vula mitral. Zahar foi encaminhado para o centro cirúrgico às 14 horas de anteontem e morreu por volta das 3 horas, ainda na mesa de cirurgia.

...rimeira editora – Jorge Zahar nasceu em Campos, em 1920. Aos 16 anos mudou-se para o Rio com a família e 4 anos depois já trabalhava em livros na distribuidora de Antonio Herrera, sogro de seu irmão Ernesto. Foi com os irmãos Ernesto e Lucien que abriu, em 1947, a Livraria Ler, no Centro do Rio. Nove anos depois, fundou a Zahar Editores, também com os irmãos. Em 1957 foi publicado o primeiro livro da editora: *Manual de Sociologia*, de Rumney e Meier, que seria reimpresso nove vezes nos anos seguintes.

Em 1962, publicou *A História da Riqueza do Homem*, de Leo Huberman, best seller com 300 mil exemplares vendidos até hoje. Entre 1964 e 1969, em plena ditadura militar, editou *O Capital* e *A Ideologia Alemã*, de Karl Marx, *Literatura e Revolução*, de Trotsky, e *Manifesto Comunista*, de 1848, além de diversas obras de Jean-Paul Sartre. No período, a editora publicou importantes títulos de psicanálise, como *Psicopatologia da Vida Cotidiana*. Foram edita...

Ele foi o melhor amigo de se...

RUY CASTRO
Especial

Com Jorge Zahar, morre o último grande editor de sua geração – a mesma de Alfredo Machado e Ênio Silveira, que, mais novos, o antecederam na partida. Em Jorge, difícil de dizer qual o mais extraordinário, se o editor, se o ser humano. Como editor, construiu quase sozinho a biblioteca básica das ciências sociais em português, lançando títulos que ninguém ousaria tocar, pelo risco político ou pela inviabilidade comercial. Nos anos 80, perdeu sua editora (a Zahar). Foi ao chão, mas, com a ajuda dos filhos levantou outra, a Jorge Zahar.

Como ser humano, era considerado o melhor amigo de seus amigos. Os maiores desses foram, creio, Ênio Silveira, Paulo Francis e Carlos Heitor Cony. Durante décadas, pelo menos dois deles almoçaram com Jorge todos os dias no centro do Rio.

Mesmo quando ... para Nova York, ... diariamente ao r... vinda de Francis ... zembro de 1996, f... ge, que estava de... da saúde. Jorge f... do pelas mortes de... não se conformava... vido a eles e não c... Francis sem lágrim...

Jorge deixa um ... tor Luiz Schwarz, ... das Letras. Há mais... dois tinham se adota... te como pai e filho e...

Há meses, Jorge ... um jogo dos grand... que lançou. Era um ... de conhecimento r... mais do que isso. To... reunia os amigos n... Rua México. Gostav... das pessoas, como se ... companhia delas o em... a recíproca é que era v...

Um modernizador da cultura bra...

Corra até a sua estante e verifique: a maioria dos bons livros – aqueles que você guarda com carinho, pois lhe renderam horas de ...

tora.
Cansado de empurr... qualidade duvidosa pa... das livrarias em que t... Jorge Zahar estava dec... car o lucro fácil pela ... obras essenciais e q...

Foi, assim, um dos p... tores brasileiros que ta... dia orgulhar-se de ser u... tual. "Sou um editor univ... que só gosta de livros d... explicava-se. Foram 40 ... mercado sem abrir mã... profissão de fé que pre... vazio e, entre muitos o... vros de ciências sociais e... ca erudita que sempre as... País.

Após ter desmanchad... dade com os irmãos e t... unir-se à Editora Guan... Zahar, em 1983, vendeu e... e começou tudo novamen... a Jorge Zahar Editor, s... com o mesmo princípio do ... nismo, apesar de tudo. (C.H...

...re livros e amigos

...eud, em 1963, e *Vida e obra de Sigmund Freud*, de Ernest Jones, durante muitos anos ... mais influente biografia do criador da psicanálise. Além de livros de Melanie Klein, ...ung, Anna Freud, Bion, Winnicott e, mais ...arde, de Jacques Lacan.

Nascido em Campos, Zahar veio para o Rio com 8 anos, em 1928. Com os irmãos Ernesto e Lucien fundou a livraria Ler, em 1947. Em 1973, o editor desfez a sociedade com os irmãos para associar-se a Pedro Lorch, da Guanabara Koogan. Em 1985 recomeçou sua carreira, ao fundar com os filhos Jorge Junior e Ana Cristina a Zahar Editores.

Do seu círculo mais íntimo de amizades participavam intelectuais como o escritor Antonio Callado, o editor Ênio Silveira, da Civilização Brasileira; Paulo Francis e Millôr Fernandes. Ao contrário de outros editores, ele não via nos seus colegas apenas rivais. Principalmente no contato com os mais jovens, Zahar transmitia seu estímulo e conselhos em conversas regadas a Cutty Sark, seu uísque favorito. "Era o pai de todos os editores", define **Marcus Gasparian**, 38 anos, há 5 anos à frente da editora Paz e Terra. "Aos editores e livreiros mais jovens passa...

grande coerência, ele não arredou pé da sua opção editorial, mesmo enfrentando grandes dificuldades", diz Marcus.

Esta relação de mentor foi mais estreita com Luiz Schwarcz, editor da Companhia das Letras. A amizade entre os dois nasceu há 14 anos, quando se conheceram em Frankfurt, na Alemanha, durante a Feira do Livro. Era raro o dia em que Schwarcz não lhe telefonava para trocar idéias ou pedir um conselho. **Maria Emília Bender**, da Companhia das Letras, comenta que a relação era mais que profissional: "Era um amigo e mestre. Era também uma referência em todas as questões éticas que surgem nesta área. Num certo sentido, o Luiz foi formado pelo Zahar".

Durante o velório, Luiz Schwarcz contou que há algumas semanas recebeu o amigo em São Paulo, com quem passou três dias visitando teatros, ouvindo música, freqüentando restaurantes e bebendo bons vinhos. "Passeamos e conversamos sobre coisas prazerosas. Ele demonstrava bom humor e fascinava com sua inteligência. Mas, agora, acho que aquelas atitudes representavam uma despedida. Ele sempre foi como um pai para mim", afirmou Luiz.

bre constante nos últimos dias. "Mesmo assim, não vivia reclamando de problemas de saúde o tempo todo. Estava sempre propondo alguma coisa nova. A gente costumava dizer que o Jorge não era um grande otimista. Seu discurso era sempre pessimista. Mas, na prática, ele revelava-se um empreendedor, um exemplo de dignidade, um homem idealista, apesar do temperamento contraditório".

Além de compartilhar um mesmo estande nas feiras e bienais do livro, as duas editoras montaram uma parceria na distribuição de seus livros: a Companhia distribui os títulos da Zahar em São Paulo e esta faz o mesmo no Rio, com os livros da editora paulista.

Para Gilberto Velho, Zahar "era o melhor editor do Brasil". Segundo o antropólogo, era também muito modesto: "Felizmente, este ano ele foi bastante homenageado. Ruth Cardoso me contou que, por ocasião do Salão do Livro em Paris, na cerimônia em que ele foi condecorado com a *Légion des Arts et des Lettres*, a ministra da Cultura da França, **Catherine Trautmann**, deixou de lado a formalidade, desceu e foi cumprimentá-lo num gesto especial. Ela sabia quem ele era".

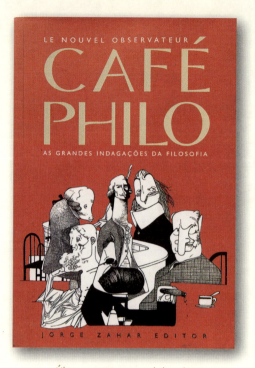

Último projeto pessoal do editor, *Café Philo* foi publicado pouco depois de sua morte.

PASSANDO JUNHO em Nova York como comentarista do *Manhattan Connection*, programa de TV a cabo que teve seus grandes dias com a presença de Paulo Francis, o jornalista Sérgio Augusto soube pela mulher, Maria Lucia Rangel, da morte de Jorge. Sérgio era um de seus muitos interlocutores, destinatário certo das remessas de livros da editora, presença constante nas festas de fim de ano. Em dúvida sobre o que ainda poderia ser dito a respeito do editor uma semana depois de sua morte, quando publicaria no *Globo* e no *Estado de S. Paulo* sua coluna seguinte, decidiu ser ostensivamente pessoal, e, como acontece com os escritores que valem a pena, ao falar de si acabou falando de todo mundo: "Jorge foi uma das figuras mais afetuosas que conheci. Era o pai que qualquer pessoa medianamente sensível gostaria de ter." E puxava o fio da memória a partir de uma inusitada *madeleine*: "Cruzo os arredores da Broadway com um imenso outdoor anunciando a próxima estreia nos cinemas de *A marca do Zorro*, com Antonio Banderas. Ao vê-lo, não penso em Douglas Fairbanks, Tyrone Power ou Frank Langella, os primeiros Zorros da tela, mas em outro herói com sua própria marca. Penso em Zahar, Jorge Zahar. Foi em livros com sua marca que a minha geração – e não só ela – aprendeu o que precisava saber de ciências políticas e sociais, antropologia, mitologia e até música erudita."

O que se segue é a história dessa marca, assinatura que se fez livro. História que começa bem longe de Hollywood e do Rio de Janeiro, mas que, em suas cenas iniciais, tem lances dignos de um bom roteiro.

Referências

As informações sobre a noite de despedida são uma mistura de minhas lembranças e do registro que fiz em pequena matéria publicada no *Globo* (19 jun 1998). ¶ O roteiro dos poemas, organizado por Cristina Zahar, foi aqui cotejado nas seguintes edições: *Nova reunião*, Carlos Drummond de Andrade (São Paulo, Companhia das Letras, 2015); *Poesia*, Álvaro de Campos (São Paulo, Companhia das Letras, 2002); *Flores das "Flores do mal" de Baudelaire*, Charles Baudelaire (tradução e seleção de Guilherme de Almeida, São Paulo, Editora 34, 2010); *Poesia completa e prosa*, Manuel Bandeira (Rio de Janeiro, Nova Aguilar, 2009); e *Romanceiro gitano e outros poemas*, Federico García Lorca (tradução de Oscar Mendes, Rio de Janeiro, Nova Fronteira, 1985). ¶ Sobre a condecoração em Paris, mais uma vez recorri à memória, confrontada com a cobertura do Salão do Livro que fiz para o *Globo* (20 mar 1998). ¶ A entrevista de Salvador foi concedida a Marcelo Veras (abr 1998) e publicada em *Opção Lacaniana, Revista Brasileira Internacional de Psicanálise* (n.22, ago 1998). ¶ Um laudo médico (Acervo Jorge Zahar) detalha a condição final de Jorge, bem como as reportagens publicadas pelos grandes jornais no momento de sua morte. ¶

LE LYS

DANS LA VALLÉE

PAR

M. DE BALZAC.

Il est des anges solitaires.
Séraphita.

TOME I.

PARIS.
WERDET, LIBRAIRE-ÉDITEUR,
49, RUE DE SEINE-SAINT-GERMAIN.
—
1ᵉʳ JUIN 1836.

Capítulo **2** | **Um lírio do vale**

"O amor tem, como a vida, uma puberdade durante a qual ele se basta a si mesmo", escreve Félix de Vandenesse à noiva, Natalie, numa longa carta em que narra a grande paixão de sua juventude, devotada e platônica, por Henriette de Mortsauf. Ela, mulher casada e virtuosa, correspondia à paixão de Félix, ainda que confinada numa relação fracassada. E morre de amor, literalmente, ao sabê-lo envolvido com Lady Dudley, uma inglesa de comportamento libertário, em tudo e por tudo distante do universo limitado em que ela vivia. Estamos no coração da *Comédia humana*, no domínio das "Cenas da vida rural" – mais exatamente em *O lírio do vale*. É nesse romance que mergulha um adolescente de dezesseis anos para enfrentar os cerca de quinhentos quilômetros que separam Vitória, capital do Espírito Santo, do Rio de Janeiro. Para percorrer essa distância em 1936 eram muitas as baldeações, um trajeto penoso que Jorge procurava vencer agarrado aos livros, uma prática que, naquela época, já fazia parte de sua vida. "Eu vim lendo Balzac no trem. E chorava pra burro!", lembra daquela viagem decisiva, acompanhado pela mãe, Maria, e pelos irmãos, Ernesto, Lucien e Margot. Seu pai, Basílio, ficara na capital capixaba, separando-se definitivamente da família depois das muitas idas e vindas de um casamento conturbado.

Num estúdio de Turim, a família Escot posa num cenário diferente de sua vida operária em Lyon: Marie (de pé), sua irmã Guiguite ao piano e a mãe, Marguerite, em agosto de 1912.

Félix de Vandenesse era filho de uma família aristocrática. O que lhe sobrava em posses e pompas faltava em afeto. Os pais, distantes, preferiam mantê-lo em colégios internos, onde vivia sem visitas e, muitas vezes, sem dinheiro. "Esse contraste entre meu abandono e a felicidade dos outros", escreve o personagem, "machucou as rosas de minha infância e murchou minha verdejante mocidade." Passional, muito emotivo, carente de todo tipo de amor, ele aprendeu desde cedo a se virar sozinho e, também precocemente, encontrou na literatura um lenitivo para suas angústias. "Eu permanecia sob uma árvore, perdido em queixosas meditações ou lendo os livros que o bibliotecário nos distribuía mensalmente", conta ele à sua amada. "Quantas dores se ocultavam no fundo dessa monstruosa solidão!"

Não é difícil imaginar o apelo de O lírio do vale para Jorge na década de 1930. Filho de imigrantes pobres e de trajetória acidentada, sofreu e sofreria as vicissitudes de um personagem de romance, e também aprenderia a lidar melhor com o sofrimento a partir da literatura. "Sempre fui um leitor voraz, tive gosto pela leitura muito cedo", contava ele, que tinha aprendido o francês em que lia Balzac com a mãe, mas dela não herdara o hábito da leitura, estranho ao cotidiano da família. Sua vida de leitor foi forjada fora de casa, na biblioteca pública de Vitória e nos livros emprestados de estantes amigas – ele dizia ter devorado a biblioteca do pai de uma colega de escola. Era o que chamaria mais tarde de "fase do avestruz": lia o que lhe caía nas mãos, dos clássicos Balzac e Zola – deste, tinha especial predileção por *Germinal* – aos autores populares da estirpe do francês Michel Zévacco, simplificado para "Zevaco" nas capas folhetinescas de livros editados aqui, como *A Ponte dos Suspiros*, *Os Pardaillans* e *O fanfarrão*. A perseverança, que define todo autodidata, era especialmente requerida em meio a tanta adversidade. "Eu sei bem até hoje o que é não ter dinheiro para comprar livros", lembrava ele. "Na hora de marcar preço de livro, é um problema comigo, porque eu sempre reluto, sempre acho caro."

Corria o ano de 1913 e, em Beirute, na família Zahar, formada por bem-sucedidos comerciantes no ramo de roupas infantis, não se tocava no nome de Basil, um dos nove filhos de Elias e Karime Zahar. Sobre ele circulava a história, pouco virtuosa para a tradição do casal cristão ortodoxo, de ter conhecido na Itália uma artista de circo francesa e fugido com ela para o Brasil. Basil fora deserdado e jamais voltaria a seu país nem a se comunicar com os pais e irmãos. Notícias mais concretas de seu paradeiro, que aliás contrariavam a bem assentada mitologia familiar, só chegariam quase cinquenta anos mais tarde. Primeiro, por meio de cartas trocadas nos anos 1960 entre Margot, a filha caçula de Marie e Basil, e Georges Zahar, um dos irmãos dele que vivia em Beirute. As ligações familiares se tornariam menos rarefeitas no fim daquela década, quando Jorge estabeleceu contato com Fadi Zahar, filho de Georges que vivia em Paris. Foi na capital francesa que Jorge e Ani conheceram o tio libanês, num almoço em que Ani aprendeu com a "tia" distante a enrolar quibes segundo os mais tradicionais métodos.

Àquela altura já se sabia que Basil Zahar tinha de fato se casado com uma francesa que, no entanto, não era artista, mas filha de operários. Com ela tinha começado outra vida a 10 mil quilômetros da capital libanesa. Em seu novo país, aportuguesou o nome para Basílio e, com Marie, rebatizada Maria, teve quatro filhos, três dos quais dedicados ao comércio do livro. O segundo deles era um editor bem-sucedido que viajava à Europa todos os anos a negócios – e mais tarde também para ver a neta Mariana, nascida em 1973 perto de Londres, onde sua filha Cristina se exilara no período mais severo da ditadura militar. Jorge, aliás, tinha sido assim batizado em homenagem ao tio – sua mãe sempre o chamara Georges, à francesa.

Os Zahar do Brasil e os do Líbano ainda se reaproximariam na Inglaterra. Lá vivia outro filho de Georges, Elie Zahar, destacado matemático, professor de Cambridge e da London School of Economics, especializado em filosofia da ciência, que tinha trabalhado com os gigantes Karl Popper e Imre Lakatos. Jorge, o primo brasileiro que até então desconhecia, chegou a visitá-lo; e também conheceu Johanna, alemã com quem Elie foi casado, mulher expansiva cujo temperamento contrastava com o do marido, introvertido e quase sempre absorto no trabalho. Dela, Cristina ouviu sobre a dificuldade em compreender os Zahar: todos inteligentes, fortes, bem-sucedidos, mas sempre parecendo insatisfeitos. Nada mais oposto, pelo menos à primeira vista, ao riso fácil e aberto de Jorge, que acabaria se tornando editor do primo – em 1978 lançou a tradução de *A lógica do descobrimento matemático*, colaboração de Elie com Lakatos. Da única vez em que estiveram juntos, Jorge guardava a reação perplexa de Elie ao ouvir sua versão para o destino de Basil: "Ele me olhava muito admirado enquanto eu contava essa história toda para ele. Já fazia mais de sessenta anos, mas em todo esse tempo nunca mais se havia falado nessa história na família de meu pai. O casamento dele tinha mesmo ficado como uma nódoa."

A vida de Maria e Basílio é daquelas tumultuadas, cheias de lacunas e que só se pode contar em meio a relatos muitas vezes conflitantes, memórias esparsas e raros documentos. Não há dúvidas de que Basil Elias Zahar, este seu nome completo, fora deserdado pela família. No entanto, o mais perto de uma suposta vida artística de Marie Escot se resumia a temporadas passadas em Turim, na casa do tio, que era proprietário de um teatro local. Segundo ela contava, gostava de ficar com o tio na Itália para fugir do trabalho no tear, ocupação nada incomum entre as classes menos favorecidas de Lyon, sua cidade natal.

O encontro dos dois teria acontecido por puro acaso. Uma das irmãs de Marie havia casado e se mudado para o Líbano depois que seu jovem marido, a princípio alistado no Exército, preferiu desertar a viver separado da mulher. Marie foi visitá-la em Beirute e lá conheceu Basil: ele tinha vinte anos; ela ainda não completara dezoito. A família burguesa dele via na proximidade de uma moça humilde a armação de um clássico golpe do baú. E a decisão de seu filho de se converter ao catolicismo para casar não facilitou em nada a acolhida do jovem casal.

Se, de fato, Marie um dia cogitou esse estratagema, o tiro saiu pela culatra. Quando embarcaram num navio rumo ao Brasil, eles deixavam para trás o glamour da capital libanesa, conhecida como "a Paris do Oriente Médio", para dar com os costados em São João do Muqui, vila colada a Cachoeiro de Itapemirim, a 170 quilômetros de Vitória. "Imaginem o que era São João do Muqui para minha mãe. Uma moça que vinha, afinal de contas, de Lyon, uma cidade que seria assim como São Paulo. Para ela foi uma adaptação muito violenta", lembrava Jorge, sem exagerar nem um pouco no impacto desse mundo novo na vida do casal.

Basil Zahar era um dos quase 11 mil "turcos" que entraram no Brasil em 1913, literalmente na véspera da Primeira Guerra Mundial. Por "turco" entendiam-se então os sírios e os libaneses como ele, que

Beirute no início do século XX: a "Paris do Oriente Médio", cidade onde viviam os Zahar.

desde a década de 1860 começaram a chegar aqui para tentar a vida. O estereótipo guardava uma desagradável marca da opressão, do tempo em que países como o Líbano e a Síria faziam parte do Império Turco-Otomano, só completamente extinto em 1922, com a proclamação da República da Turquia. No convívio com os brasileiros, no entanto, os "turcos" eram assimilados sem maiores problemas, sendo o preconceito atenuado pela proverbial e ambígua cordialidade que tão bem conhecemos. Não foi à toa, por sinal, que o Brasil entrou no mapa de Basil: alguns dos membros da família Mamari, seus parentes por parte de mãe, estavam instalados havia tempo em São

São João do Muqui, no Espírito Santo: pouso de imigrantes libaneses no início do século.

João do Muqui, trabalhando no comércio. A vila, fundada em meados do século XIX, em 1911 ganhara independência de Cachoeiro de Itapemirim, cidade que, ao lado de Vitória, era um dos polos da imigração sírio-libanesa para a região.

A propósito, os libaneses emigrados para o Espírito Santo no início do século XX alegavam o "desejo de enriquecer" e um "espírito de aventura" como principais motivos para tentar a vida a milhares de quilômetros de casa, decisão em que também pesava o fato de simplesmente seguirem outros parentes, já radicados no Brasil. Num rol de motivações sugerido por uma pesquisa realizada entre os imigrantes e seus descendentes na década de 1980, pode-se dizer que Basil se enquadrava numa categoria minoritária: a dos que buscavam escapar do "jugo familiar". Ele foi, portanto, um imigrante atípico, que não dominava uma profissão nem as lides do comércio e, diferentemente de seus compatriotas, não era casado com uma libanesa.

A facilidade de assimilação dos sírio-libaneses no país foi explicada por Roger Bastide – sociólogo francês que chegou ao Brasil em 1937, com o grupo de fundadores da USP, e aqui viveu por mais de vinte anos – pelas semelhanças entre as estruturas familiares dominantes nos dois países. Lembra ele em *Brasil, terra de contrastes* que tanto lá como cá o modelo patriarcal era fundado na "mesma autoridade do pai, a mesma vida secreta e submissa da mulher, a mesma obediência respeitosa por parte das crianças; o mesmo sentimento de solidariedade entre os membros componentes de uma parentela". Mas Basílio e Maria jamais se enquadrariam no retrato da típica família de imigrantes, sobretudo no que diz respeito à submissão feminina. Maria estava longe de qualquer modelo de conformismo ou docilidade. E seu temperamento tur-

A Lyon em que Marie vivia, em 1910: contraste dramático com o Brasil.

bulento, combinado à reconhecida falta de iniciativa de Basílio, pouco contribuiria para a estabilidade de uma família que sempre viveu aos trancos e barrancos financeira e emocionalmente. "Ignoro o que ela quer, aliás, como sempre. Tenho certeza de que nada a satisfaz", escreve Basílio aos filhos na década de 1950, num duro testemunho da gravidade e extensão do desentendimento entre os dois.

Nascida em 1896, Marie Escot era filha de Jean-Gaspard Escot e Marguerite Gensse. Ela e suas duas irmãs, Marguerite e Emmie, foram criadas numa Lyon já distante do apogeu da indústria da seda, introduzida na cidade no século XVI, mas a família sobrevivia de empregos na tecelagem. Apesar de católica devotada, das que não deixavam passar um Natal sem presépio ou Dia de Reis sem a *galette des Rois*, não guardava de sua religião a exigência de modos tidos como recatados. Costumava sempre dizer o que pensava, vestir-se como bem entendia e frequentar os lugares que lhe dessem na telha – fosse comício do Partido Comunista ou bailes de carnaval do High Life, famoso clube carioca dos anos 1950.

Enquanto viveu na província – no Espírito Santo ou em Campos dos Goytacazes, no norte do estado do Rio de Janeiro – chamou a atenção por seu jeito de vestir e comportar-se. Logo que chegou a Muqui, não era incomum que vizinhos fossem flagrados no muro da casa onde morava espreitando, curiosos, "a francesa". Assim era conhecida a mulher que, num carnaval em Vitória, saiu com um figurino metade homem, metade mulher, sendo esta metade exposta com muita generosidade. Num dos muitos períodos de separação de Basílio, levou Jorge, ainda menino, até o lugar onde manteve um encontro amoroso – e ele a esperou, sozinho e cúmplice. Este último episódio, delicado e por décadas tratado como tabu na família, o próprio Jorge contou no fim da vida, em um almoço coletivo da editora. Até a morte dela, em 1963, no mês em que completaria 68 anos, Jorge foi um filho devotado e provedor, não faltando às visitas semanais ao Sanatório Botafogo, hospital psiquiátrico onde Maria viveu por anos, numa internação branda, sem confinamento, morando num pequeno apartamento, como o de um asilo para idosos.

Quando Jorge nasceu, em fevereiro de 1920, o jovem casal já havia trocado o Espírito Santo pelo Rio de Janeiro, mantendo-se, no entanto, no horizonte limitado da província. De Muqui mudaram-se para os arredores de Campos dos Goytacazes. Ernesto, o primogênito, ia fazer seis anos, e Jorge nasceu no vilarejo que se desenvolveu em torno da Usina Santa Maria, onde Basílio havia arranjado um emprego de guarda-livros na contabilidade. A Santa Maria, assim foi batizada, era uma cidadezinha com vida própria – dispondo de

Campos dos Goytacazes, onde Maria e Basílio viveram do comércio.

comércio, escola e hospital próprios – que nos anos 1950 se tornaria distrito independente. Parte das vastas propriedades de Jorge Pereira Pinto, latifundiário que controlava 6 mil hectares na região em que, na época, funcionavam 28 usinas, a Santa Maria era um símbolo da prosperidade da indústria açucareira, base da economia local desde o século XIX.

Em 1922, Maria decidiu visitar a família em Lyon levando os dois filhos. A longa viagem marcou Jorge decisivamente. Ele tinha dois anos e, claro, não guardou imagens da França que tanto visitaria décadas mais tarde. O que jamais esqueceu foi o breu da cabine do navio, onde, por algum motivo, era deixado sozinho pela mãe e o irmão. O medo dessas noites no mar duraria para sempre, sendo para ele um desconforto dormir em ambiente com todas as luzes apagadas. Maria também não tinha boas lembranças daquela que seria sua última visita à França depois de emigrar: naquele ano que passou em sua cidade, ela dizia ter chovido o tempo todo. E, na volta ao Brasil, passou um ano inteiro procurando por Basílio, que simplesmente havia desaparecido.

Maria Zahar passeia no Centro do Rio, em novembro de 1954, com Therezinha Albuquerque, ex-mulher de seu filho Lucien.

O fato é que o casal se reestabeleceu em Campos em 1924, ele trabalhando na venda de tecidos, ela fazendo chapéus sob encomenda. Menos de dois anos depois, em 1926, como fruto da reconciliação, nascia Lucien.

A crise mundial de 1929 não poupou cidade ou roça e chegou com tudo à região, naturalmente sensível por conta da produção de açúcar, que então sofria um baque importante. Basílio, que havia se estabelecido no comércio, perdeu sua loja de tecidos, A Rosa Campista, e os Zahar uma vez mais tomaram o rumo do Espírito Santo, dessa vez para Vitória. "Fomos ser pobres longe de Campos", lembrava Jorge no tom ameno que muitas vezes imprimia aos relatos das variadas vicissitudes de seu início de vida. Foi em Vitória que, em 1932, nasceu Margot, a caçula da família, e onde Jorge começou a trabalhar para valer. Para ajudar a família valia tudo, da distribuição de panfletos no comércio até o serviço na relojoaria de um "tio Antonio", onde era responsável por dar corda em todos os relógios da vitrine.

Jorge em sua foto mais antiga, com o primo (de uniforme) e o irmão Ernesto.

Foi também em Vitória que Maria e Basílio se separaram em definitivo. Voltariam a se encontrar eventualmente em torno dos filhos. Basílio, que morreu com mais de noventa anos, casou-se de novo, mas sua segunda mulher ficou sempre um tanto à parte da família. Maria não voltaria a se casar e teve, ao que se deduz, uma vida sentimental atribulada, em que algumas vezes as desilusões resultaram em tentativas de suicídio. Manteve, no entanto, um hábito diário: o de acordar praguejando contra o ex-marido. Talvez fosse a forma

UM LÍRIO DO VALE 41

Os irmãos Jorge, Lucien, Margot e Ernesto Zahar posam em estúdio no final da década de 1940.

de sua personalidade vulcânica purgar o que vivera quando deixou a capital capixaba sozinha, levando os quatro filhos pela mão, para enfrentar pela primeira vez a cidade grande. Ao fim daquela viagem de trem em que Jorge lia Balzac aos prantos, o Rio de Janeiro daria à família um sentido maior e mais terrível ao que até então conheciam como adversidade.

"Fico a me lembrar do meu primeiro ano no Rio de Janeiro, 1936, quando fui vender artigos de carnaval nos subúrbios da Central e, pior ainda, da Linha Auxiliar (você talvez não saiba o que era, o Millôr sabe)", escreve ele a Paulo Francis na década de 1980, naquele tom meio brincalhão de tratar coisa séria. "Só o inferno pode ser tão (talvez mais) quente do que São João de Meriti no mês de janeiro." Millôr Fernandes, dois anos mais novo que Jorge e um de seus amigos mais próximos ao lado de Francis e Ênio Silveira, descrevia a própria infância como "dickensiana", órfão de pai e mãe, também imigrantes e também pobres, no subúrbio carioca do Méier. Para usar uma referência à literatura francesa que Jorge tanto prezava, não seria exagero dizer que seus primeiros anos tinham mesmo as sombrias tintas realistas de um Zola.

"A vida tem sido demasiado madrasta conosco", lembraria Jorge na década de 1950, numa carta sem data precisa em que invoca as durezas do passado para apelar à concórdia dos irmãos, desde muito cedo assombrados por conflitos que na década de 1970 levariam à sua separação profissional. Com a costumeira precisão factual e também o conhecido alto grau de emoção, ele resume os primeiros anos da família no Rio detalhando o périplo de endereços por que passaram – todos no Centro e cada um mais precário que o outro. Um tropeço na sociedade que os três haviam firmado, adverte ele aos irmãos, poderia representar uma volta da família "às pulgas da rua do Rosário 102, aos percevejos da rua São Pedro 316, aos ratos da rua General Câmara 164, à miséria moral da rua Buenos Aires 263".

As ruas São Pedro e General Câmara desapareceram, arrasadas na década de 1940 para a abertura da avenida Presidente Vargas. Mas os sobrados da Rosário e da Uruguaiana, hoje com fachadas restauradas e abrigando um comércio anódino no térreo, são típicos exemplos das pensões que se multiplicavam na região. Maria, Ernesto, Jorge, Lucien e Margot, esta com quatro anos, apertavam-se sempre em um único quarto. Jorge se lembrava de preferir o chão duro aos colchões com percevejos. Para a caçula era reservado, quando a geografia do cômodo permitia, o batente das janelas largas, protegido por venezianas. Lucien, em carta a Jorge, recorda como, na rua do Rosário, tinha que "providenciar água através da bomba ou em baldes" para que Ernesto, o mais velho, pudesse tomar banho e sair

Os Zahar no Rio, final dos anos 1940: Ernesto, Margot, Jorge e Lucien (em pé), os pais Maria e Basílio (sentados à direita), Agripina (mulher de Ernesto, à esquerda) e os filhos Ernestinho e Ivan à frente. (páginas seguintes)

Recém-casado e se recuperando de uma grave crise de garganta, Jorge recebe a visita dos pais, Maria e Basílio, em 1950.

à noite, história recorrente nas discussões familiares como mágoa persistente da juventude.

Num perímetro relativamente pequeno, entre as pensões, a boemia da Lapa e os cinemas baratos, os irmãos Zahar encontrariam nos livros um meio de vida. Em Vitória, talvez por sugestão dos filhos, Basílio faria o mesmo, conforme registra o memorialista Renato Pacheco: "Não havia livrarias locais. Os livros didáticos eram vendidos em papelarias. Representantes da W.M. Jackson e José Olympio do Rio, Martins de São Paulo e Livraria do Globo de Porto Alegre vendiam, de porta em porta, ricas coleções como Tesouro da Juventude, *Obras completas* de Machado de Assis, Humberto de Campos, Gilberto Freyre, Dostoiévski, Jorge Amado, Mário de Andrade e livros policiais das coleções Amarela e Negra. ... Basílio Zahar vendia livros na rua Duque de Caxias e abriu uma pequena livraria, a Técnica, depois vendida a Durval Cardoso."

Referências

A tradução de *O lírio do vale* é de Vidal de Oliveira para a editora Globo, na publicação integral da *Comédia humana* coordenada por Paulo Rónai (Porto Alegre, Globo, vol.XIV, 2ª ed., 1958). ¶ Neste capítulo, as falas de Jorge vêm todas de seu livro-depoimento *Jorge Zahar*, da série Editando o Editor, com organização de Jerusa Pires Ferreira (São Paulo, Edusp/Com-Arte, 2001) e prefácio de Sergio Miceli ("Jorge Zahar, editor pioneiro"). ¶ As informações sobre a família no Líbano foram reconstituídas a partir de entrevistas de Cristina Zahar e de Fadi Zahar, livreiro em Paris e filho de Georges Zahar (ambas mar 2016), além do já mencionado depoimento de Jorge à série Editando o Editor. ¶ Os dados sobre a imigração libanesa no Espírito Santo foram compilados por Mintaha Alcuri Campos em *Turco pobre, sírio remediado, libanês rico: a trajetória do imigrante libanês no Espírito Santo* (Vitória, Instituto Jones dos Santos Neves, 2007), também fonte da citação de Roger Bastide. ¶ A maior parte das lembranças de Maria Zahar vem da entrevista de Therezinha Albuquerque, mãe do filho mais velho de Lucien Zahar (mar 2016). ¶ A monografia *Decadência da indústria agroaçucareira em Campos dos Goytacazes e seu reflexo na vida dos trabalhadores: um estudo de caso da usina Novo Horizonte* (UFF/Campos dos Goytacazes, 2011), de Leandra Pires Nunes e Gabriel Delso Ferreira Gonçalves, dá um bom panorama histórico-econômico de Campos, bem como *Quem quebrou a casa de meu pai?* (Rio de Janeiro, Comunità, 2004), memórias de Antonio Carlos Pereira Pinto, filho do dono da Usina Santa Maria. ¶ O registro de Basílio Zahar como livreiro está em *Os dias antigos*, de Renato Pacheco (Vitória, Edufes, 1998). ¶ Toda a correspondência faz parte do Acervo Jorge Zahar. ¶

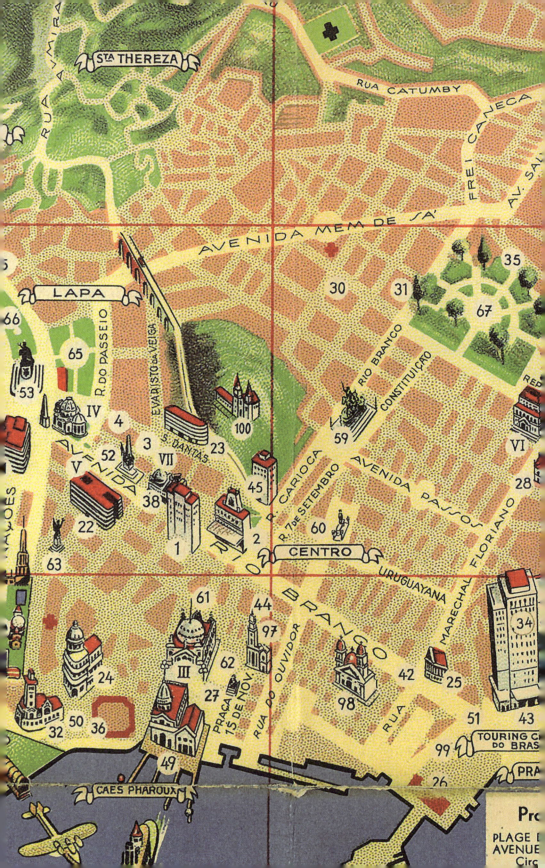

Capítulo **3** | **Na cidade das letras**

Em 1960 Paulo Mendes Campos jogava no primeiro time dos cronistas que, povoando os jornais do Rio de Janeiro desde a década anterior, ajudaram a contar uma história íntima e lírica da cidade num de seus grandes momentos de efervescência cultural. No início de abril daquele ano, dedicou a "Primeiro plano", coluna que mantinha no *Diário Carioca*, aos irmãos Zahar. Meio sem gancho, no diapasão de seu relacionamento fraterno com Jorge, contava a história que o amigo repetia de vez em quando, durante períodos de crise ou dificuldade: era melhor fechar a livraria Ler, em que era sócio de Ernesto e Lucien desde 1947, e abrir um "restaurante-bar". Nos anos e crises seguintes, Jorge atualizaria a imprecação com o sonoro "É melhor vender pente Flamengo!", ameaçando trocar os livros pelos pequenos pentes de plástico flexível vendidos em camelôs ou farmácias, feitos para os cavalheiros levarem no bolso.

"Mas é brincadeira, pura brincadeira", escreve Paulinho, como era chamado pelos amigos mais próximos. "Sou capaz de imaginar o Ernesto, trajado à maître de restaurante de luxo, a assuntar os clientes de cada mesa, assim como não me é impossível enquadrar o Lucien

O Centro do Rio de Janeiro abrigava oitenta das 94 livrarias cariocas no final dos anos 1940.

tomando providências na copa. São ambos honestos e ativos homens de negócio. Mas não consigo ver o Jorge Zahar em outro ramo comercial que não seja o de livros. Ele gosta de livros, entende de livros, tem mesmo o gosto crítico bastante incomum. Jorge é comerciante por imposição da vontade: de vocação, seria um leitor, um estudioso."

Se não chega perto da alta densidade literária de seu autor, a crônica é precisa como retrato 3×4 de Jorge – e, claro, como um belo instantâneo da família. De fato, o comércio de livros foi para os Zahar quase incidental, opção regida mais por injunções pessoais e familiares que por vocação. O passo decisivo da livraria para a editora foi dado por Jorge, que seguia as pegadas de antecessores ilustres como José Olympio. Dezoito anos mais velho que ele, o editor que seria sinônimo do modernismo brasileiro também começou no comércio, atendendo na Garraux, livraria importadora que era ponto de encontro de intelectuais na São Paulo dos anos 1910. Em 1930 fundaria a casa batizada com seu nome. Era, portanto, um caminho já trilhado, ainda que longe de estar bem sinalizado ou seguro.

No Rio de Janeiro em que a família entrou pela porta dos fundos, vender livros não era uma ideia tão descabida quanto possa parecer neste início de século XXI, quando a concentração de editores e livreiros em grupos e redes, aliada às vendas pela internet, mudou radicalmente a dinâmica essencial entre livros e leitores. No final dos anos 1940, o Rio tinha 94 livrarias; em 2014, eram 252. Nos números implacáveis das estatísticas, por volta de 1948 havia uma loja para quase 19 mil moradores, relação que piora significativamente com a proporção, na década de 2010, de um estabelecimento servindo a 25 mil pessoas – isso quando a Unesco recomenda que a relação livraria-leitor seja de uma para cada grupo de 10 mil pessoas.

Os números costumam ser bom ponto de partida, mas não bastam para entender a peculiar geografia literária da cidade. O importante é saber que, dessas 94 livrarias, apenas quatorze se espalhavam por bairros que não o Centro da cidade. As oitenta restantes coalhavam um perímetro relativamente exíguo, de mais ou menos dez quarteirões, que tinha a antiga rua São José como eixo principal. Ligação do

A primeira sede da livraria Ler, no sobrado da rua Rodrigo Silva: início da sociedade dos irmãos Zahar.

largo da Carioca com as proximidades da praça XV, a rua concentrava sobretudo sebos que, na fértil imaginação dos homens de letras da época, evocavam Paris e seus *bouquinistes*, aqueles que até hoje negociam livros usados nas barracas de metal instaladas às margens do Sena. A livraria São José, a Casa do Livro e a Acadêmica estavam entre os principais estabelecimentos da rua, que nos anos 1950 seria quase toda ela demolida por mais um dos predatórios projetos urbanísticos sofridos pela cidade.

Em torno da São José e seus fumos parisienses fincavam-se alguns pilares do mercado livreiro e editorial. Na rua do Ouvidor, as imponentes José Olympio, Francisco Alves e Guanabara. Na rua do Rosário, a Kosmos, com sua oferta de importados e raridades. Na Sete de Setembro, a Civilização Brasileira. Na rua México, a Agir. Na pequena travessa do Ouvidor, onde na década de 1990 nasceria a livraria da Travessa, funcionaram a Schmidt e a livraria Suíça, esta operando num nicho tão específico quanto a Askanazy, importadora de livros do Leste europeu. Numa ruazinha a cinquenta metros dali, a Rodrigo Silva, que se estendia da Sete de Setembro à São José, paralela à avenida Rio Branco, os Zahar teriam seu primeiro endereço como livreiros.

"O SENHOR SÓ PODE estar me roubando. Está demitido." Não foi fácil para Jorge engolir a acusação de um de seus muitos patrões nos primeiros anos de Rio de Janeiro. Este chamava-se Tuffi, e, pelo nome, única informação que se tem dele, depreende-se que fazia parte da ampla rede de contatos de imigrantes libaneses que costumavam se ajudar fora de seu país. Dono de uma ourivesaria na rua Buenos Aires, Tuffi morava na Urca, bairro bucólico e um tanto apartado do Centro, que abrigava o mais célebre cassino da cidade. Saindo de casa num sábado de manhã, viu seu jovem empregado entrando no luxuoso prédio à beira-mar do Cassino da Urca. Achou estranho e torceu o nariz para o fato de um frangote que não tinha onde cair morto estar arriscando o pouco que ganhava em roleta ou carteado. Mas o pior ainda viria: no fim daquele mesmo dia, já à noite, Tuffi flagraria Jorge saindo da casa que, entre 1933 e 1946, quando o jogo foi proibido no Brasil, era palco de estrelas como Carmen Miranda e também cenário para o drama de vidas desgraçadas pela dívida em seus três grandes salões de aposta. Não adiantava tentar explicar que não passara o dia inteiro jogando, pensou Jorge. E, nessas situações, a verdade parece uma esfarrapadíssima desculpa: pela manhã tinha ido entregar uma encomenda; e à noite, aí sim, deixava a Urca depois de algumas poucas horas de modesto divertimento.

Ao contar a história para os filhos e amigos, Jorge sempre destacava seu lado inegavelmente gaiato, um mal-entendido típico de comédia de boulevard. Mas naquela altura havia pouco do que rir em sua vida, sempre forçado a topar qualquer trabalho não a fim de "complementar" uma renda familiar, mas com o intuito de produzir algo próximo a um orçamento para sustento dele, da mãe e dos irmãos. Por isso foi garoto de entregas, vendeu bugigangas e amendoim torrado, espremeu caldo de cana e distribuiu panfletos de propaganda nas ruas. Aliás, toda vez que via alguém numa esquina do Centro com um bolo de papeletas na mão fazia questão de parar, pegar uma e até oferecer-se para deixar um tanto em algum lugar conveniente, tudo para aliviar o trabalho daquele em que se projetava num outro tempo. A juventude fora mesmo inesquecível – e não necessariamente pelos bons momentos.

Anúncio da distribuidora Herrera publicado no jornal *O Imparcial* em 1935. Seu fundador, o anarquista espanhol Antonio Herrera, iniciou Jorge na profissão de livreiro.

Mais velho seis anos, Ernesto também se virava como podia, até que um dos tantos empregos eventuais lhe sinalizou não só uma ocupação mais digna e bem paga, porém um caminho profissional para valer, que terminaria estendendo aos irmãos. No finalzinho da década de 1930, começou a trabalhar na A. Herrera & Cia., distribuidora e importadora de livros, revistas e publicações técnicas que ocupava a sobreloja do número 11 da rua Rodrigo Silva, no centro do mundo livreiro. Seu proprietário era Antonio Herrera, espanhol e anarquista, tão interessado no comércio quanto na circulação de ideias. O Brasil, mesmo sob o Estado Novo, representava para imigrantes do hemisfério norte um mundo mais viável que a Europa daquele momento, desde 1936 convulsionada pela Guerra Civil na Espanha e, nos anos seguintes, pela Segunda Guerra Mundial.

As mudanças na geopolítica mundial refletiam-se diretamente nas estantes brasileiras, e, para Herrera e outros comerciantes do livro, o ambiente chegava a ser estranhamente favorável. Por um lado, a restrição à importação em geral, que vinha da década de 1930, estimulou de forma decisiva a produção editorial no país. Por outro, estabeleceu novas latitudes para a circulação de livros estrangeiros. Com a queda de Paris, estava formalmente vedada a já claudicante importação de obras francesas, as favoritas de um tipo de leitor cultivado, que as identificava com a vida intelectual ativa e cosmopolita. Em pouco tempo a oferta dos importadores brasileiros estaria moldada pelas decisivas transformações do mercado argentino, que desde o início do conflito civil na Espanha assumira a dianteira mundial na produção de livros em castelhano e, com a Segunda Guerra, transformara-se em escala obrigatória para as poucas importações europeias. Em 1938, a Argentina produziu quase 7 milhões de exemplares; em 1944 foram 30,7 milhões, dos quais 20,5 milhões destinados à exportação. Em 1941, os livros hispano-americanos correspondiam a 30,3% das importações brasileiras, perdendo, mas nem de tão longe, para os 34% vindos de Portugal.

"A Hobby Editorial recebeu a grata visita do senhor Ernesto Zahar, representante da firma A. Herrera & Cia., do Rio de Janeiro, que procurará, durante sua permanência aqui, um maior entendimento destinado a garantir a difusão das publicações argentinas no Brasil", dizia uma nota, de fevereiro de 1942, publicada na *Hobby*, revista de divulgação científica editada e impressa em Buenos Aires que registrava, editorialmente até, a importância do país vizinho para seus negócios. "No que nos diz respeito temos facilitado sua simpática tarefa e lhe desejamos um feliz retorno e sucesso em seus resultados." A visita dava a clara dimensão da importância do mercado brasileiro para os editores e distribuidores argentinos, e, claro, a de Ernesto para Herrera: em novembro daquele ano, o funcionário virou sócio da empresa, que passaria a se chamar apenas Herrera & Cia., e, casado com Agripina, filha de Herrera, lhe daria os netos Ernesto e Ivan.

A mistura das relações pessoais e profissionais, tão comum na formação do moderno mercado editorial brasileiro, unia as duas famílias de imigrantes: desde 1940, Jorge – e logo depois Lucien – fazia parte do quadro de funcionários da distribuidora, onde também trabalhava Antonio Herrera Filho. Vendedor intuitivo, até então operando um comércio errático e miúdo, Jorge aprenderia ali seu primeiro ofício, o de livreiro, que de alguma forma juntava o pragmatismo necessário às relações comerciais com seu interesse de sempre pela leitura. Na Herrera aprendeu as imponderáveis manhas da profissão e também, com método e cuidado, a "fazer a praça", oferecendo aos livreiros as últimas novidades vindas do exterior – e não só no perímetro da cidade das letras carioca. Sempre de ônibus, fez muitas vezes o percurso Rio de Janeiro-Buenos Aires, aproveitando cada parada da viagem para trabalhar: na ida,

Identidade de Jorge Zahar, c.1950.

tratava de oferecer aos livreiros que visitava pelo caminho o que tinha no estoque carioca num mostruário das capas; na volta, recolhia os pedidos das novidades que acabara de conhecer nos distribuidores argentinos. Assim como Ernesto, aprendeu espanhol na prática e transformou o idioma em importante instrumento de trabalho.

Em maio de 1946, o *Diário Oficial* publicava uma nova alteração no contrato social da Herrera: além do titular, seu filho Antonio e o genro Ernesto, Jorge juntava-se à empresa, como cotista, além de Mário da Silva Pereira e Newton Feitosa – que nas décadas seguintes continuariam, respectivamente, como contador e vendedor da livraria que os Zahar iriam fundar. A reorganização da sociedade dava-se sobretudo porque Herrera se desinteressara pelo negócio. "Com o término da guerra, ele supôs que não haveria mais lugar para uma empresa desse tipo, uma intermediária, e que todos poderiam fazer

NA CIDADE DAS LETRAS 55

Jorge por volta de 1950 em Buenos Aires, para onde viajou diversas vezes, fornecendo às livrarias brasileiras títulos importados da Argentina.

suas próprias importações", lembra Jorge, que tinha opinião bem diversa. Em sua avaliação, pouco mudava com o restabelecimento de importações diretas da França, Inglaterra e Itália: haveria sempre lugar para uma intermediação organizada e profissionalizada entre editores e livreiros. Herrera também enfrentava problemas de saúde e, pouco depois, inconformado por ter perdido a visão, ficando assim privado da leitura que tanto cultivava, suicidou-se.

Seis meses mais tarde – exatamente em 12 de novembro de 1946, a crer na implacável memória de Jorge – os irmãos Zahar iniciavam formalmente a própria empresa, nas palavras dele, "uma continuidade da Herrera". O mesmo endereço da Rodrigo Silva passava então a abrigar a Ler, Livrarias Editoras Reunidas. Na descrição de Ubiratan Machado, "uma loja ampla ao velho estilo, com espaço para a colocação de banquetas (sem impedir a circulação dos clientes), a escrivaninha do gerente colocada num ponto estratégico e a sineta para chamar os empregados".

"Só agora que estamos afastados uns milhares de quilômetros, posso eu avaliar a enorme falta que vocês fazem para que a nossa casinha marche no ritmo costumeiro", escreve Lucien em 1950 aos "queridos manos" Jorge e Ernesto, ambos em viagem de negócios a Buenos Aires. Sozinho na empresa, o mais novo dos Zahar dá conta de negociações com distribuidores e livreiros e da complexa administração da Ler. "Tenho que me dobrar para conseguir a metade do que deve ser feito, entretanto vai-se tocando e tudo vai às maravilhas por saber que é só por uns dias mais... Vejam se voltam logo porque quero comer no Timpanas", diz ele.

Um dos objetivos centrais da distribuidora era atender os livreiros das cidades mais distantes do eixo Rio-São Paulo e também do interior do Brasil. A estratégia de trabalho incluía organizar, em cidades como Manaus, uma "exposição" das capas de livros recentes, procurando encurtar o tempo – então muito longo – entre o lançamento e a chegada aos pontos de venda. "Este nosso trabalho é inteiramente novo no Brasil", dizia Ernesto em 1952, numa longa entrevista ao *Diário de Notícias*. "Não somos caixeiros-viajantes procurando vender livros aos interessados, mas sim pessoas preocupadas em desen-

Jorge e o irmão Ernesto, em impecáveis ternos de linho branco, e o vendedor Newton Feitosa, no estoque da livraria no final dos anos 1940.

Os três irmãos Zahar retratados com fiéis funcionários na livraria Ler, no final dos anos 1940: Lucien e Jorge de braços cruzados ao lado de Ernesto, que segura um gato.

volver, no país, o comércio livreiro." Já naquela época, ele atentava para a diminuição do número de livrarias – "elas estão desaparecendo" – e para o isolamento dos livreiros, defendendo a isenção de impostos a fim de que a indústria do livro se fortalecesse. "Quando organizamos nossa firma", prosseguia, "tivemos a preocupação de servir ao editor nacional e estrangeiro, assim como ao livreiro do Brasil; daí o nosso nome."

Ao escolher uma sigla com jeito de verbo, os irmãos Zahar também lançavam mão do recurso de um empreendimento de sucesso da época, a Agir, acrônimo de Artes Gráficas Indústrias Reunidas, livraria e também editora nascida em 1944 em torno de intelectuais católicos. Naquele primeiro momento a Ler ainda não tinha seu braço editorial. E, quando o tivesse, estaria numa posição ideológica distante da casa fundada por Cândido de Paula Machado, ainda que geograficamente próxima a ela, na mesma rua México.

Conhecido no Brasil como *O Boulevard do Crime*, o filme de Marcel Carné emocionou Jorge por toda a vida.

"É TÃO SIMPLES O amor", sussurrava Garance num quarto de pensão, perplexa diante da derramada declaração de Baptiste, a quem conhecera poucos dias antes e com quem conversava para valer pela primeira vez. Na Paris da primeira metade do século XIX, eles viviam à margem da sociedade: ela, dublê de atriz e sobretudo mulher livre, dona de seu nariz, cercada por amores de diversas extrações; ele, tímido e inadaptado à vida prática, era sem o saber o maior mímico de seu tempo. Vividos por Arletty e Jean-Louis Barrault, os personagens que são a alma de *O Boulevard do Crime* arrebatavam a França e o mundo na ressaca material e moral da Segunda Guerra. *Les enfants du paradis*, título original do filme de Marcel Carné, foi rodado durante a Ocupação e estreou em março de 1945, já na França liberta.

Em agosto de 1949, Jorge assistia, às lágrimas, às três horas e dez minutos do filme – dividido em dois atos, *Le Boulevard du Crime* e

Jorge e Ani ainda noivos, no terraço da casa dela.

L'Homme blanc. A seu lado, Ani, com quem se casara em março depois de quase quatro anos de paquera, namoro e noivado. Juntos, ainda reveriam o filme incontáveis vezes, assim como acabavam fazendo os filhos, amigos e todos os próximos de Jorge, pelo simples fato de ser impossível conviver com ele ignorando essa história baseada em personagens reais, escrita pelo poeta Jacques Prévert. No *Correio da Manhã*, Moniz Vianna, um dos críticos mais rigorosos da época, dedicou quatro dias seguidos de resenhas ao filme, no qual identificava "um universo digno de Shakespeare ou Balzac". Para Jorge, ele era inesgotável em seus mínimos detalhes, na sutileza das relações que expunha, no confronto entre o mundo dos desvalidos e a sociedade estabelecida e – por que não? – no sentimentalismo exacerbado. Décadas mais tarde, num dos momentos mais difíceis do casal, com a ditadura causando um estrago familiar, Jorge escreve a Ani, ela na Inglaterra, acompanhando os primeiros meses da neta Mariana: "Como compensação a esta triste semana, tive, duas vezes, terça e quarta-feira, *Les enfants du paradis* na Maison de France, e Mariana, Baptiste, Garance e Nathalie, que são a poesia do mundo, não há Dops, Codi, Pide, Gestapo ou KGB que consiga varrer do coração do homem."

Para Ani e Jorge, o amor tinha sido bem pouco simples, pelo menos no começo. Ou melhor, para eles sempre foi simples, mas não para a família dela. Filha de alemães emigrados com a Primeira Guerra Mundial, Hannelore Siebert nasceu em 1928, precedida por um casal de gêmeos, de 1924. O pai, Emil, naturalizado Emílio, era dono de uma empresa de ônibus; a mãe, Anna Maria, cuidava da casa e da família. Austera, zelava para que as filhas seguissem seus passos: estudar e trabalhar, nem pensar. Hannelore prolongou o mais que pôde a educação iniciada no Cruzeiro, tradicional escola alemã, e continuada até o segundo ginasial no Santa Doroteia, colégio de freiras no Rio Comprido, bairro onde viviam. Os planos de torná-la dona de casa foram no entanto interrompidos pela doença do pai, acometido por um tipo de senilidade que, à época, se diagnosticava como arteriosclerose.

Foi atrás de um balcão da Kosmos, a livraria criada pelo austríaco Erich Eichner, que Hannelore viu Jorge pela primeira vez. Ser fluente

Em 10 de março de 1949 casaram-se no civil; foi ela própria quem fez seu vestido.

em alemão foi importante para que ela conseguisse o emprego, tanto pela origem dos donos da casa quanto pelos muitos livros e revistas importados vendidos ali. Entre conferidas no inventário e empacotamento de mercadorias, ela dedicou atenção especial ao rapaz de estatura mediana, sobrancelhas grossas e bigodinho, este tão onipresente na época quanto o terno de linho branco que ele usava, já um pouco mais distante da pobreza e vivendo numa casa de vila em São Cristóvão. Livros debaixo do braço, ele passava regularmente pela loja na rua do Rosário "fazendo a praça" com as últimas novidades oferecidas pela Herrera, que em 1945 chegou a ter em catálogo 7 mil livros importados, principalmente da Argentina, nas mais diversas áreas.

A aproximação entre o jovem vendedor de livros e a belíssima funcionária da Kosmos, oito anos mais nova que ele, foi lenta: conversaram fiado por uns bons dois anos, até que começaram a namorar

Recém-casados, numa viagem a Juiz de Fora, em 1949.

para valer. Dona Anna, a mãe dela, não gostou nada da história, e, até os dois casarem – o que só poderia acontecer, bem entendido, depois que a moça completasse 21 anos –, esteve longe de abençoar o casal: para ela, a filha, que desde o noivado passou a se apresentar para todo mundo como "Ani", por detestar seu nome de batismo, tinha mais era que casar com um alemão.

Desde sempre avesso a enfrentamentos, Jorge venceu com perseverança as restrições da sogra, que só morreria aos 94 anos, viúva desde os 52. O namoro acontecia sob alta vigilância, e sempre tendo como limite o protocolar horário de dez da noite para que o casal se despedisse. "O Jorge devia gostar muito de mim mesmo, para aturar tudo o que ela fazia para ele", diverte-se Ani ao lembrar os primeiros anos dos mais de cinquenta em que os dois estiveram juntos, entre namoro e casamento.

Os noivos oficializaram sua situação num cartório em 10 de março de 1949. O casamento religioso só aconteceria no ano seguinte, em

Com os filhos Aninha, Jorginho e Ana Cristina (as meninas estão fantasiadas), em meados dos anos 1950.

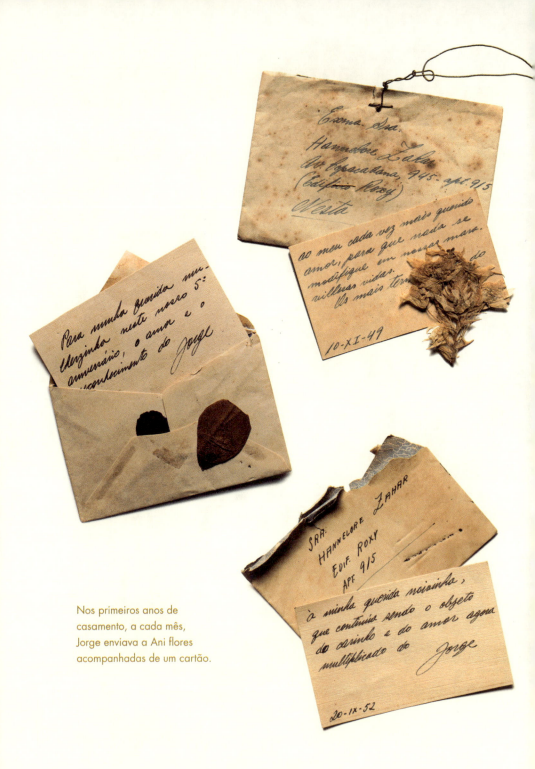

Nos primeiros anos de casamento, a cada mês, Jorge enviava a Ani flores acompanhadas de um cartão.

66 A MARCA DO Z

meio a uma viagem de trabalho de Jorge a Buenos Aires. Por iniciativa de um casal amigo, casaram sem véu nem grinalda na Iglesia de la Virgen de la Medalla Milagrosa, e, mesmo sem ligar muito para o ritual, guardaram uma caderneta da igreja com a "foto oficial". A viagem do jovem casal ganhou registro no *Diário Carioca*, num tipo de coluna comum na época, que dava conta do "movimento" dos aeroportos.

Firmava-se ali um pacto que, embora não declarado, concretizou-se em cada dia que viveram juntos: ambos decidiram que, dali para a frente, iniciariam uma vida nova, uma família nova, mantendo os respectivos parentes a uma distância maior do que, por exemplo, os amigos que fariam juntos. Ainda que trabalhando com Ernesto e Lucien, Jorge mantinha essa postura de relativo recuo, assim como Ani em relação aos irmãos. Os dois formavam, por isso, um tipo de casal simbiótico, mesmo que guardando a estrutura tradicional: Jorge trabalhava e Ani cuidava da casa e dos filhos.

Cada aniversário dessa relação era marcado por bilhetes ou cartas de Jorge – nos primeiros anos de casamento, a cada mês, Ani recebia flores acompanhadas de um cartão. Em dezembro de 1949, nove meses depois de irem ao cartório, lia-se junto às flores que chegaram: "Ao meu querido amor, os meus comovidos agradecimentos por sua incansável vigilância da chama de nosso amor, que continuará ardendo por todo o sempre. Beija-te com emoção, seu marido Jorge."

Esse hábito seria (quase) infalível também todo 24 de janeiro, aniversário de Ani. Em 1957 ela recebe uma carta que bem poderia ter sido escrita por Félix de Vandenesse, o jovem herói de Balzac: "Minha querida mulherzinha. Não terás flores minhas, neste aniversário, no entanto, a distância e o tempo e os percalços não conseguem outro resultado senão o de juntar-nos mais e mais. Esta a segurança que tenho neste momento em que te escrevo e te evoco em nossa casa silenciosa e quieta, mas não vazia, porque cheia de tua presença e da de nossos filhos bem amados. Tenho a certeza de formarmos um só ser, inseparáveis um do outro, não há sentido para um sem o outro, não

Jorge e Ani em Paris, na tradicional passagem pela cidade depois da Feira do Livro de Frankfurt, em outubro de 1994.

há estrada, não há caminho, não há trilha, não há picada para um sem o outro. Para um sem o outro não há calor, não há frescor; não canta o pássaro, não jorra a fonte, não sopra o vento para um sem o outro; não desponta a aurora, não se põe o sol para um sem o outro. Para um sem o outro, se apaga a Vida. Beijo-te amorosamente." No último aniversário dela que passaram juntos, em 1998, um número "70" imenso dominava o cartão bem-humorado que marcava a data redonda: "Para a 'setentinha' mais charmosa da Zona Sul (e também dos outros pontos cardeais desta outrora também charmosa cidade), os votos de feliz aniversário deste que não abre mão do privilégio de ser o marido dela."

A vida prática do casal começaria logo depois das providências legais, no número 945 da avenida Nossa Senhora de Copacabana, um prédio imenso – "dezenove apartamentos por andar", na lembrança de Ani – em cima do cinema Roxy. Lá, num acanhado quarto-sala-ebalcão, nasceram Ana Maria, em 1951, e no ano seguinte Ana Cristina. Jorge Júnior, o caçula, é de 1954, quando já tinham se mudado para o primeiro quarteirão da rua Barata Ribeiro, no início de Copacabana, mais exatamente para o Duque de York, edifício em que Jorge viveu até morrer. Fez do lugar, onde com frequência recebia os amigos, um dos dois "pontos cardeais" de sua vida carioca. O outro ficava a dez quilômetros, num dos locais do Centro mais próximos ao mar, precisamente na sobreloja da rua México 31, escritório do editor por 43 anos.

Referências

A crônica "Três irmãos" foi publicada no *Diário Carioca* (2 abr 1960, p.6). ¶ Sobre José Olympio, ver o ótimo livro de Gustavo Sorá, *Brasilianas: José Olympio e a gênese do mercado editorial brasileiro* (São Paulo, Edusp/Com-Arte, 2010). ¶ As estatísticas de livrarias nos anos 1930 estão em *História das livrarias cariocas*, de Ubiratan Machado (São Paulo, Edusp, 2012), também fonte dos endereços das principais casas históricas. Os dados recentes são da pesquisa realizada pela Associação Nacional de Livrarias, publicada pelo *Globo* (18 ago 2014). ¶ Os dados sobre importação de livros são compilados por Laurence Hallewell em *O livro no Brasil: sua história* (São Paulo, Edusp, 1985). ¶ A menção a Ernesto Zahar em Buenos Aires é feita por Catarina Capella Silva em *Ciência atraente e recreativa: revistas populares de divulgação científica, Argentina e Brasil (1928-1960)*, dissertação de mestrado apresentada à Faculdade de Educação (UFMG, 2013). ¶ Carta de Lucien aos irmãos (30 mai 1950). ¶ Ernesto Zahar fala sobre a Ler em entrevista ao *Diário de Notícias* (4 dez 1952). ¶ Sem data precisa, a carta de Jorge a Ani é de 1973. ¶ Os primeiros anos do casal baseiam-se em entrevista de Ani Zahar (set 2014). ¶ Toda a correspondência faz parte do Acervo Jorge Zahar. ¶

Capítulo **4** | **Os capitalistas relutantes**

Uma fotografia que se perdeu fisicamente vez por outra reaparece nas memórias da família Zahar. Nela, Aninha, a filha mais velha de Jorge e Ani, ainda bebê, está na vitrine da recém-inaugurada loja da livraria Ler – que em 1951 deixou a sobreloja da Rodrigo Silva para se instalar no número 31 da rua México. A imagem dá uma ideia de como, para os Zahar, andavam paralelos casa e livraria, trabalho e vida familiar. Pode-se atribuir a essa imagem o valor de ícone de uma "época romântica" da edição e, eventualmente, lamentar-se o mundo que com ela se foi para sempre. Mais do que nostalgia, o que importa nessa história é a ideia que então parecia óbvia e que a racionalidade estritamente econômica desses anos 2000 insiste em negar: o livro jamais foi um produto como outro qualquer. "Um erro que vejo ser cometido sem cessar por quem se deixa enganar por máximas genéricas é o de aplicar os princípios das manufaturas de tecidos à edição de livros", escreveu Diderot na *Carta sobre o comércio do livro*. Isso em 1763.

"A meu ver livraria não é um negócio como outro qualquer", observava Jorge nos anos 1990. "Em verdade, eu não sei racioci-

A rua México em 1958: a livraria Ler ficava no primeiro prédio à esquerda.

Selos que marcaram a trajetória da Ler em suas lojas carioca e paulista.

nar em termos puramente capitalistas, não aprendi." Exageros à parte, ele adoraria saber que, em 2007, a socióloga americana Laura J. Miller batizaria um estudo sobre as livrarias independentes como *Reluctant Capitalists: bookselling and the culture of consumption*. A autora refere-se especificamente aos livreiros que continuam resistindo ao processo de homogeneização e à escala de vendas e lucros imposta pelas grandes redes. "Capitalista relutante", de todo modo, seria uma boa forma de definir Jorge Zahar e toda uma geração de livreiros e editores.

Pois o que mudou na vida de Jorge ao começar a trabalhar na Herrera não foi apenas a situação financeira e material, que tão somente passava de aviltante a aceitável. As livrarias, no Brasil e em todo o mundo, eram um dos acessos, muitas vezes privilegiados, à vida intelectual de uma cidade como ponto de encontro de escritores, biblioteca informal de jovens curiosos ou palco de polêmicas. Em 1949, Brito Broca publicou no *Jornal das Letras* um "Roteiro literário do Rio de Janeiro" em que a José Olympio, por exemplo, era um ponto de interesse tão importante quanto o Passeio Público das lembranças de Isaías Caminha e Gonzaga de Sá, personagens de Lima Barreto. Afinal, quem passasse então pela livraria da rua do Ouvidor, garantia o cronista, podia divisar no fundo da loja "o velho Graciliano, sempre pessimista, a concluir que isto não passa de uma choldra, de uma legítima choldra".

Antes de ser brasileira, como lembra Broca em outra de suas deliciosas reportagens, a cidade das letras carioca foi europeia. Dentre seus endereços históricos no século XIX estava a Garnier, fundada pelo francês Louis Baptiste Garnier, livreiro e editor de Machado de Assis – que o homenageou postumamente com uma antológica crônica, lembrando a importância da livraria em geral e na sua própria relação com José de Alencar: "Ali travamos as nossas relações literárias. Sentados os dois, em frente à rua, quantas vezes tratamos daqueles negócios de arte e poesia, de estilo e imaginação que valem todas as canseiras deste mundo. Muitos outros iam ao mesmo ponto de palestra." Alemães, os irmãos Laemmert, Eduardo e Enrique, criadores do famoso almanaque que levava o seu sobrenome, afixaram na porta da loja na rua da Quitanda a placa pouco usual para a época: "Mercadores de livros". O português Francisco Alves, ele também referência fundamental no mercado editorial, dedicou-se com tal entrega ao mundo do livro que fez da Academia Brasileira de Letras sua herdeira: foi para a ABL que ele, em testamento, deixou seus bens, recomendando que o dinheiro fosse usado para a promoção de concursos em torno do ensino primário e da língua portuguesa.

Não bastava, no entanto, abrir uma livraria para entrar na vida literária da cidade. Ao redor da rua São José, por exemplo, pululavam estabelecimentos populares cujas memórias se perderam – Brito Broca, novamente ele, fixa as lembranças de um desses lugares, a livraria do Quaresma. Ainda que nos anos 1940 a rua do Ouvidor não fosse mais sinônimo absoluto de luxo e sofisticação, como no século XIX, era em torno dela que gravitavam as casas mais destacadas, eleitas como ponto de encontro pelos autores mais importantes. Quando abriu suas portas na rua México, no térreo do imponente Edifício Civitas, a Ler estava geográfica e culturalmente à margem desse circuito, ainda que bem localizada, vizinha ao aeroporto Santos Dumont (então intacto no projeto original dos irmãos Roberto) e, em poucos anos, também do Museu de Arte Moderna e do Aterro do Flamengo.

Confraternização de livreiros no Centro do Rio no início dos anos 1950. Jorge é o primeiro à esquerda; à sua frente, o baiano Demerval Chaves e, ao lado dele, Ernesto, de terno branco.

A vitrine e o interior da livraria Ler em 1952. Recém-instalada na rua México, a ampla loja logo virou ponto de encontro da FNFi.

A quatrocentos metros da livraria ficava, no entanto, a Faculdade Nacional de Filosofia, a FNFi. Era lá que estudava Marlene de Castro Correia, que se aposentaria como professora emérita da Faculdade de Letras da UFRJ e tornou-se uma das mais finas intérpretes da obra de Carlos Drummond de Andrade. A jovem aluna de letras neolatinas logo se encantou com o livreiro, que, para começar, era entusiasta de um de seus principais interesses na época, a literatura espanhola – especialidade de seu grande mestre na FNFi, José Carlos Lisboa, que seria padrinho de Cristina. Como se não bastasse, o tal livreiro de risada inconfundível recebia calorosamente os jovens que passavam a frequentar a Ler. E aos poucos, sobretudo nos fins de tarde, a livraria começava a cumprir a importante função de ponto de encontro, lugar de conhecer gen-

Marlene de Castro Correia (à esquerda) em Buenos Aires, numa viagem com colegas da Faculdade de Letras da FNFi, em 1952.

te e cultivar afinidades. "Os mais velhos, como Manuel Bandeira e o Graciliano, iam à São José. Mas na Ler o Jorge fazia com que nos sentíssemos muito bem-vindos", lembra Marlene.

Naquela mesma crônica sobre a Ler, Paulo Mendes Campos dizia que, na "sociedade fraterna" dos Zahar, Jorge era "o adido cultural". A imagem é perfeita, pois Jorge queria ser bem mais do que um simples relações-públicas. Importar e vender livros, para ele, era uma responsabilidade política, uma tarefa cultural, enfim, a forma que percebia, naquele momento, de intervir na vida intelectual do país. Em depoimento a professores e alunos da USP, para a série Editando o Editor, ele diz como concebe sua primeira profissão: "Livraria para mim seria um lugar do qual eu possa realmente tomar conta. A minha livraria seria sempre aquela ligada a mim, em que eu saberia quando chegariam os livros, quem os compraria, seria eu quem telefonaria para as editoras. Este é um negócio bonito e gostoso."

Como costuma acontecer nas livrarias importantes para a formação de qualquer um, Marlene encontrava na Ler aquilo que procurava e, o que é fundamental, também podia descobrir coisas novas. Porque, além de recomendar títulos de acordo com o leitor, Jorge também dava livros de presente – mas não para qualquer um, bem entendido. E em poucos meses Marlene não era mais uma simples freguesa: Jorge a tinha convidado para ir à sua casa conhecer Ani e a filha. No acanhado apartamento de Copacabana varavam noites conversando sobre tudo e quase sempre ouvindo *chansonniers* franceses como Charles Trenet, que eram a paixão dele. Não era raro que a visita ficasse por lá mesmo, dormindo no sofá, por ser tarde demais para seguir até o bairro então distante onde morava, o Leblon.

Numa época de raras amizades entre homens e mulheres, Jorge e Marlene formavam uma dupla e tanto, muito por conta de suas personalidades fortes. Ela, apesar de muito jovem, frequentava as rodas de intelectuais sem cair nas armadilhas machistas, então plenamente vigentes, de "homens para um lado, mulheres para o outro". Ele desde sempre manifestava em

Jorge numa festa de São João, junho de 1958.

relação a muitas pessoas um irrefreável – e irresistível – instinto paterno. Sem pedantismo e com uma dose justa de ironia, Jorge gostava de definir Marlene pelo famoso verso de Rimbaud na "Chanson de la plus haute tour": "*Par délicatesse/ J'ai perdu ma vie*" ("Por delicadeza/ Eu perdi a vida") – ao que ela protestava: "Não é por delicadeza, não, é por timidez." Também acontecia de, no meio de uma conversa com mais gente, os dois se entenderem só de olhar, um sabendo exatamente o que o outro estava pensando. Ambos marcavam esses momentos repetindo entre si: *"Le langage des fleurs et des choses muettes!"* ("A linguagem das flores e das coisas mudas"). Era Baudelaire, o poema "Élévation". Era a sério, mas era brincadeira. Era brincadeira, mas era a sério.

Entre as casas de cômodos do Centro e o apartamento de Copacabana, os subempregos e a charmosa loja da Ler, o jovem livreiro também ganhou, por conta própria, um admirável peso intelectual. Como todo autodidata, teve a curiosidade – e a inevitável dispersão que ela traz – como principal motor. O que de alguma forma organizava as leituras era o gosto francófilo, aquele herdado da mãe. Mas o espanhol aprendido nas lidas da Herrera abriria ainda mais seus horizontes. Leitor onívoro, sobretudo de literatura, devorava romances, mas tinha apreço especial pela poesia. Ao longo da vida, colecionou LPs de poetas dizendo suas obras, muitos franceses, e praticamente todo o catálogo do selo Festa – em que o produtor Irineu Garcia, que se tornaria seu amigo, registrou, entre outros, João Cabral de Melo Neto, Bandeira, Rubem Braga, Drummond, Vinicius e Paulo Mendes Campos. Na juventude também dedicou-se ao cinema – e não só como espectador. Em 1949, chegou a envolver-se no projeto da *Filme*, revista que durou dois números, idealizada pelos então jovens críticos Alex Viany e Vinicius de Moraes.

Na dieta intelectual de Jorge, a política teria um papel importantíssimo – sobretudo quando decidiu fundar a editora. As raízes de um engajamento à esquerda estão, como parece óbvio, em sua origem social, na declarada simpatia da mãe, Maria, por Luís Carlos Prestes. O convívio com o anarquista Herrera também ajudou, a ponto de, com vinte e poucos anos, Jorge frequentar a sede carioca do Partido Comunista, ainda que nunca tenha se filiado. "Naquele tempo não tinha muita escolha politicamente", lembra ele. "Ou você era do Partido Comunista, ou tinha ideias comunistas, ou então era do outro lado. Não havia nuance, nem partido socialista havia."

No fundo, Jorge gostaria de ter sido voluntário na Guerra Civil da Espanha. A situação financeira da família, no entanto, impôs-se brutalmente à utopia: mais importante do que as grandes causas, naquele momento, era ter o que comer e onde morar. O mais próximo que Jorge esteve de uma militância viria de forma mais

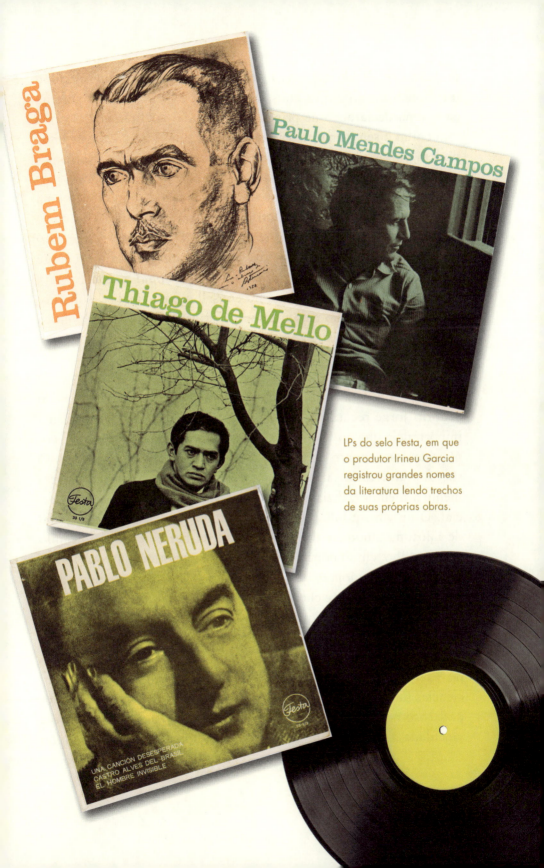

LPs do selo Festa, em que o produtor Irineu Garcia registrou grandes nomes da literatura lendo trechos de suas próprias obras.

prosaica, vendendo nas ruas a *Tribuna Popular*, jornal que circulou por pouco mais de dois anos, entre 1945 e 1947, e que trazia na capa uma declaração de princípios assinada por Prestes: "O povo terá enfim o seu jornal, a tribuna popular que reclamava e de onde poderá expor suas reivindicações e debater os grandes problemas nacionais que só ele pode de fato resolver." Seu irmão Ernesto participou mais ativamente do movimento: em 1946, subscreveu uma carta aberta ao presidente Dutra pedindo a substituição do chefe de polícia. No mesmo ano, Herrera, identificado como "comerciante", e Ernesto, autodenominado "editor", integraram um comitê de campanha para que o editor da *Tribuna Popular*, Pedro Mota Lima, concorresse a uma vaga no conselho municipal. O sobrenome Zahar estaria, no entanto, mais efetivamente ligado à política nas décadas seguintes.

EM 1954 A LER abriria uma filial em São Paulo, porém, como o próprio Jorge reconhecia, jamais teve na capital paulista a mesma importância que no Rio, ainda que, nos duros anos 1970, fosse conhecida como ponto de encontro de simpatizantes da esquerda. O sucesso da livraria carioca – "no campo das ciências sociais certamente a melhor", dizia ele, sem modéstia – não era apenas comercial. O movimento de professores e alunos da Faculdade Nacional de Filosofia ajudou a delinear o perfil da Ler e acabou indicando um caminho, então pouco trilhado pela concorrência, para a futura editora. Pois se a loja da rua México não se transformara num salão literário glamouroso e cheio de folclore, nela reverberava de alguma forma o momento pelo qual passava o ensino superior na capital da República e no país.

Quando os Zahar tornaram-se efetivamente livreiros, a Faculdade Nacional de Filosofia já havia se consolidado como referência em ciências humanas. Criada em 1939 por Gustavo Capanema, o todo-poderoso ministro da Educação de Getúlio Vargas, a faculdade era vinculada à Universidade do Brasil, inaugurada dois anos antes, no

Rio de Janeiro, com o objetivo de ditar uma política de ensino que se pretendia nacionalmente unificada. A abertura da FNFi serviu ainda para determinar a extinção da Universidade do Distrito Federal, fundada por Anísio Teixeira em 1935 e considerada pelo Estado Novo "uma situação de indisciplina e de desordem no seio da administração pública do país". O argumento administrativo, como acontece com frequência em nossa história, era a ponta mais visível e oficial de uma disputa política, vencida finalmente por intelectuais ligados à Igreja, como Alceu Amoroso Lima, que passariam a integrar o quadro de professores da nova instituição. Em São Paulo, a profissionalização das ciências humanas começara antes, com a criação da Escola Livre de Sociologia e Política de São Paulo, em 1933, e da USP, no ano seguinte.

Por sua abrangência, a FNFi foi muitas vezes comparada a uma "miniuniversidade". Além de, obviamente, oferecer graduação em filosofia, o prédio da avenida Presidente Antônio Carlos abrigava ainda os cursos de letras, ciências sociais, física, história e geografia, história natural, matemática, química, pedagogia, jornalismo e psicologia. A orientação geral, que consta no decreto de sua fundação, era formar professores do curso secundário, "preparar trabalhadores intelectuais para o exercício das atividades culturais de ordem desinteressada ou técnica" e "realizar pesquisas nos vários domínios da cultura".

Modificava-se assim o perfil do intelectual no amplo campo das ciências humanas. Tradicionalmente um generalista, "homem de letras" muitas vezes ligado a uma ideia ampla de "literatura", em geral formado pela Faculdade de Direito, esse personagem agora busca a cientificidade de sua formação. A pesquisa passa a ser orientada por método e embasada na teoria; a divisão disciplinar ajuda ainda mais a organizar as intuições que antes se expressavam pela forma livre do ensaio e suas infinitas possibilidades especulativas. Aos espaços informais de discussão intelectual – jornais e revistas, salões literários, cafés e livrarias – acrescentam-se a sala de aula e um programa de estudos a ser cumprido.

No início da década de 1950, eram esses os novos atores da vida intelectual brasileira. E foi para eles que os irmãos Zahar dirigiram seu olhar como livreiros – e Jorge, em particular, como o editor que se tornaria. "Se eu tivesse uma possibilidade de escolha, eu seria, por minha vontade, um professor universitário ou um psicanalista", lembrava ele, num testemunho de que, para sua geração, a possibilidade de se tornar de fato um intelectual, formulador de questões, intérprete e crítico já passava pela universidade. "Mas, talvez felizmente", prossegue ele na que seria sua última entrevista, "como não tive a escolha, tive que ficar mesmo como editor, e não me arrependo, absolutamente." A seus olhos, os professores eram mais que clientes aos quais deveria estar atento para suprir suas necessidades. Eram potenciais consultores, uma espécie de conselho editorial não formalizado, heterogêneo e disperso, a que recorreria às vezes para orientar escolhas e estratégias. Se, para Nelson Rodrigues, a vida é "a busca desesperada de um ouvinte", a de Jorge Zahar seria uma contínua e incansável procura por interlocutores.

Referências

A *Carta sobre o comércio do livro*, de Diderot, é citada na tradução de Bruno Feitler (Rio de Janeiro, Casa da Palavra, 2002). ¶ O título deste capítulo faz referência a *Reluctant Capitalists: bookselling and the culture of consumption*, de Laura J. Miller (Chicago, University of Chicago Press, 2007). ¶ As crônicas "Roteiro literário do Rio de Janeiro" e "O livreiro Quaresma no comércio editorial brasileiro", de Brito Broca, fazem parte de *O repórter impenitente*, volume organizado por Marcia Abreu (Campinas, Editora Unicamp, 1994). ¶ O "Garnier" de Machado de Assis saiu originalmente na coluna "A semana", da *Gazeta de Notícias* (8 out 1893), e integra o volume *Páginas recolhidas* (Rio de Janeiro, Nova Aguilar, vol.2, 2008). ¶ Sobre os livreiros europeus no Rio, ver o já referido "O livreiro Quaresma" e *Francisco Alves: livreiro e autor*, de Edmundo Moniz (Rio de Janeiro, Academia Brasileira de Letras, 2009). ¶ Para um apanhado sobre a política educacional brasileira na década de 1930 e a citação do despacho de Capanema, ver "As ciências sociais no Rio de Janeiro", artigo de Lucia Lippi Oliveira em *História das ciências sociais no Brasil* (São Paulo, Fapesp, vol.2, 1995). ¶ A Faculdade Nacional de Filosofia tem parte de sua memória reunida no site <fe.ufrj.br/proedes/arquivo/fnfi.htm>. ¶ A citação de Nelson Rodrigues vem da crônica "O maior berro do mundo", reunida em *O reacionário: memórias e confissões* (Rio de Janeiro, Agir, 2008). ¶

Capítulo 5 | **Primeira edição**

O primeiro papel timbrado com "Zahar Editores" começou a circular entre os livreiros e jornalistas em meados de 1957. Nele, um comunicado intitulado "Novidades editoriais" dava conta da recente transformação na vida profissional dos conhecidos livreiros cariocas. O *Manual de sociologia*, de Jay Rumney e Joseph Maier, era o livro inaugural da editora e também de uma coleção, a Biblioteca de Ciências Sociais, que, de acordo com o material de divulgação, vinha preencher "sentida lacuna na bibliografia brasileira". Na introdução, Djacir Menezes, vetusto catedrático da Universidade do Brasil e futuro reitor da UFRJ, asseverava, não sem uma grandiloquência pouco afim ao estilo da nova casa, que a edição seria "recebida com entusiasmo e louvor, não somente pelos estudiosos de sociologia, bem como por todos os que desejam compreender melhor, sem prevenções de seitas ou partidos, as grandes perplexidades da vida contemporânea".

Sociology: the science of society foi lançado nos Estados Unidos quatro anos antes de chegar ao Brasil rebatizado como *Manual de sociologia*. Tanto Jay Rumney quanto Joseph Maier trabalharam, na juventude, no célebre Instituto para Pesquisa Social, nome ofi-

Desenho original de Érico Monterosa para o padrão de capas no início da Zahar Editores.

RIO DE JANEIRO: RUA MÉXICO, 31 - TEL. 42-6947

NOVIDADES EDITORIAIS

MANUAL DE SOCIOLOGIA, pelos Professôres Jay Rumney e Joseph Maier

---

Inaugurando suas atividades editoriais, ZAHAR EDITÔRES, do Rio de Janeiro, acabam de publicar importante livro, primeiro volume da "Biblioteca de Ciências Sociais", coleção que vem preencher sentida lacuna na bibliografia brasileira.
O "MANUAL DE SOCIOLOGIA", volume agora oferecido ao público em cuidada tradução e esmerada apresentação gráfica, acrescida de excelente introdução do Professor Djacir Menezes, da Universidade do Brasil, põe o leitor em contato com os fundamentos da Sociologia e Política, o problema da evolução, estruturas e funções da sociedade humana, fazendo uma análise das instituições políticas, dos processos sociais e do comportamento humano; são igualmente tratadas as atribuições da propriedade, da família e do Estado, assim como da religião, da educação e do lazer.
Êste o denso e rico material dêsse livro lúcido e oportuno, exposto com excepcional clareza e grande concisão, sem prejuizo da segurança técnica e rigor metodológico; conceitos-chaves como os de "cultura", "socialização", "grupo", "personalidade", etc.,
são oferecidos ao leitor de senso-comum através de uma linguagem de fácil comunicabilidade. Conseguiram os seus autores, ha longos anos professôres de Sociologia da Rutgers University, de New Jersey, USA, fixar em linhas de lúcida precisão o quadro da evolução do pensamento social , desde suas mais remotas origens até nossos dias, tornando êste MANUAL DE SOCIOLOGIA uma obra realmente indispensável na biblioteca de todo homem culto, interessado em conhecer as causas profundas dos grandes problemas sociais de nosso tempo.

Mod. ZA - 1.000 - 2/57

Comunicado de inauguração da "Zahar Editores, do Rio de Janeiro" e de sua Biblioteca de Ciências Sociais, com o *Manual de sociologia*, primeiro título da nova editora.

cial do centro de estudos que ficaria conhecido como Escola de Frankfurt. Inglês, Rumney chegou a colaborar no braço londrino do grupo – segundo Stefan Müller-Doohm, biógrafo de Adorno, realizando tarefas menos importantes, como a distribuição de questionários para um projeto de pesquisa. Sua vida acadêmica começou para valer quando se mudou para os Estados Unidos, em 1940, tornando-se professor de sociologia na Rutgers University, onde era chefe de departamento quando morreu, aos 52 anos, justamente em 1957, ano em que entraria para a bibliografia de ciências sociais em português.

Foi na Rutgers, a Universidade Estadual de Nova Jersey, que Joseph Maier conheceu seu parceiro no *Manual de sociologia* – na verdade uma edição retrabalhada e ampliada de *The Science of Society: an introduction to sociology*, que Rumney publicara na Inglaterra em 1938. Alemão de Leipzig, Maier concluiu seus estudos em Columbia, depois de deixar seu país em 1934, quando dos primeiros passos de Hitler. Namorou e casou-se com a secretária de Max Horkheimer, que lhe deu acesso pessoal e profissional aos pensadores frankfurtianos. Foi assistente de pesquisa de Erich Fromm e Herbert Marcuse, além de interlocutor próximo de Hannah Arendt. Trabalhou como voluntário no Tribunal de Nuremberg, desempenhando o papel de chefe de análise na Divisão de Interrogatórios, onde teria testemunhado a assinatura da confissão de Rudolf Hess, o famigerado comandante de Auschwitz. Maier morreu em 2002, aos 91 anos, celebrado nos meios universitários americanos.

No mundo acadêmico de língua inglesa, *Sociology: the science of society* foi recebido com elogios pelo seu didatismo e com reservas pontuais pelo mesmo motivo. Em resenha no *American Journal of Sociology*, Roscoe C. Hinkle Jr. observava que "*Sociology* é admiravelmente formatado para seu público. Seu estilo é vivo e cativante. Seu nível técnico nem é excessivamente trivial e lugar-comum, nem excessivamente esotérico e erudito. Seu vocabulário não subestima ou superestima o repertório do público". Na *Social Forces*, revista acadêmica de Oxford, Harry Alpert escreveu: "Aqui está a prova concreta de que uma introdução à sociologia pode ser breve, erudita, simples, compacta e sofisticada."

Por aqui o livro trilhou o difícil caminho das novas editoras. Em agosto de 1957, menos de dois meses depois do lançamento, foi recebido com discretas notas, todas elas com ênfase no novo negócio dos donos da Ler. Mas já em novembro ganhava destaque generoso no Suplemento Dominical do *Jornal do Brasil*, o SDJB, que, desde o ano anterior e até 1961, seria uma das principais arenas do debate intelectual brasileiro. Numa resenha curta e perspicaz, Alaôr Barbosa dos Santos registrava a relativa dificuldade de circulação do *Manual* – "parece que não está tendo a repercussão que merece esse livro que consideramos de valia extraordinária" – reputando-o essencial para a prática da sociologia, como forma de "apressar a formação de uma consciência nacional". O comentário, publicado na seção Bibliografia do SDJB, destacava ainda o "valor intrínseco como obra de divulgação à altura do público médio". Para as pretensões de Jorge, não poderia haver melhor elogio.

A JULGAR PELA primeiríssima resenha, estavam cumpridos os principais objetivos da editora, pensada em detalhes por quem há tempos ganhava a vida com livros. Para Jorge Zahar, tudo começava – e assim foi até o último livro que editou – pelo título, que deveria ser uma declaração inequívoca de princípios, fosse ele uma versão já adotada pelo autor ou, como não era raro, livremente adaptado. Transformar o estudo de Rumney e Maier num "manual" foi uma tentativa, bem-sucedida, aliás, de atingir em cheio o público universitário que então se expandia, sem deixar de lado aquele que, no release de lançamento, ele nomearia explicitamente de "leitor de senso comum" – e aqui posso garantir a autoria do texto, porque Jorge, no início e durante um bom tempo, era responsável por tudo o que se escrevia na editora em torno dos livros que publicava. A ideia de um editor que serve a dois amos era explícita também na orelha da primeira edição do *Manual*, com destaques meus: "Destinado aos *estudantes* e aos *leitores*

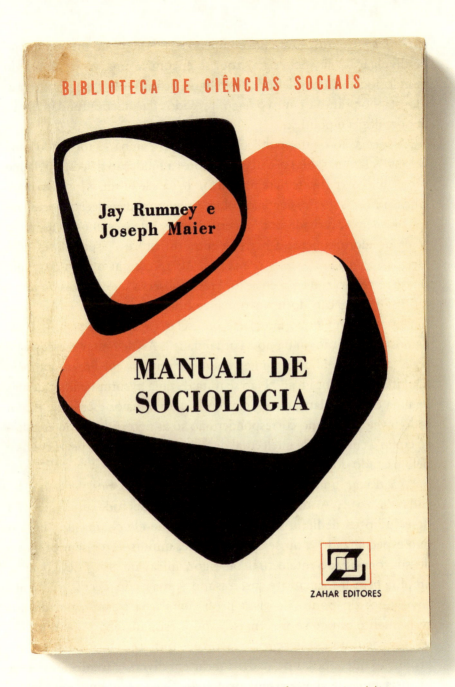

Manual de sociologia foi o título que Jorge criou para enfatizar o caráter didático e científico da obra, e também de sua linha editorial.

PRIMEIRA EDIÇÃO *91*

não especializados, é este um compêndio didático e ao mesmo tempo de divulgação da sociologia: aqui se encontra uma visão global do mundo social. Com a leitura deste livro, ficarão o *profissional* e o administrador, tanto quanto o *leigo*, providos das noções fundamentais de sociologia e política."

A formação de um público leitor "culto" vinha se tornando cada vez mais clara nas duas décadas anteriores à fundação da editora, como bem sabia o experiente livreiro. Em 1936, vale lembrar, a José Olympio lançava *Raízes do Brasil* como volume inaugural da coleção Documentos Brasileiros, dirigida por Gilberto Freyre, que três anos antes tinha rompido gloriosamente a barreira entre os leitores "especializados" e "leigos" com *Casa grande & senzala*. Ao apresentar o livro de Sérgio Buarque de Holanda e a coleção, Freyre observa que, depois de apostar "na divulgação do novo romance brasileiro", a J.O. partia para um tipo de livro "que interprete ou esclareça aspectos significativos da nossa formação ou da nossa atualidade". Ao delimitar o escopo da série, que foi publicada ininterruptamente até 1959, Freyre também identifica seu leitor ideal: "Não se trata de uma aventura editorial, mas de uma coleção planejada e organizada com o maior escrúpulo e com todo o vagar, visando corresponder não só às necessidades do estudioso como à curiosidade intelectual de todo brasileiro culto pelas coisas e pelo passado do seu país."

Ao traçar um panorama da vida intelectual brasileira na década de 1930, Antonio Candido lembra que toda uma geração de estudiosos dedicou-se, na época, ao que ele chama de "ensaio não especializado", ou seja, textos que, muitas vezes sem prejuízo de sua densidade intelectual ou rigor, miravam um público mais amplo, bem-informado e interessado – mas não necessariamente envolvido, do ponto de vista profissional, na formulação de um pensamento crítico sobre o país. "Todos esquadrinham, tentam sínteses, procuram explicações", escreve Candido, referindo-se a uma produção que, apesar de se desdobrar em diversas frentes, tinha na história uma de suas origens principais. Nos vinte anos seguintes, essa paisagem se modificará substancialmente, e o chamado livro acadêmico vai ganhando relevo e importância, concomitante à expansão do ensino universitário.

Para que se tenha uma ideia, entre 1945 e 1955 publicaram-se no Brasil 321 títulos em ciências sociais, número que pula para 551 títulos entre 1956 e 1966. Nos dois períodos, a maioria é de estudos sobre um tema específico – 268 no primeiro, 459 no segundo. O interessante é o aumento substantivo de reflexões sobre as próprias disciplinas – 53 lançamentos na década entre 1945 e 1955 e 92 na seguinte, entre 1956 e 1966 –, consequência direta da pesquisa e do ensino universitários. As disciplinas que mais crescem em número de títulos publicados – tudo isso segundo *A vocação das ciências sociais no Brasil: um estudo da sua produção em livros no acervo da Biblioteca Nacional 1945-1966*, de Glaucia Villas Bôas – são economia política, sociologia e ciência política. Não por acaso, o primeiro projeto de Jorge quando fundou a editora, no final de 1956, era uma coleção de onze livros que seriam escritos por professores brasileiros para atender a cada uma das cadeiras que então compunham o curso de ciências econômicas. "Os livros estão encomendados até hoje", lembrava ele nos anos 1990.

Livro prometido e nunca entregue é percalço bem conhecido de qualquer editor em qualquer lugar do mundo. Se ainda hoje, com o mercado editorial altamente profissionalizado, esse tipo de desencontro desafia qualquer planejamento, não é difícil imaginar como se davam

Clichê do logotipo e nome da editora com o moto "A cultura a serviço do progresso social".

essas relações na informalidade da década de 1950. Por aqui, a figura do editor ativo, que inventa projetos e sai a campo em busca de autores, era então muito rara, quase inimaginável. As afinidades – fossem elas pessoais, estéticas, ideológicas ou uma mistura disso tudo – é que regiam as relações com os autores, em geral os proponentes de uma publicação. Também era terreno pouco explorado a edição sistemática e comercial de títulos sérios de não ficção. Jorge optou pela solução mais viável, ou seja, começar por traduções, vantajosas por se tratar de obras "praticamente prontas". Em tese, precisariam apenas ter o texto traduzido cotejado com a língua original e sofrer alguns retoques no português. Mas o mundo dos livros traduzidos trazia, claro, questões específicas.

O COMEÇO DA NOVA EDITORA é também o marco zero na história dos agentes literários no Brasil. Na Inglaterra e nos Estados Unidos, o agente é personagem do mundo do livro desde a segunda metade do século XIX. Em sua função clássica, representa os interesses do escritor junto aos editores, sendo responsável pelas boas relações comerciais – e às vezes até pessoais – entre uns e outros. No mercado de hoje é um papel fundamental, pois concerne não apenas à publicação do livro em si, mas a tudo que pode ser gerado a partir dele – adaptações para cinema, teatro ou televisão, edições alternativas e qualquer outro tipo de licenciamento, no que se chama "direito subsidiário" de uma obra. Em mercados como o brasileiro, sustentado principalmente por livros traduzidos, o agente é figura-chave quando se busca o que publicar.

Mas voltemos ao Rio de Janeiro de 1956. A dificuldade de Jorge Zahar era bem básica e imediata: ele queria comprar direitos de tradução de autores ou editores aos quais não tinha acesso direto. Decidiu começar, como sempre, buscando um interlocutor, alguém que pudesse aconselhá-lo ou ajudá-lo. E ninguém melhor para isso que Erwin J. Bloch, judeu alemão radicado no Brasil desde o início da década e ativo representante comercial de editoras inglesas de perfil acadêmico, como Blackwell, Oxford University Press, Cambridge

University Press e Routledge. Bloch viajava o Brasil todo com duas pesadas malas cheias de catálogos e capas de livros que oferecia aos principais livreiros de cada cidade. No Rio, a Ler era parada obrigatória, a livraria perfeita para o tipo de obra que vendia.

Bloch deixara a Alemanha em 1940, fugindo da ameaça nazista. Foi para Londres e de lá pretendia seguir para a Austrália. Ficou retido na Imigração e viu na cidade uma alternativa, logo empregando-se, não se sabe em que função, na filial da editora australiana Allen & Unwin. O meio editorial não lhe era estranho: sua família fora dona da Eduard Bloch Verlag, editora especializada em teatro e batizada em homenagem a seu bisavô, importante dramaturgo da segunda metade do século XIX. Fundada em 1845, a editora foi vendida em 1940, quando a família foi forçada a emigrar. Já estabelecido na Inglaterra, Bloch terminou vindo para o Brasil por causa do filho, que sobrevivera à guerra e mudara-se para São Paulo com a noiva. Na mala, trouxe o direito de representar comercialmente editoras inglesas, e assim foi ficando por aqui.

Para Bloch, a conversa com Jorge Zahar veio em boa hora. Ele era um homem de cinquenta e poucos anos, parecia cansado, e seu médico recomendara uma mudança daquela vida de emendar uma viagem na outra, arrastando muita papelada para cima e para baixo. Jorge sugeriu que, a exemplo do que acontecia em outros países, ele passasse a vender não os livros físicos, mas os direitos autorais controlados pelas editoras. Nas tradições europeia e americana, o agente literário começava pelo mercado interno, ou seja, negociando a obra de um autor em sua própria língua e, eventualmente, para outras. Aqui começaria da forma que sustentou por muito tempo a profissão: agências e editoras internacionais contratariam um agente para representá-las no Brasil. E Bloch se tornou, na prática, o único profissional a fazer isso no país por mais de duas décadas.

Em 1973, já bem estabelecido como agente, ele começou a procurar alguém para assessorá-lo. Ficara viúvo, e até então era a esposa quem secretariava o movimento da agência, que funcionava em casa. Foi quando Bloch recebeu em seu apartamento, por indicação de vizinhos

A agente literária Karin Schindler no estande da Zahar numa Bienal do Livro em São Paulo, início dos anos 1980.

de porta, uma secretária trilíngue, fluente em alemão, inglês e espanhol, que buscava emprego de meio período. Karin Schindler também era alemã, judia e vivia em Berlim, de onde fugira com a família para Montevidéu, em 1940, depois que o pai escapou de Sachsenhausen, um dos primeiros campos de concentração erguidos pelo Reich. Chegou a São Paulo em 1951, trabalhou oito anos como secretária e decidiu parar para acompanhar o crescimento dos filhos. Com o "doutor Bloch", como ela e todos o chamavam, ganhou não só um trabalho, mas uma nova profissão. Em 1980, pouco antes da morte dele, assumiu integralmente a agência que marcou o mercado do livro brasileiro e onde ficou conhecida, numa retribuição à formalidade acolhedora com que trata a todos, como "dona Karin".

Com o "senhor Jorge", como ela o chamava, dona Karin manteve a relação próxima inaugurada pelo doutor Bloch. Nas duas vezes em que, a cada ano, passava uma semana no Rio de Janeiro visitando seus clientes, a agente tinha no encontro com Jorge mais do que um compromisso profissional. Os dois trocavam impressões sobre o mercado e desabafavam seus problemas em longos almoços no Metrô – restaurante numa travessa da Cinelândia, a poucos metros da editora, que era um dos preferidos de Jorge. A ele e a Cristina, dona Karin diz-se devedora de apoio num momento marcante em sua vida.

Em 1980, Karin voltou à Alemanha pela primeira vez desde que deixara o país, havia quarenta anos. Considerava-se impossível um agente literário ignorar a Feira de Frankfurt, e naquele ano ela finalmente decidira enfrentar uma viagem que sabia ser muito difícil. O pesadelo começou a tomar forma no táxi entre o aeroporto e a cidade, quando, ao ler numa placa "Sachsenhausen", julgou estar próxima do campo onde seu pai fora preso – o lugar homônimo é na verdade um bairro de Frankfurt. Recém-chegada, hospedada no mesmo hotel que Jorge e Cristina, ela procurou-os em busca de ajuda: queria ir embora, não compareceria de jeito nenhum a uma grande festa da Bertelsmann dali a pouco. Ambos insistiram em que uma agente importante deveria marcar presença na recepção, e convenceram-na. Uma nuvem de fumaça azulada que cobria o salão lotado lembrou à nervosíssima convidada a falta que o cigarro vinha lhe fazendo. "Senhor Jorge, pelo amor de Deus me arranje um cigarro ou eu grito!" O cliente que tinha como amigo, um amigo "paternal", como ela lembra, logo providenciou a única tragada que salvou a noite e a viagem, que, depois de uma segunda tentativa, ela desistiu de fazer.

TÃO RARA QUANTO a figura do editor ativo ou do agente, naquele contexto, era a do tradutor profissional. Saber o idioma estrangeiro e dominar a escrita em nossa língua eram, em tese, credenciais suficientes para que alguém vertesse livros para o português. Muitas vezes o trabalho era feito pela vontade ou vaidade de assinar a tradução brasileira de tal ou qual autor; com mais frequência, o imperativo era financeiro, sendo um bem-vindo complemento para as contas do tradutor acidental – sobretudo no orçamento de profissionais em geral mal pagos, como jornalistas e escritores. Entrou para a história, no entanto, o encontro de grandes escritores, tradutores e traduzidos, como no caso das obras de Dostoiévski publicadas pela José Olympio entre 1944 e 1952 – com traduções assinadas por nomes como Rachel de Queiroz, José Geraldo Vieira e Lêdo Ivo. E, principalmente, a clássica edição de Proust (1940-1957) pela editora Globo de Porto Alegre, sendo os sete volumes de *Em busca do tempo perdido* divididos entre Mario Quintana, Carlos Drummond de Andrade, Manuel Bandeira e Lúcia Miguel Pereira.

Na década de 1940, a Globo chegou a ter um mitológico departamento de tradução, com uma biblioteca de dicionários e enciclopédias à disposição dos tradutores, e trabalhava nos padrões de tratamento de texto adotados hoje – ou seja, com o cuidado de fazer cotejos com o original, discutir dúvidas com os tradutores e, quando necessário, convocar um especialista para a revisão de termos técnicos ou muito específicos de determinado assunto. "Os livros estrangeiros publicados durante os quatro ou cinco anos em que esse esquema durou são de excelente qualidade no que diz respeito à tradução", lembrava Erico Verissimo, que trabalhou na casa dirigida por Henrique Bertaso e manteve com ela estreita relação até o fim da vida. "O nosso chefe maior, porém, ficava apavorado – e com razão! – quando examinava o custo de tradução de cada obra."

Todo tipo de cuidado no processo de feitura do livro representava mais tempo e, claro, mais gastos para o editor, que na maioria das vezes recebia um original, revisava-o e mandava imprimir. Em 1959, quando a Zahar já tinha lançado seus quatro primeiros títulos, Jorge contou numa entrevista a dificuldade em estabelecer um método de trabalho para os livros estrangeiros. "A princípio pensamos em entregar as traduções a escritores. Chegamos mesmo a experimentar", lembrava ele. "Infelizmente, não deu certo: um dos livros que lançaremos em breve, *Teoria sociológica*, de Nicholas Timasheff, passou seguramente dois anos de mão em mão, sem que uma linha fosse traduzida. Serviu-nos de lição: passamos a entregar os originais a tradutores profissionais, cujo trabalho, em alguns casos, será revisto, no que concerne à terminologia, por especialistas na matéria focalizada."

Apesar dos eventuais tropeços, a Zahar tinha começado com o pé direito. O *Manual de sociologia*, assim como tantos outros títulos que viriam depois, foi traduzido por Octavio Alves Velho, por diversos motivos figura importante na história da editora. General, paraquedista e intelectual, fora professor de português na Academia de West Point, núcleo de formação da elite militar americana. Personalidade complexa, foi diretor da Biblioteca do Exército e, apesar de um passado ligado ao integralismo e longe de se posicionar à esquerda, jamais fechou posição com a linha-dura das Forças Armadas, que tantos males traria ao país. A posição moderada e tolerante começava em casa: seus dois filhos, Otávio Guilherme e Gilberto, estudariam ciências sociais nos anos 1960 e, ambos especializados em antropologia, seriam autores e colaboradores próximos de Jorge Zahar.

"Instalado o governo militar, nós soubemos, através de um amigo comum, que meu pai comentava que estava do lado que tinha vencido, mas que na casa dele o ambiente era de tamanho luto que ele ficava triste", contou Gilberto ao lembrar "o General", como frequentemente se referia ao pai. Para que se tenha uma ideia da complexidade dessas relações, em 1964, na condição de diretor da Agência Nacional, Alves Velho levou os filhos e alguns amigos deles, todos ativíssimos no movimento estudantil, para uma sessão privada de *Deus e o diabo na terra do sol* repleta de militares. No fim da projeção, a maioria da plateia exigia que simplesmente se queimassem as cópias do clássico de Glauber Rocha. Em conversa com o então ministro da Justiça, Milton Campos, "o General" interveio em favor do filme e pouco depois demitiu-se do cargo. Ele já não tinha funções militares ativas desde o início da década de 1960, quando se intensificou sua atividade de tradutor. Ao todo, assinou mais de cem títulos. Na Zahar, verteu boa parte da obra de Erich Fromm, o psicanalista alemão que integrou a Escola de Frankfurt e foi um dos pioneiros do freudo-marxismo. Motivo de orgulho, o trabalho de Octavio Alves Velho era mencionado já no release de lançamento, que ressaltava a "cuidada tradução" do novo livro.

O padrão que se estabeleceu nesse momento inicial iria acompanhar para sempre a editora. Em *Cabeça de papel*, seu primeiro e discutido romance, publicado em 1978, Paulo Francis fez um cruel retrato da vida intelectual carioca da época sobretudo a partir das redações de jornal. Zeca, um dos principais personagens, querendo mostrar progresso intelectual e impressionar seu interlocutor, conta ter feito "traduções na Civilização e na José Olympio". E, como se não bastasse, avisa: "Já o haviam recomendado à Zahar, a mais exigente."

JORGE TAMBÉM tinha por que se orgulhar de sua primeira contratação brasileira. Na verdade, austríaca. Otto Maria Carpeaux chegara ao Brasil no final de 1939, aos 39 anos, fugindo da Áustria então recém-anexada à Alemanha. Começou a colaborar com jornais brasileiros escrevendo em francês, aprendeu português na prática e, em pouco tempo, era uma referência na vida intelectual brasileira. Ensaísta polivalente, de escrita direta e elegante, manejava bem tanto o tiro curto do articulismo nos jornais quanto as grandes tentativas de síntese. No final dos anos 1940 dedicou-se a uma ambiciosa *História da literatura ocidental*. À jovem Zahar couberam os originais de *Uma nova história da música*, que em quatrocentas páginas percorria períodos e compositores fundamentais num tom destinado principalmente aos não especialistas – público em que a nova editora estava de olho e com o qual o autor identificava-se por sua própria formação, como ele mesmo contou numa entrevista de 1949: "Nasci e vivi com música. Mas considero-me diletante, embora tenha adquirido, de entendido, o hábito de apreciar, na música, menos o efeito sentimental do que a estrutura temática e harmônica."

Em 1958, os originais chegaram às mãos de Jorge. Como de praxe, depois de encaminhados para a composição, deveriam passar pela revisão, o que desencadeou uma inadvertida turbulência. "De jeito nenhum. Eu mesmo sou o revisor de meus livros", estrilou Carpeaux. Jorge constatava ali que o processo de edição profissional ainda estava longe de ser um consenso. Como era no mínimo indelicado contrariar o homem que se tornara uma instituição, foi feita a sua vontade: Carpeaux foi o revisor de Carpeaux. O livro saiu em dezembro daquele ano e, em geral, foi bem recebido, com as esperadas restrições de colunistas especializados em música clássica, principalmente por conta das conhecidas idiossincrasias de seu autor. Além do mais, desde o começo mostrou-se um sucesso de vendas, fundamental para uma editora iniciante. Na coluna "Vida literária", o *Jornal do Brasil* chega a noticiar, atribuindo a informação a um "diretor da Zahar", que o livro está tendo repercussão internacional. "Uma das obras de melhor vendagem do momento", informa José Condé no *Correio da Manhã*.

O livro de Carpeaux foi o primeiro de um autor brasileiro na editora e, também, o pioneiro em música clássica no catálogo.

Manuel Bandeira, outro gigante intelectual e amigo de Carpeaux, dedica ao livro um comentário em fevereiro do ano seguinte. Lembra a lendária cultura humanística do autor, destaca seus esforços em educar musicalmente o leitor brasileiro e compara *Uma nova história da música* à *Pequena história da música*, lançada em 1942 por outro amigo do primeiríssimo time, Mário de Andrade. Bandeira, no entanto, faz uma ressalva: "O único defeito está na péssima revisão, sendo a esse respeito o livro mais errado que já saiu de qualquer prelo brasileiro: estabelece um recorde."

Não se sabe o quanto a relação entre os dois, autor e editor, ficou abalada. Em 1966, a pedido de Carlos Heitor Cony, Jorge contribuiu anonimamente para a finalização de *O velho e o novo*, documentário média-metragem sobre Carpeaux dirigido pelo crítico Mauricio Gomes Leite, numa ação entre amigos que contava com muito empenho e quase nenhum dinheiro. Um ano depois, chegava às livrarias a edição "revista e aumentada" de *Uma nova história da música* pela José Olympio. Na Zahar, o livro ficou marcado como o primeiro de uma série de títulos sobre música que Jorge cultivará com especial atenção, sobretudo nos anos 1980.

MESMO SEM PODER ter tudo sob controle, Jorge fez de seu primeiro lançamento uma declaração dos princípios que norteavam a editora. E procurava que cada adjetivo correspondesse a uma característica efetiva do livro. Por isso, chamava a atenção, logo de saída, para a "esmerada apresentação gráfica" do *Manual de sociologia*. Àquela altura, é bom lembrar, a preocupação com o aspecto físico dos livros era um dado relativamente recente no mercado, de importância crescente apenas a partir dos anos 1920. Foi uma revolução lenta e sutil, que começou pela fachada, quer dizer, pela capa, e progressivamente passou a envolver a escolha atenta da tipografia mais adequada (e mesmo o desenvolvimento de famílias de letras), a preocupação em tornar o livro mais legível pelo cuidado com a diagramação, a procura (e a oferta) de papéis de melhor qualidade e, claro, o acabamento técnico, do corte do papel à encadernação. Monteiro Lobato foi um dos principais artífices desse processo complexo. Com ele, as capas começaram a abandonar a sobriedade herdada da tradição europeia – elegantes em seus melhores casos, ou inexpressivas em versões descuidadas, que simplesmente empilhavam título, nome do autor e marca da editora – para introduzir, por exemplo, a ilustração como forma de chamar a atenção do leitor. O livro deveria interessar por suas qualidades literárias e também ser objeto de desejo por seu aspecto físico.

A intricada combinação de pequenas e pontuais iniciativas confluem, na história do livro brasileiro, para um daqueles momentos decisivos cristalizado no encontro de uma editora, a José Olympio, com um artista, Tomás Santa Rosa, paraibano que chegou ao Rio com

23 anos, em 1932, e na cidade desenvolveu, como autodidata, uma carreira impressionante. Desenhista, gravurista e pintor que trabalhou como auxiliar de Candido Portinari, Santa Rosa construiu uma carreira que se espraiou para a crítica de arte, a cenografia (é dele a ambientação da célebre montagem de estreia em 1943 do *Vestido de noiva* de Nelson Rodrigues) e, de forma decisiva, para o desenho dos livros. Por quinze anos, a partir de 1935, mais que ilustrar as obras, Santa Rosa concebeu uma identidade visual para a J.O. e suas diversas coleções (entraria para a história o modelo de capa da já mencionada coleção Documentos Brasileiros, que, além da tipografia, tem como único elemento uma discreta palmeira). Ele estabeleceu padrões de diagramação e variantes possíveis para atender a títulos de origens diferentes, realizando, em suma, as funções de designer gráfico antes de essa profissão ser formalmente exercida no Brasil.

A ilustração de Santa Rosa na capa do livro de Franklin de Oliveira homenageia o artista que por pouco não criou a identidade visual da editora.

Para um editor, tão prestigioso quanto publicar um autor cobiçado era, na época, ter a capa discretamente marcada pelas iniciais "SR". Como não poderia deixar de ser, era com Santa Rosa que Jorge sonhava para seu projeto editorial. O movimentado estúdio do artista ficava na rua Santa Luzia, transversal da rua México e a poucos passos da livraria Ler, onde já se planejava o lançamento da Zahar. Não há registro do nível a que chegaram as conversas entre eles sobre a nova editora, mas por toda a vida Jorge manteve na sala de casa um quadro de

A escultura de Max Bill *Unidade tripartida*, seminal para o concretismo brasileiro, e o desenho original de Érico para as capas da Zahar: espírito do tempo.

Santa, como o chamavam, datado de 1954. O fato é que, na história da editora, o nome do designer e artista ficou paradoxalmente marcado pela ausência, já que ele não chegaria ao fim de 1956: delegado do Brasil em dois congressos realizados na Índia, sucumbiu a uma doença até hoje insuficientemente explicada – em algumas versões foi vítima de uma embolia – e morreu em Nova Déli, em 29 de novembro, aos 47 anos. A Zahar o homenagearia em 1959 usando um desenho seu na capa de *A fantasia exata*, coletânea de ensaios do crítico maranhense Franklin de Oliveira, compadre de Jorge e à época editorialista do *Correio da Manhã*.

O acaso, portanto, fez com que a Zahar fosse lançada plasmando não o modernismo clássico, executado com maestria por Santa Rosa, mas, sim, os princípios da arte concreta, que então tornava-se uma importante referência no cenário artístico brasileiro. A premiação, na 1ª Bienal de Arte de São Paulo, em 1951, de *Unidade tripartida*, escultura em aço do suíço Max Bill, bem como uma mostra dedicada a ele no Masp, representaria, nas palavras de Mário Pedrosa, o "primeiro ponto de apoio" do movimento concretista brasileiro. No Rio de Janeiro, em torno dos cursos de Ivan Serpa no MAM, surgia o Grupo Frente, que em 1954 reunia jovens como Aloísio Carvão, as Lygias Clark e Pape, Hélio Oiticica e Franz Weissmann. "O que seduzia os moços nessa arte", escreveria Pedrosa, um dos formuladores teóricos do grupo, "era o antirromantismo declarado, a soberba pretensão de fazer uma arte calculada matematicamente, desenvolvida sobre uma ideia perfeitamente definida e exposta, e não nos momentos vagos

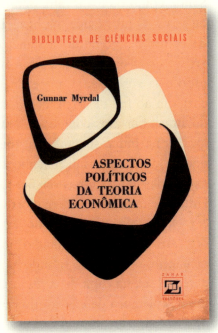
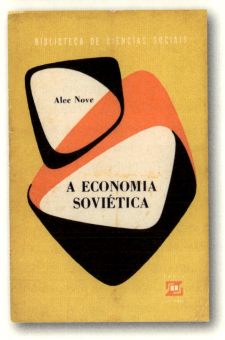

Juntas, as capas da Biblioteca de Ciências Sociais formavam uma série de figuras geométricas repetidas em diferentes combinações de cores e formatos. Érico posicionava título, nome do autor e da coleção nos intervalos das imagens.

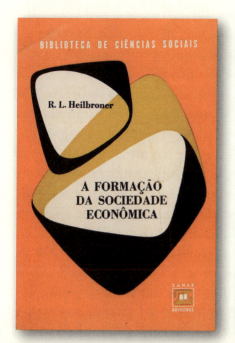
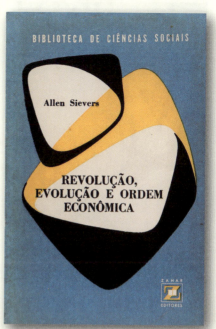

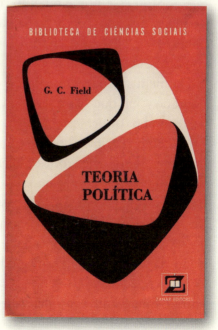

O designer húngaro Érico Monterosa na sede da Zahar Editores, em 1979.

ou subjetivos de inspiração para os quais não poderia haver critérios de julgamento precisos ou não aleatórios."

Quando chegou às livrarias, o *Manual de sociologia* trazia claras marcas de seu tempo. A capa organizava-se em torno de duas figuras geométricas abstratas – que lembram de modo inequívoco a *Unidade tripartida*. Juntas, sugerem uma forma tridimensional como no entrelaçamento de duas tiras retorcidas ao modo da "fita de Moebius". Seu autor não era contudo um jovem artista com pretensões de vanguarda. Érico Monterosa, que adotou esse nome quando trocou a Hungria natal pelo Brasil, no início dos anos 1930, trabalhava como desenhista, sobretudo em publicidade. Dele e de seu trabalho fora da Zahar há poucos registros concretos, com a mórbida exceção de uma pequena escultura – na qual um homem alado, representação de Ícaro, ergue uma esfera de metal dourado – em que se preserva o coração de Alberto Santos Dumont. Testemunhos dispersos aqui e ali, embaralhados pelo tempo, retratam Érico como um típico bon-vivant, apreciador de boa comida e bebida, colecionador de arte erótica e, além de ilustrador, ótimo caricaturista. Sem filhos, vivia com a mulher, Masha, também húngara e grande cozinheira (mas com fama de passar adiante receitas com meticuloso descuido, para garantir que seus pratos continuassem inigualáveis).

O elo perdido entre a Zahar e Érico Monterosa era Erich Eichner, dono da Kosmos, a livraria onde Jorge e Ani se conheceram – ele como vendedor da Herrera, ela como balconista. Figura importante entre os imigrantes europeus que aportaram no Brasil nas vésperas da Segunda Guerra Mundial, Eichner dedicou-se ao comércio de livros raros e também editou álbuns de luxo como *Cidade e arredores do Rio de Janeiro* e *A cidade maravilhosa do Rio e seus arredores*, reunindo alguns dos mais importantes fotógrafos que registraram a cidade. Parceiro de xadrez de Stefan Zweig, a quem visitava em Petrópolis, Eichner fez a aproximação entre Érico, de quem era íntimo, e Jorge, amigo com quem também jogava xadrez e dividiu a diretoria do sindicato dos editores.

Do Studio Érico, escritório proverbialmente caótico instalado no topo do Edifício Odeon, na Cinelândia, também na vizinhança da Zahar, sairia toda a identidade visual da nova casa, incluindo o vistoso "Z" cortado ao meio por um pequeno livro aberto, marca que por quase trinta anos identificaria a editora. Juntas, as capas da Biblioteca de Ciências Sociais formavam uma série de figuras geométricas repetidas, mas em diferentes combinações de cores, formatos e ângulos, ancoradas pelo título da coleção em tipografia sóbria. Érico posicionava título, nome do autor e da coleção de forma variada e elegante nos intervalos das imagens. A editora podia dar-se ao luxo, pelo menos no início, de manter na quarta-capa apenas o logotipo, com o "Z" centralizado, abrindo mão assim de um importante espaço destinado a apresentar a obra em questão, ou, como também aconteceria, chamar atenção para outros títulos do catálogo.

A quarta-capa e as "orelhas" de um livro, como lembra o editor italiano Roberto Calasso, "são a única oportunidade de declarar explicitamente os motivos que o levaram a escolher determinado título". Para ele, nesses espaços em torno do livro, "estreita jaula retórica, menos esplendorosa mas não menos severa do que a oferecida por um soneto", devem-se dizer poucas palavras eficazes, "como quando se apresenta um amigo a um amigo". Não era outra coisa que Jorge teria em mente quando, no início dos anos 1960, decidiu incluir nas quartas-capas, abaixo do logotipo da Zahar, o moto com que sublinhava a cada exemplar a orientação de tudo o que publicava: "A cultura a serviço do progresso social."

Érico era responsável por toda a identidade visual da editora, inclusive o logotipo e as peças de marketing, como cartões de boas-festas.

FELIZ ANO NOVO

1961
1962

BOAS FESTAS

FELIZ ANO NOVO

Referências

Jay Rumney é citado em *Adorno: a biography*, de Stefan Müller-Doohm (Cambridge, Polity, 2008). ¶ Para um perfil de Maier, ver "Remembering Joseph B. Maier: the last member of the Frankfurt School", ensaio de Judith Marcus publicado em *Logos: A Journal of Modern Society and Culture* (inverno 2003). ¶ A resenha sobre o lançamento do *Manual de sociologia* saiu no SDJB (24 nov 1957). ¶ A apresentação de Gilberto Freyre para a coleção Documentos Brasileiros aparece na primeira edição de *Raízes do Brasil* (1936) e é reproduzida na edição comemorativa de oitenta anos do livro (São Paulo, Companhia das Letras, 2016). ¶ O texto de Antonio Candido é "Literatura e cultura de 1900 a 1945", coligido em *Literatura e sociedade* (Rio de Janeiro, Ouro sobre Azul, 2006). ¶ A trajetória de Erwin Bloch pôde ser reconstituída graças à memória privilegiada e à generosidade de Karin Schindler, em entrevista a mim (out 2014). ¶ Para o trabalho do agente literário, ver *The Oxford Companion to the Book*, organizado por Suarez e Woudhuysen (Oxford, Oxford University Press, 2010), e o excelente *Mercadores de cultura: o mercado editorial no século XXI*, de John B. Thompson (São Paulo, Unesp, 2013). ¶ *Em busca de um tempo perdido: edição de literatura traduzida pela editora Globo, 1930-1950* (São Paulo, Edusp/Com-Arte, 2000), de Sônia Maria de Amorim, conta em detalhes a história do famoso departamento de tradução da Globo; a citação de Erico Verissimo é do perfil-memória *Um certo Henrique Bertaso* (São Paulo, Companhia das Letras, 2011). ¶ A entrevista de Jorge Zahar sobre as traduções foi publicada pelo *Semanário*, n.144 (22-27 jan 1959). ¶ Octavio Alves Velho é lembrado em detalhes na "Entrevista com Gilberto Velho", concedida em 2001 e reproduzida em *Um antropólogo na cidade*, de Gilberto Velho, com seleção e apresentação de Hermano Vianna, Karina Kuschnir e Celso Castro (Rio de Janeiro, Zahar, 2013), bem como em entrevista a mim concedida por Otávio Guilherme Velho (fev 2017). ¶ A entrevista de Carpeaux, de 1949, foi concedida a Homero Senna para a *Revista do Globo* e republicado em *República das letras* (Rio de Janeiro, Civilização Brasileira, 1996). ¶ A briga de Carpeaux com a revisão foi lembrada por Luiz Paulo Horta em entrevista concedida para a exposição Homenagem a

Jorge Zahar, realizada em junho de 2008 para marcar os dez anos da morte do editor. ¶ As notas no *Jornal do Brasil* e no *Correio da Manhã* foram publicadas, respectivamente, em 15 jan 1959 e 27 jan 1959. ¶ A crítica de Manuel Bandeira foi publicada no *Jornal do Brasil* (22 fev 1959, p.3). ¶ A ajuda na produção do documentário sobre Carpeaux foi relatada por Carlos Heitor Cony em entrevista a mim (ago 2014). ¶ As informações sobre a evolução gráfica do livro estão em "O início do design de livros no Brasil", de Rafael Cardoso, e em "Santa Rosa: um designer a serviço da literatura", de Edna Lúcia Cunha Lima e Maria Christina Ferreira, ambos em *O design brasileiro antes do design*, organizado por Rafael Cardoso (São Paulo, Cosac Naify, 2005). É fonte igualmente importante *O design gráfico brasileiro: anos 60*, organizado por Chico Homem de Melo (São Paulo, Cosac Naify, 2006). ¶ A avaliação crítica do concretismo de Mário Pedrosa está em "A Bienal de cá para lá", publicado em *Arte – Ensaios*, volume organizado por Lorenzo Mammì (São Paulo, Cosac Naify, 2015). ¶ As memórias afetivas de Érico Monterosa vêm das informações de Eva Mariani, filha de Erich Eichner, e da entrevista de Jorge Zahar Júnior (mar 2016 e jun 2016, respectivamente). ¶ Roberto Calasso é citado a partir da edição espanhola, *La marca del editor* (Barcelona, Anagrama, 2015). ¶

Capítulo **6** | **Progresso social**

Antes de terminar o ano de 1964, Jorge convocou uma reunião familiar. Não tinha boas notícias, sobretudo para os filhos: no ano seguinte eles deveriam trocar de escola. Aninha, a mais velha, foi quem mais protestou: tinha treze anos e muitas amigas no Colégio Bennett. Ana Cristina e Jorginho, com doze e dez anos, também não gostaram nada da conversa. Fundada em 1888 por missionários da Igreja Metodista dos Estados Unidos, a tradicional escola carioca vinha dando sinais discretos de que o sobrenome Zahar não era exatamente bem-vindo em suas listas de chamada. Aqui e ali Jorge percebeu que o colégio, pago com tanto sacrifício, começava a discriminar entre as famílias dos alunos – e sobretudo entre os professores – quem tivesse qualquer atitude que se mostrasse crítica ao regime instalado à força no país. Menos de um ano depois de concretizado o golpe militar, seus artífices tinham plena certeza de que "Zahar" era um dos nomes do inimigo difuso que, de forma paranoica, acreditavam ver em toda parte. Numa coisa tinham razão: defender a ideia de que a cultura deve servir ao "progresso social" é estar naturalmente na contramão de qualquer ditadura.

Funesto para o Brasil, o ano fora bom para a Zahar Editores dos pontos de vista editorial e comercial. Um catálogo construído

ZAHAR EDITÔRES
A cultura a serviço do progresso social

Desde o início os impressos de divulgação da editora traziam os títulos e autores listados por coleções temáticas.

ATUALIDADE

ADAMS, *América Latina: Evolução ou Explosão*, 280 p., 1964	5.000
BEAL, *Liderança e Dinâmica de Grupo*, 2.ª ed., 290 p., 1965	6.000
BEZERRA DE MENEZES, *Ásia, África e a Política Independente do Brasil* — 130 p., 1961	250
BROWN, *Técnicas de Persuasão*, 300 p., 1965	6.000
* DIAS LEITE, *Caminhos do Desenvolvimento*, 220 p., 1966	4.000
DOUGLAS, *Anatomia da Liberdade*, 195 p., 1965	4.000
* DRACHKOVITCH, *O Marxismo no Mundo Moderno*, 382 p., 1966	6.000
EKIRCH, *A Democracia Americana — Teoria e Prática*, 330 p., 1965	6.000
* FISCHER, *A Necessidade da Arte*, 260, p., 1966	4.500
* FROMM, *A Sobrevivência da Humanidade*, 3.ª ed., 224 p., 1966	4.500
FROMM, *O Coração do Homem*, 175 p., 1965	3.500
FROMM, *O Dogma de Cristo*, 2.ª ed., 160 p., 1965	3.000
FROMM, *Meu Encontro com Marx e Freud*, 3.ª ed., 175 p., 1965	3.500
* HOOK, *Política e Liberdade*, 230 p., 1966	
LEITE E VELLOSO, *A Previdência Social*, 270 p., 1963	
LISKA, *Nações em Aliança*, 300 p., 1965	
MALIK, *A Luta pela Paz*, 230 p., 1965	
MORRAY, *As Origens da Guerra Fria*, 360 p., 1961	
O'CONNOR, *O Império do Petróleo*, 330 p., 1959	
O'CONNOR, *O Petróleo em Crise*, 460 p., 1962	
OSBORNE, *As Pressões da População*, 200 p., 1965	
SCHAAR, *O Mundo de Erich Fromm*, 290 p., 1965	
SCHULTZ, *A Transformação da Agricultura Tradicional*,	
STERNBERG, *A Revolução Militar e Industrial do Nosso*	
STOKLEY, *O Nôvo Mundo do Átomo*, 380 p., 1959	
* SUDRE, *Tratado de Parapsicologia*, 460 p., 1966	
SWEEZY e outros, *Perspectivas da América Latina*, 152	
WENDT, *Horizontes do Poder Atômico*, 380 p., 1959	
WODDIS, *África: As Raízes da Revolta*, 300 p., 1961	
WRIGHT MILLS, *As Causas da Próxima Guerra Mundial*,	
WRIGHT MILLS, *A Verdade sôbre Cuba*, 3.ª ed., 210 p.	

BIBLIOTECA DE CULTURA HISTÓRICA

BARRACLOUGH, *Europa, Uma Revisão Histórica*, 300 p
CLARK, *A Pré-História*, 250 p., 1962
CROCE, *A História: Pensamento e Ação*, 290 p., 1962
* GORDON CHILDE, *A Evolução Cultural do Homem*, 230
HEILBRONER, *O Futuro como História*, 170 p., 1963
HOOK, *O Herói na História*, 225 p., 1962
LINK, *História Moderna dos Estados Unidos*, 3 volumes,
LLOYD-JONES, *O Mundo Grego*, 250 p., 1965
RIBARD, *A Prodigiosa História da Humanidade*, 2 vols.,
RUNCIMAN, *A Civilização Bizantina*, 235 p., 1961
SICHEL, *O Renascimento*, 140 p., 1963
SOBOUL, *A Revolução Francesa*, 550 p., 1964
SPENGLER, *A Decadência do Ocidente*, 440 p., 1964
TOYNBEE, *A América e a Revolução Mundial*, 192 p.,
TOYNBEE, *Helenismo*, 2.ª ed., 235 p., 1963
WOODWARD, *Uma História da Inglaterra*, 230 p., 1964

* Publicações de 1966

OBRAS DE ERICH FROMM

Destacamos os livros dêsse renomado autor, considerado o mais profundo analista do homem e da sociedade contemporâneos, cujas edições se sucedem de maneira impressionante.

São os seguintes os livros de ERICH FROMM publicados em português pela ZAHAR:

na série ATUALIDADE

O Coração do Homem
O Dogma de Cristo (2.ª edição)
Meu Encontro com Marx e Freud (3.ª edição)
A Sobrevivência da Humanidade (3.ª edição)

na BIBLIOTECA DE CIÊNCIAS SOCIAIS

O Mêdo à Liberdade (esgotado, 5.ª edição no prelo)
Análise do Homem (5.ª edição)
Psicanálise da Sociedade Contemporânea (4.ª edição)
Conceito Marxista do Homem (3.ª edição)

na coleção PSYCHE

A Linguagem Esquecida (3.ª edição)
A Missão de Freud

preços sujeitos a alteração

julho, 1966

distribuidores exclusivos:

LIVRARIA LER

RIO: Rua México 31-A – Tel.: 22-0350
S. PAULO: Praça da República, 71 – Tel.: 36-8371

DIVULGAÇÃO CULTURAL

- 25 — *O Crescimento Econômico*, Dobb, 90 págs., 1965 .... 1.200
- 26 — *A Ciência Moderna e o Homem Moderno*, Conant, 115 págs., 1965 .... 1.500
- 27 — *Problemas do Advogado nos Estados Unidos*, Cheatham, 145 págs., 1965 .... 1.800
- 28 — *Vida Emocional dos Civilizados*, Klein e Riviere, 122 págs., 1965 .... 1.500
- 29 — *Meus Encontros Com a História*, Kohn, 210 págs., 1965 2.500
- 30 — *O Futuro do Homem no Universo*, Shapley, 204 págs., 1965 2.500
- 31 — *A Estratégia Americana*, Rostow, 210 págs., 1965 ...... 2.500
- 32 — *Os Estados Unidos na História*, Davis, 134 págs., 1965 1.800
- 33 — *Da Liberdade Humana*, Barzun, 196 págs.,
- 34 — *Esbôço de uma Teoria das Emoções*, Sartre,

Preços sujeitos a alteraç

distribuidores exclusivos:

LIVRARIA

Rio: Rua México 31-
S. Paulo: Praça da Repúbl

 ZAHAR EDITÔRES

A cultura a serviço do progresso social

Lançamentos agôsto/dezembro 1965

BIBLIOTECA DE CIÊNCIAS SOCIAIS

Walinsky, *Planejamento e Execução do Desenvolvimento Econômico*, 250 págs., 1965	4.000
Lienhardt, *Antropologia Social*, 175 págs., 1965	3.000
Ash, *Marxismo e Moral*, 180 págs., 1965	3.000
Richardson, *Introdução à Teoria Econômica*, 235 págs., 1965	4.000
Brecht, *Teoria Política*, 2 vols., 750 págs., 1965	9.000
Timasheff, *Teoria Sociológica*, 2.ª ed., 450 págs., 1965	6.000
Heimann, *História das Doutrinas Econômicas*, 250 págs., 1965	
Schilling, *História das Idéias Sociais*, 400 págs., 1965	

PSYCHE

Alexander, *Fundamentos da Psicanálise*, 270 págs., 1965	4.000
Fromm, *A Missão de Freud*, 140 págs., 1965	2.500

BIBLIOTECA DE CULTURA HISTÓRICA

Link, *História Moderna dos Estados Unidos*, 3 volumes, 1.500 págs., 1965	15.000

BIBLIOTECA DE CIÊNCIAS DA ADMINISTRAÇÃO

Klein, *O Trabalho de Grupo*, 210 págs., 1965	3.000
Tredgold, *Relações Humanas na Indústria Moderna*, 230 págs., 1965 ..	3.500
Barry, *Fundamentos da Gerência*, 220 págs., 1965	

A TERRA E O HOMEM

Moodie, *Geografia e Política*, 200 págs., 1965	3.000

GRANDES OBRAS ILUSTRADAS

Heaton. *O Mundo do Antigo Testamento*, 270 págs., profusamente ilustrado, grande formato	7.000

ATUALIDADE POLÍTICA

Osborne, *As Pressões da População*, 200 págs., 1965	3.000
Schaar, *O Mundo de Erich Fromm*, 290 págs., 1965	4.500
Schultze, *A Transformação da Agricultura Tradicional*, 210 págs., 1965	

em torno de reflexões sobre sociedade e política só tinha a prosperar com tantas inquietações acerca dos rumos do país – do entusiasmo desenvolvimentista da era JK às sucessivas crises que, deflagradas pela renúncia de Jânio Quadros, resultaram na tomada do poder pelo marechal Castelo Branco. Sete anos depois do lançamento do *Manual de sociologia*, a editora mostrava ter feito uma aposta acertada ao mirar simultaneamente o leitor especializado, acadêmico, e os interessados em aprofundar discussões sobre os chamados temas "candentes" – que àquela altura não eram poucos. "Dos dezesseis títulos lançados nos três primeiros meses deste ano, seis são de sociologia, cinco de economia, três de psicologia, um de filosofia e um de história", avalia Jorge no início de 1965, falando ao *Diário Carioca*. "A proporção mostra bem a preferência que os leitores brasileiros vêm revelando, nos últimos tempos, pelos estudos relacionados com os problemas sociais, em primeiro lugar, seguidos de perto pelos estudos sobre economia, principalmente sobre o desenvolvimento econômico."

Em 1964 as livrarias já dispunham de 143 títulos com a marca do Z – só naquele ano foram 43 novidades e 11 reimpressões de livros já em circulação, sinal de inequívoca saúde editorial e empresarial. Em torno da Biblioteca de Ciências Sociais, a coleção fundadora, Jorge criou outras para organizar o catálogo por áreas de interesse. A Biblioteca de Cultura Histórica, por exemplo, incluía autores como Arnold J. Toynbee (*Helenismo: história de uma civilização*) e os clássicos *Reflexões sobre a história*, de Jacob Burckhardt, e *A decadência do Ocidente*, de Oswald Spengler. Bertrand Russell figurava na Biblioteca de Cultura Científica com *ABC da relatividade* e, mais tarde, em 1966, com *Introdução à filosofia da matemática*.

Na coleção Psychê, a Zahar publicou, ainda em 1964, Sigmund Freud (*Psicopatologia da vida cotidiana*) e o papa da antipsiquiatria, Ronald Laing (*O eu dividido*); nos anos seguintes, as grandes obras de Carl Jung (*Tipos psicológicos*), Wilhelm Reich (*A revolução sexual*), Wilfred Bion (*Os elementos da psicanálise*) e Donald Winnicott (*A criança e seu mundo*). Melanie Klein, outro nome fundamental do universo psicanalítico, figuraria porém em outra rubrica: *As fontes do inconsciente* foi um dos primeiros lançamentos da série Divulgação Cultural. Criada justamente em 1964 e editada num formato menor que o padrão, a série obedecia, a partir do tamanho, à racionalidade do livro de bolso: sem orelhas, papel mais econômico e tiragens que possibilitavam um preço mais baixo. Incluía textos mais curtos e introdutórios – nela foi publicada em 1965 *A ideologia alemã*, de Karl Marx –, ou podia acolher reedições de ensaios como *Capitalismo*, de John Kenneth Galbraith, que em 1960 saíra na Biblioteca de Ciências Sociais e voltava agora no novo formato.

O medo à liberdade, de 1960, marca a presença de Erich Fromm na Zahar, que publicou quase toda sua obra.

Erich Fromm, uma das estrelas da primeira fase da Zahar, transitava pelas diversas coleções, dependendo do tema de cada livro – ainda que o mais popular deles, *A arte de amar*, jamais tenha sido publicado pela editora. De início, as obras de Fromm eram agrupadas na Biblioteca de Ciências Sociais (seu título de estreia, *Psicanálise da sociedade contemporânea*, é de 1959); em 1966, aparecem também na coleção Psychê (por exemplo, *A linguagem esquecida*) e na série mais genérica Atualidade (em que se publicaram títulos como *O coração do homem*). A partir de 1961 a Zahar experimentou lançar novas séries, como os Manuais de Economia Cambridge, chancelada pela editora universitária britânica; a série de

A Zahar organizava seu catálogo por coleções como Biblioteca de Cultura Histórica, Biblioteca de Cultura Científica, Psychê e Divulgação Cultural. (páginas seguintes)

PROGRESSO SOCIAL   *119*

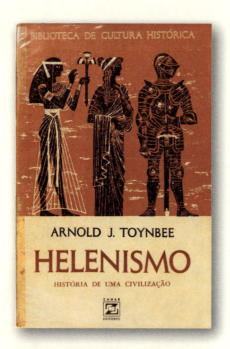
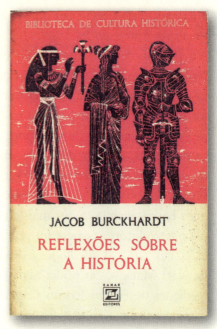
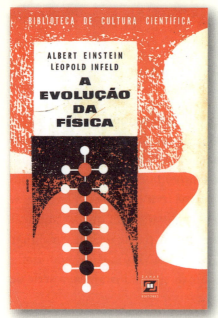
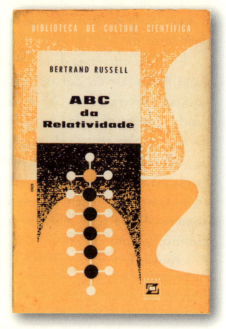

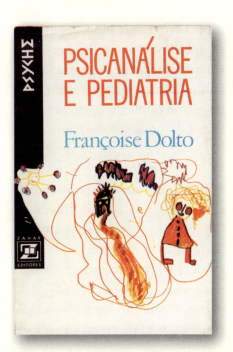
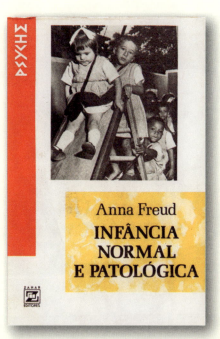
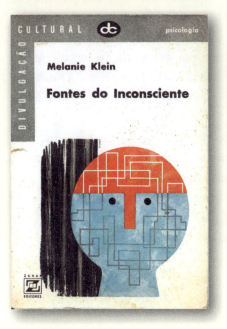
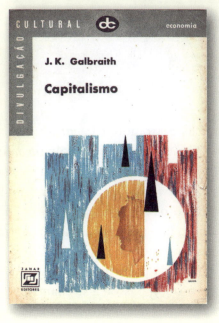

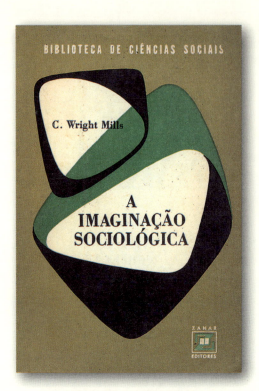

Ao publicar clássicos contemporâneos como Wright Mills, a Biblioteca de Ciências Sociais definiu o DNA da editora: lastro acadêmico e prestígio intelectual.

breves biografias Homens que Fizeram Época; e uma Biblioteca de Cultura Religiosa, inaugurada com volumes introdutórios sobre islamismo ou catolicismo, sempre abordados do ponto de vista histórico.

O DNA DA EDITORA, no entanto, estava inscrito na Biblioteca de Ciências Sociais, o conjunto que daria lastro acadêmico e prestígio intelectual ao projeto concebido por Jorge. *Uma teoria científica da cultura*, reunião de ensaios que Bronislaw Malinowski publicou originalmente em 1944 e que era leitura fundamental nos cursos de antropologia, ganharia na coleção sua primeira edição brasileira em 1962. Karl Mannheim (*O homem e a sociedade*), Charles Wright Mills (*A imaginação sociológica*) e Thomas Bottomore (*As elites e a sociedade*) eram alguns dos principais lançamentos em sociologia naqueles primeiros anos da editora. Em economia destacavam-se os clássicos Joseph Schumpeter, com *Imperialismo e classes sociais,* e Robert Heilbroner, com seu *Wordly Philosophers: the lives, times and ideas of great economic thinkers*, livro que desde 1953 já vendeu mais de 4 milhões de exemplares em todo o mundo e que, na Biblioteca de Ciências Sociais, mudou de título da primeira para a segunda edição. De *Grandes economistas*, em 1959, passou a se chamar, seis anos mais tarde, *Introdução à história das ideias econômicas* – uma tentativa de Jorge para ampliar o alcance do livro.

Além de Franklin de Oliveira e Otto Maria Carpeaux, contavam-se nos dedos os autores brasileiros (ou quase) presentes nos dois primeiros anos do catálogo – o que não chegava a ser um problema, mas estava longe de facilitar os primeiros passos de uma editora. A presença do escritor, como se sabe, é essencial no lançamento do livro: em torno dele organiza-se a promoção, desde sessões de autógrafos a debates e entrevistas. Em 1959, quando o dinheiro era escasso e os autores não viajavam com a facilidade de hoje, Jorge usou um estratagema nada habitual ao publicar *O império do petróleo*, do americano Harvey O'Connor: encomendou o prefácio a um ex-presidente da Petrobras e, fazendo seu nome figurar na capa, promoveu um coquetel de lançamento no Clube Militar. "Na ocasião, o coronel Janary Nunes pronunciará breves palavras sobre a importância desta obra para a política de monopólio estatal do petróleo", dizia o convite publicado na imprensa carioca no dia do evento, 28 de julho, depois de uma série de anúncios ilustrados e chamativos. O resultado não poderia ser melhor: os mais importantes jornais noticiaram a festa, que contou com discurso e uma inusitada sessão de autógrafos do prefaciador.

O investimento em publicidade começara na Ler, em 1954, com uma chamada para ofertas de Natal da livraria. Muitas vezes os anúncios eram simples comunicados – como o que registra a chegada de títulos da Presses Universitaires de France, a PUF, até hoje uma sofisticada editora de ciências humanas –, mas logo ganhariam ilustrações e slogans como "Preste homenagem à inteligência de seus amigos presenteando-os com livros", ou "Livraria Ler, a que sabe escolher". Em setembro de 1957, logo depois do primeiro lançamento da editora, a Ler criava o credicheque: o cliente abria uma linha de financiamento em dez prestações e, ao adquirir os livros, pagava com um talonário semelhante ao dos bancos. A partir de 1958, os títulos da Zahar Editores é que passaram a puxar a propaganda da livraria.

Cada vez mais presente na imprensa e na universidade, a Zahar era sem dúvida atraente para os autores brasileiros. Dentre eles destacava-se

Anúncio e convite que saíram na imprensa carioca e registro do coquetel de lançamento de *O império do petróleo*, de Harvey O'Connor, em julho de 1959: para divulgar o livro foi usada uma estratégia inovadora.

PRESSES UNIVERSITAIRES DE FRANCE

Temos a satisfação de comunicar o recebimento de importante remessa desta mundialmente reputada editora, com as últimas novidades publicadas em tôdas as suas magníficas coleções, que incluem obras de Filosofia, Psicologia, Psicanálise, Pedagogia, História, Religião, etc.

LIVRARIA LER

RUA MÉXICO, 31—A. TELEFONE: 22-0350.

CONHEÇA A VERDADE...

A VERDADE SÔBRE CUBA

por C. Wright Mills, professor de Sociologia da Universidade de Columbia (U.S.A.).

A atitude do govêrno dos Estados Unidos face à Revolução Cubana; um livro contundente e esclarecedor, corajosamente escrito, que deve ser lido e meditado por todos os que se preocupam com o futuro da América subdesenvolvida. Preço: 300,00

em tôdas as livrarias ou na

LIVRARIA LER

Rua México, 31-A (Rio)

A partir de 1954 a Ler passa a anunciar nos principais jornais cariocas, e com a fundação da editora são seus livros que puxam a propaganda da livraria.

PROGRESSO SOCIAL 125

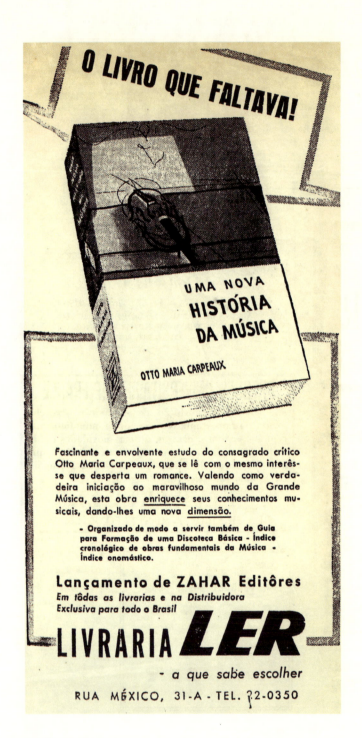

outro intelectual europeu aqui estabelecido, o genial linguista e tradutor Paulo Rónai, que em 1964 lançou na coleção Divulgação Cultural o ensaio *Homens contra Babel: passado, presente e futuro das línguas artificiais* (posteriormente ampliado e transformado em *Babel e antibabel: ou O problema das línguas universais*, volume da coleção Debates, da editora Perspectiva). O combativo sociólogo baiano Alberto Guerreiro Ramos também publicou, na coleção Atualidade, *Mito e verdade da revolução brasileira*, ensaio sobre as divisões da esquerda que chegou às livrarias em 1963, um ano antes de seu autor ser cassado pelo Ato Institucional n.1.

Consolidando os autores brasileiros na Zahar, sai em 1964 *Homens contra Babel*, do linguista e tradutor Paulo Rónai.

"Não só o público comprador de livros em geral, como principalmente o da Zahar, é antes de mais nada um público jovem, que se encontra nas universidades. Isso explica o sucesso inegável de autores como C. Wright Mills, Paul Sweezy, T.B. Bottomore e Geoffrey Barraclough, todos eles bastante exclusivos em suas especialidades e até mesmo herméticos para o leigo, mas de interesse enorme para os que frequentam os cursos de sociologia, economia, direito, psicologia e outros afins", avalia Flávio Macedo Soares, jovem intelectual que assinava no *Diário Carioca* a coluna de livros "A semana". E continua: "Nota-se também uma nítida preferência pelos autores modernos que têm uma posição dissidente e crítica em relação à sociedade ocidental. Um autor de centro como J.K. Galbraith, por exemplo, tem entre nós uma influência mínima (ao contrário do que acontece nos Estados Unidos), ao passo que um membro maldito das esquerdas

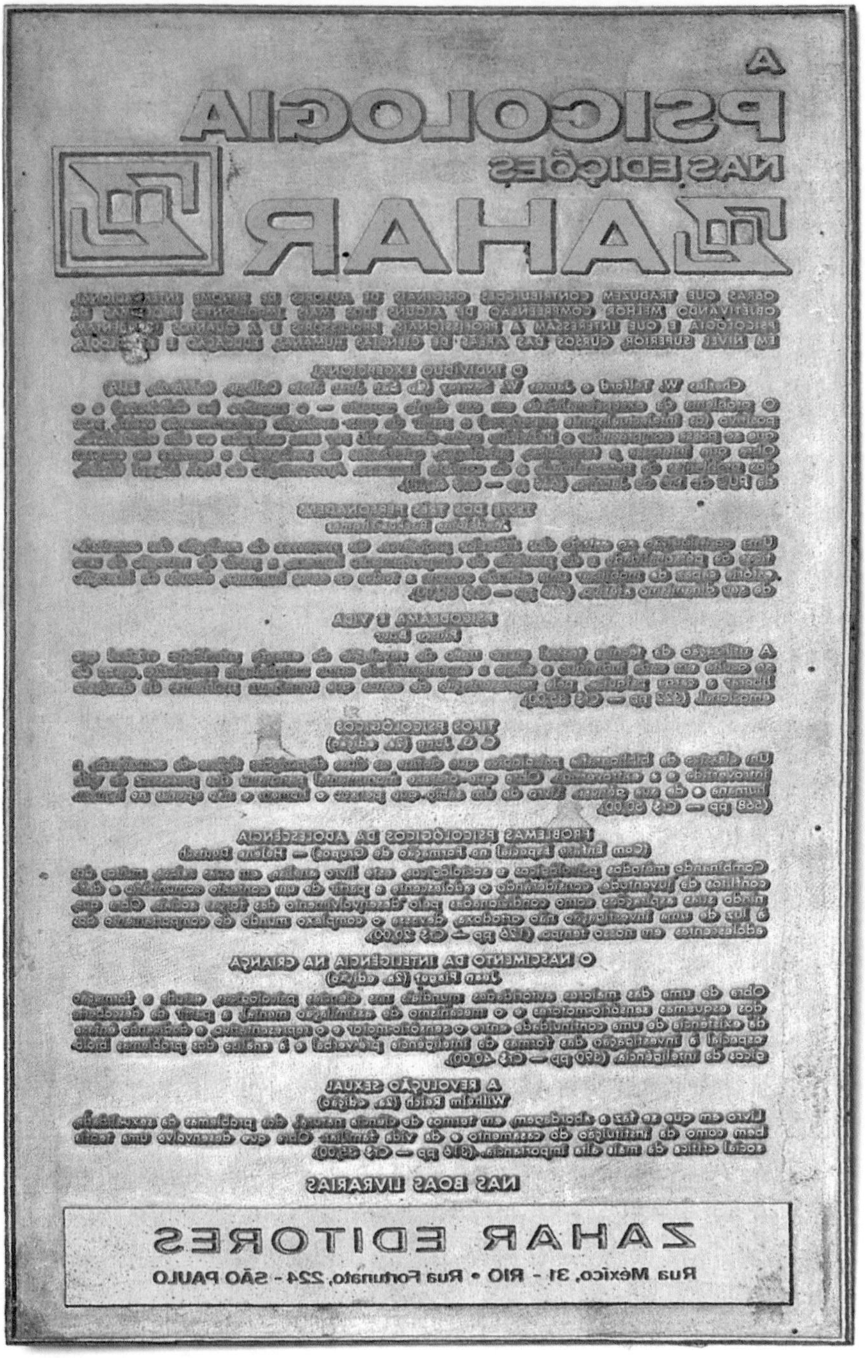
A PSICOLOGIA NAS EDIÇÕES ZAHAR
O INDIVÍDUO EXCEPCIONAL
PSICODRAMA E VIDA
TIPOS PSICOLÓGICOS
PROBLEMAS PSICOLÓGICOS DA ADOLESCÊNCIA
O NASCIMENTO DA INTELIGÊNCIA NA CRIANÇA
A REVOLUÇÃO SEXUAL
NAS BOAS LIVRARIAS
ZAHAR EDITORES
Rua México, 31 - RIO • Rua Fortunato, 224 - SÃO PAULO

norte-americanas como Wright Mills ou mesmo Paul Sweezy são autores lidos com entusiasmo por nossos estudantes."

Ainda que, a princípio, tivesse imaginado a editora como produto de uma estreita colaboração com a universidade brasileira – onde encontraria seus principais autores, além de seu público –, Jorge orgulhava-se dos rumos tomados naqueles primeiros anos. "Acho que fui o editor que mais publicou livros marxistas estrangeiros", dizia ele, fazendo questão de ressaltar a opção por autores "ocidentais" e nunca pelos "soviéticos", escaldado que estava (assim como os mais interessantes simpatizantes da esquerda) do trauma stalinista. "É bom chamar atenção para isso, pois é claro que eu me interessava em [publicar] livros de autores que tinham liberdade para dizer isso ou aquilo."

TODO EDITOR TEM um livro ou autor definitivo em sua carreira. Trata-se daquele encontro perfeito, que marca uma virada decisiva ou firma a editora como referência em determinada área. Nas versões mais idealizadas, imagina-se um editor assoberbado, cercado de papéis por todos os lados, passando os olhos num original e reconhecendo ali, no ato, um talento literário que revelará ao mundo. Há ainda histórias mais pedestres, em que editor e autor, como profissionais experientes, reconhecem uma oportunidade, unem forças e produzem juntos um grande sucesso. O encontro definitivo da vida de Jorge Zahar certamente não pode ser aprisionado em nenhum desses figurinos, embora tenha sua dose de romantismo e também de pragmatismo. Foi sem dúvida a convicção ideológica que o levou a publicar a *História da riqueza do homem*, convicção também amparada na certeza de que o Brasil de 1962, ano do lançamento, estaria receptivo à "tentativa de explicar a história pela teoria econômica, e a teoria econômica pela história", ponto de partida do livro que Leo Huber-

Clichê de divulgação do início dos anos 1970, "A psicologia nas edições Zahar".
Para Jorge, a psicanálise era uma das ciências sociais.

man publicara nos Estados Unidos em 1936. "Foi o livro que mais valeu a pena editar", testemunhou Jorge na década de 1990. "Claro que cada livro que sai é um filho novo. São trezentos filhos, sem ter um harém. Mas esse foi realmente o livro da minha vida."

Para os acelerados e predatórios modelos que a partir dos anos 2000 se impuseram na vida editorial em todo o mundo, é raro, quase inimaginável, que um editor relativamente iniciante invista dinheiro e energia para traduzir um livro 26 anos depois de publicado no original. É igualmente improvável que esse livro torne-se um título de fundo de catálogo, ou seja, aquele que, sem explodir de imediato em popularidade, mantém uma venda constante ao longo dos anos – no caso da *História da riqueza do homem*, mais de 300 mil exemplares só nos trinta anos em que a Zahar o publicou. Foi dos livros que melhor encarnaram o espírito da editora, tanto pelo êxito gradual e consistente quanto pela comunhão de interesses entre editor e autor.

O mais novo de uma prole de onze filhos, Leo Huberman nasceu em 1903 numa família de operários ativistas de Newark, Nova Jersey, que segundo ele "viraram classe média". Foi educado em escolas públicas e desde a adolescência teve os mais diversos trabalhos temporários. Antes de formar-se no *college*, passou por uma fábrica de celuloide, foi assistente de eletricista, atendente nos correios e plantonista numa empresa de telégrafo. Aos dezoito anos começou a dar aulas em escolas primárias enquanto se formava em ciências sociais na New York University. Huberman não dissociava política de educação, e, antes de ser escritor ou editor, foi fundamentalmente um dedicado professor, ensinando em escolas experimentais e também em núcleos de educação para operários.

"Meu editor me pediu para escrever um livro didático sobre a história do mundo", lembrava Huberman, que em 1932 já tinha publicado, nos mesmos moldes, uma história dos Estados Unidos, *Nós, o povo*. "Para me preparar, parei de dar aulas e fui para Londres, onde estudei e pesquisei na London School of Economics e no British Museum. Quando voltei para os Estados Unidos, tive vários empregos, tirando as noites para escrever." Foi assim, no tempo entrecortado

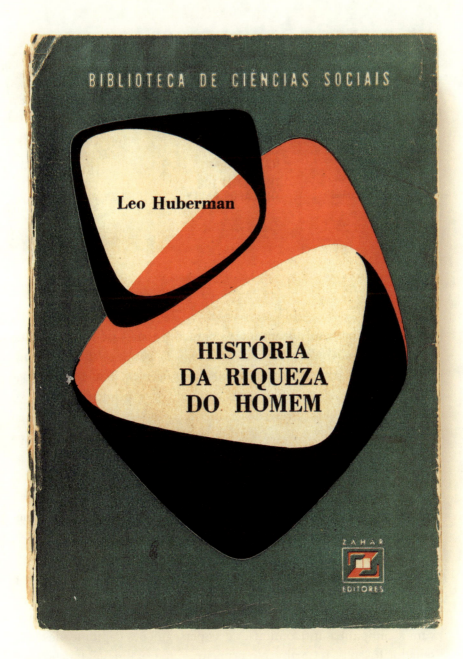

Em trinta anos, Jorge viu serem vendidos mais de 300 mil exemplares da *História da riqueza do homem*, de Leo Huberman: "Foi o livro da minha vida. Um dia irão saber que esse livro teve um papel muito importante na formação política da juventude."

Referência na formação da linha editorial da Zahar, a revista *Monthly Review* reunia a esquerda democrática e independente americana.

de um escritor bem distante das condições ideais de trabalho, que nasceu *Man's Worldly Goods: the story of the wealth of nations*, título original da *História da riqueza do homem*. Planejada cuidadosamente para falar aos jovens estudantes, a primeira versão do livro sofreria diversas revisões e adaptações para atingir o público geral que enfim o consagraria. Em 22 capítulos curtos, pontuados por relatos anedóticos da história, Huberman vai da Idade Média às vésperas de Segunda Guerra Mundial para mostrar como o capitalismo nasce, se constitui e se transforma através dos tempos, sempre sublinhando, do ponto de vista marxista, o funcionamento dos mecanismos de exploração e subalternidade do trabalhador.

Quando chegou ao Brasil, o livro já era um clássico em escolas e sindicatos, e Leo Huberman, uma referência na esquerda democrática americana. Seu nome era indissociável da *Montlhy Review*, revista que fundou com Paul Sweezy em 1949, momento em que fermentavam a campanha anticomunista e as perseguições capitaneadas pelo senador Joseph McCarthy. No primeiro número, ninguém menos que Albert Einstein destacava a importância da publicação: "Em nossa era de transição, é da maior importância ter clareza sobre os objetivos e problemas do socialismo. Considerando que, nas atuais circunstâncias, a discussão livre e desimpedida desses problemas tenha se tornado um forte tabu, acho que a fundação desta revista é um importante serviço público", escreve ele no ensaio "Por que socialismo?". Em menos de um ano, a *Monthly Review*, que por um bom tempo teve como redação o apartamento de Huberman no Greenwich Village, pulou de 450 para 2.500 assinantes. A ideia de um debate da esquerda que passasse longe de qualquer dogmatismo e, sobretudo, do controle do Partido Comunista resultou, ainda em 1951, na fundação de uma editora, a Monthly Review Press.

Não é difícil, portanto, entender por que a *Monthly Review* e seus autores mais icônicos – além de Huberman e Sweezy, a Zahar publicava Paul Baran, autor de *A economia política do desenvolvimento* – estivessem no radar editorial de Jorge, que com eles comungava ideias, a busca de independência e a viabilidade comercial. Em novembro de 1960, com o apoio de pequenos anúncios espalhados pelos principais jornais, a Zahar mandava para as livrarias *Cuba: anatomia de uma revolução*, em que Huberman e Sweezy ofereciam, segundo prometia a orelha do livro, "uma análise objetiva da Revolução Cubana, desde as condições históricas, econômicas e sociais que a determinaram até os últimos acontecimentos a ela ligados". Eneida de Moraes, a "mulher de voz forte" que tanto impressionou Graciliano Ramos nas prisões do

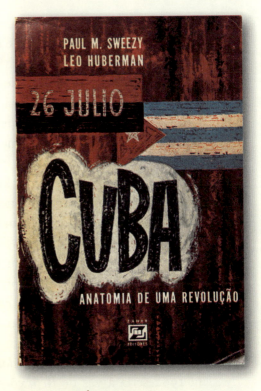

Em três meses foram impressas cinco edições de *Cuba: anatomia de uma revolução*, que sedimentava a identidade da editora com o pensamento de esquerda.

PROGRESSO SOCIAL   *133*

Estado Novo, jornalista e militante comunista, recebeu com previsível entusiasmo "o pequeno e grande livro", que também seria colocado à disposição dos sócios do Clube Militar do Rio de Janeiro, em autodeclarado "intuito de bem servir aos leitores de sua biblioteca". É ainda Eneida, em sua coluna, quem dá a medida substantiva, em números, do sucesso: "Esse livro, cuja primeira edição apareceu há dois meses, esgotou rapidamente 5 mil exemplares somente nas livrarias do Rio e de São Paulo; a segunda edição foi feita logo, para atender às capitais dos estados, pois os pedidos das livrarias tornaram-se urgentes. Mais 5 mil exemplares esgotaram-se só nessas praças. A Zahar saiu então com a terceira edição, que esgotou em dez dias, e, neste momento, prepara já a quarta edição."

Por motivos óbvios, a revolução tinha se tornado um filão editorial. Também em 1960 a Editora do Autor traduziu *Furacão sobre Cuba*, de Jean-Paul Sartre, e no ano seguinte a Vitória, editora ligada ao Partido Comunista, publicou *Cuba: a revolução na América*, do jornalista brasileiro Almir Matos. Sem perder o momento favorável, em 1961 a Zahar lançou *A verdade sobre Cuba*, de C. Wright Mills; em 1962 seria a vez de *Reflexões sobre a Revolução Cubana*, nova análise da dupla Huberman e Sweezy. Entre a teoria e os chamados *instant books* – livros produzidos para flagrar determinado momento em busca de conciliar análise e atualidade –, consolidava-se a imagem de uma editora engajada, que fazia cabeças e, talvez por isso mesmo, começava a incomodar.

"Poderosa ofensiva pró-castrista, organizada e controlada pelos comunistas, está em marcha não apenas no Brasil, mas em todos os países da América", adverte na *Tribuna da Imprensa* Stefan Baciu, jornalista romeno radicado no Brasil, conhecido pelas posições furiosamente anticomunistas. "Basta, para compreender esta afirmação, examinar as vitrines das livrarias, por exemplo, no Rio de Janeiro: ali se acham fartamente expostas as obras de conhecidos comunistoides como Paul Sweezy, Leo Huberman e Wright Mills, que sob a máscara de uma aparente objetividade 'científica' fazem a propaganda do governo cubano."

Ao escrever sobre o 100º livro publicado pela Zahar, o poeta e jornalista Geir Campos conta uma história exemplar da posição que a editora havia conquistado. No episódio atribuído a "um dos irmãos Zahar", que era obviamente Jorge, seu amigo, teria chegado à livraria Ler um suposto "olheiro" que procurava por *A verdade sobre Cuba*. Conversa vai, conversa vem, o freguês teria revelado sua intenção, questionando o editor sobre por que publicar Wright Mills – ou ainda Huberman e Sweezy –, e não um determinado autor americano que, em suas palavras, "contava a história em sentido contrário". Segundo Geir, "o editor respondeu que só agia assim por seguir à risca a famosa lei da oferta e da procura, pois os livros que ele publicava eram vendidos rapidamente, ao passo que os outros ficavam mofando nas prateleiras; e diante dessa explicação tão compreensível para o 'americano médio', o visitante achou que estava em cima da hora de sair da loja, despedindo-se cordialmente".

Adalgisa Nery fez longo comentário à *História da riqueza do homem* em "Retrato sem retoque", coluna que manteve entre 1954 e 1964 na *Última Hora* e que naquela altura, agosto de 1962, era uma das mais lidas no jornal de Samuel Wainer. Escritora e poeta, viúva do pintor Ismael Nery e ex-mulher de Lourival Fontes, o diretor de propaganda do Estado Novo, Adalgisa era nacionalista inflamada. Tendo o jornal como tribuna, elegeu-se pelo PSB deputada constituinte em 1960 e deputada federal em 1962 – dois meses depois de assim recomendar o estudo de Huberman, "norte-americano de alta categoria intelectual": "Livro de fácil leitura tanto para o operário quanto para o intelectual, a *História da riqueza do homem* é uma melancólica e assustadora desvalorização do ser humano pela voragem do imperialismo econômico."

O êxito da *História da riqueza do homem* pode ser mais bem explicado quando se abandona a dicotomia populista entre intelectuais e operários. Em comentário breve e certeiro, Lago Burnett registra no *Jornal do Brasil* a quinta edição do livro, em 1969, atribuindo a ele o raro "destino de penetração cultural natural". Mais produtivo do que idealizar a transcendência revolucionária de uma obra é constatar que o leitor típico do livro de Huberman foi construído gradualmente pela própria Zahar, pelo conjunto de seu catálogo. No movimento estudantil, por exemplo, os simpatizantes dividiam-se entre os que já tinham lido e os que em breve iriam ler a *História da riqueza do homem*. Em 1962, Huberman e Sweezy, que tinham plena consciência de seu público brasileiro, planejavam uma viagem de seis semanas ao país para – segundo contaram a Newton Carlos, correspondente do *Jornal do Brasil* nos Estados Unidos – "conversar com personalidades representativas de todos os setores da vida brasileira, direita, centro, esquerda e variantes". "Huberman pareceu-nos o senso prático da empresa, o homem que cuida das cifras", escreve o repórter brasileiro ao relatar uma conversa no escritório da *Monthly Review*. "Sweezy tem a aparência de um *pitcher* de beisebol, alto, musculoso, cabelos louros e rasos – e camisa esporte colorida. Não lembra em nada um professor universitário e muito menos um intelectual de sua importância."

Aquela longa viagem ao Brasil nunca aconteceu, mas no ano seguinte, a caminho de Buenos Aires, onde lançariam a versão em espanhol da revista, Huberman e Sweezy fizeram uma escala no Rio. Encontraram-se brevemente com Jorge – que fez questão de conhecer seus autores e recebeu-os em casa. Logo antes eles tinham lotado o salão da Faculdade Nacional de Filosofia, onde falaram a convite do Diretório Acadêmico. Por mais de duas horas, "sob uma temperatura que se aproximava dos quarenta graus", a dupla respondeu a perguntas e sobretudo apresentou uma análise da escalada de tensão da Guerra Fria. Fizeram as manchetes dos principais jornais ao defender a tese de que Cuba não foi usada pela União Soviética contra os Estados Unidos, mas, ao contrário, teria usado Moscou em sua defesa. Falaram sobre a independência da *Monthly Review*, que naquele momento pós-macartismo (Huberman chegou a depor no Comitê de Atividades Antiamericanas) não sofria bem uma censura, mas era completamente ignorada pela grande imprensa. Cinco anos mais tarde, a ditadura brasileira incluiria a *Monthly Review* em seu índex: em 1968 foi apreendida em Porto Alegre uma remessa da revista, que a Polícia Federal definiu como "de orientação comunista da linha chinesa", pregando

A caótica mesa de trabalho de Jorge, aqui flagrada em 1980: só ele e mais ninguém era capaz de se orientar no meio da papelada.

"as guerrilhas na América do Sul" e "sugerindo formas de influenciar a opinião pública". Iniciava-se ali o processo contra "uma universitária" não identificada, a quem eram endereçados 270 exemplares da revista.

"Um dia irão saber que esse livro teve um papel muito importante na formação política da juventude", dizia Jorge ao comentar a trajetória editorial da *História da riqueza do homem*, detalhando um pouco mais o episódio do Colégio Bennett. "Esse livro foi indicado no colégio onde meus filhos estudavam, e o professor que o indicou teve de deixar o colégio por esse motivo, considerado comunista. Com isso eu tirei meus filhos do colégio, os três, porque já tinha começado a discriminação. A repressão continuou por muitos anos, mas o professorado brasileiro resistia. Começaram a indicar cada vez mais o livro."

APESAR DE SE DIZER desorganizado – qualquer um concordaria ao olhar sua mesa de trabalho –, Jorge Zahar era na verdade um diligente arquivista de si mesmo, e na vida prática sabia exatamente onde encontrar o que queria. Arquivou sistematicamente correspondência

449	584	O Nascimento da Inteligência na Criança, Jean Piaget
450	585	A Construção do Real na Criança, Jean Piaget
295	586	O ESPÍRITO DE LIBERDADE, ERICH FROMM (2ª ED)
451	587	América Latina Contemporânea, Eulalia Maria Lahmeyer Lobo
19	588	ANÁLISE DO HOMEM, ERICH FROMM (7ª EDIÇÃO)
452	589	Introdução à Análise de Sistemas Políticos, Oran R. Young
453	590	Tratamento Matemático da Economia, G.C. Archibald e Richard G. Lipsey
205	591	ELEMENTOS DE MACROECONOMIA, ROBERT L. HEILBRONER (REIMPR. DA 2ª ED. 1968)
454	592	A Arte do Magistério, Earl V. Pullias e James D. Young
455	593	Filosofia da Ciência Natural, Carl G. Hempel
456	594	Sociologia Política, II, TBCS (Organizador: Maria Stella de Amorim)
9	595	PSICANÁLISE DA SOCIEDADE CONTEMPORÂNEA, ERICH FROMM (6ª edição)
457	596	Críticos da Sociedade, T.B. Bottomore
458	597	Teorias Econômicas (de Marx a Keynes), Joseph A. Schumpeter
459	598	Uma Era de Descontinuidade, Peter F. Drucker
65	599	UMA TEORIA CIENTÍFICA DA CULTURA, BRONISLAW MALINOWSKI (2ª ED
460	600	Uma Introdução à Teoria Política, Carl J. Friedrich
461	601	Modalidades de Análise Política, David Easton
227	602	O DESENVOLVIMENTO PSICOLÓGICO DA CRIANÇA, PAUL H. MUSSEN (REIMPR. 10000 COLTED)
272	603	APRENDIZAGEM, SARNOFF A. MEDNICK (REIMPR. 10000 COLTED)
462	604	Xingu: Os Índios Seus Mitos, Orlando Villas Boas e Claudio Villas Boas
463	605	Siderurgia e Desenvolvimento Brasileiro, Werner Baer
464	606	Teoria Social Moderna, Percy S. Cohen
		Total do Ano XIV: 60 Livros (40 novidades e 20 reedições)

ANO 1971

465	607	Introdução à Música do Século XX, Eric Salzman (12,00)
466	608	A Criança, Sua "Doença" e os Outros, Maud Mannoni
467	609	O Psicótico (Compreensão da Loucura), Andrew Crowcroft
159	610	INTRODUÇÃO À SOCIOLOGIA, T.B. BOTTOMORE (REIMPR. 3ª ED. 1970)
468	611	Política e Comunicação, Richard R. Fagen
71	612	HISTÓRIA DA RIQUEZA DO HOMEM, LEO HUBERMAN (6ª EDIÇÃO)
469	613	Análise de Custos e Orçamentos nas Empresas, John Dearden

3/71

614	Iniciação ao Estudo da Antropologia, Pertti J. Pelto (2ª edição)
615	Introdução à Filosofia da Educação, George F. Kneller (Reimpr. da 3ª edição)
616	A Criança e o seu Mundo, D.W. Winnicott (2ª edição)
617	Marketing: Uma Ferramenta para o Desenvolvimento, José Maria Campos Manzo (2ª edição)
618	Etapas do Desenvolvimento Econômico, W.W. Rostow (4ª edição)
619	Uma História do Pensamento Econômico, William J. Barber
620	A Evolução do Capitalismo, Maurice Dobb (2ª edição)
621	A Empresa Privada e o Interesse Público, Gordon C. Bjork
622	Elementos de Sociologia, Samuel Koenig (Reimpr. da 2ª edição)
623	Teoria Sociológica, Nicholas S. Timasheff (3ª edição, aumentada)
624	O Desenvolvimento Psicológico da Criança, Paul H. Mussen (Reimpr. da 5ª edição)
625	Uma Introdução à Sociologia, W.A. Anderson e F.B. Parker
626	Teorias do Desenvolvimento Econômico, William O. Thweatt
627	Perspectivas do Capitalismo Moderno, Luiz Pereira
628	Liderança e Dinâmica de Grupo, George M. Beal et al (Reimpr. da 5ª ed)
629	Motivação e Emoção, Edward L. Murray (2ª edição)
630	História das Doutrinas Econômicas, Eduard Heimann (2ª edição)
631	Introdução à Microeconomia, Robert L. Heilbroner (2ª edição)
632	Lógica, Wesley C. Salmon (2ª edição)
633	O Gerente Eficaz, Peter F. Drucker (2ª edição)
634	Geografia do Solo, Brian T. Bunting
635	A Crise da Psicanálise, Erich Fromm
636	História da Riqueza do Homem, Leo Huberman (7ª edição)
637	Pequena História do Mundo Contemporâneo, David Thomson (2ª edição)
638	A Necessidade da Arte, Ernst Fischer (3ª edição)
639	Atividade Industrial e Geografia Econômica, R.C. Estall e R.O. Buchanan
640	Economia e Ideologia, Ronald L. Meek
641	Aspectos Psicossociais da Educação, Carl W. Backman e Paul F. Secord
642	Teorias de Comunicação de Massa, Melvin L. de Fleur
643	Técnicas de Persuasão, J.A.C. Brown (2ª edição)
644	Os Precursores das Ciências Sociais, Timothy Raison
645	Aprendizagem, Sarnoff A. Mednick (2ª edição)

4/71

5/71

6/71

7/71

8/71

pessoal e profissional (tinha mania de datilografar com três cópias carbono as cartas que escrevia), anotações editoriais e documentos, além de ter legado verdadeiro tesouro à história editorial: por quatro décadas manteve um registro manuscrito de todos os livros que editou, organizados ano a ano e numerados na ordem de publicação. Cores diferentes distinguem lançamentos de reimpressões, tudo anotado com as respectivas tiragens.

Depois de sua morte, um dos guardados comoveria a família pela forte afetividade de que dá testemunho. Em diferentes lugares, Jorge mantinha cópias de uma montagem que fez de três fotografias 5×7, daquelas por muito tempo usadas nos passaportes brasileiros: nela dispunha a sua própria foto junto às de Ênio Silveira e Paulo Francis. Há versões na vertical, outras na horizontal. As posições de Ênio e Francis variavam, nos extremos direito ou esquerdo, acima ou abaixo de Jorge, que se punha sempre no centro. Os três estão de terno (Jorge usa até colete) e foram todos flagrados na casa dos trinta anos – uma das cópias anotadas a mão revela que Jorge e Ênio tinham, no momento da foto, 36 anos; e que Francis foi clicado nos "*late Seventies*", ou seja, quase aos quarenta anos. Natural em fotos desse tipo, a seriedade tanto de Ênio quanto de Francis (que para o retrato não abandonou os óculos de lentes grossas, uma das marcas do personagem que se tornou) contrasta com um discreto sorriso de Jorge, materialista radical que, assim, produziu uma espécie de amuleto. Nesse documento sem palavras ele mantinha juntos os amigos mais íntimos, que foram suas decisivas referências afetivas e intelectuais e a quem sobreviveu, mesmo sendo ele, nascido em 1920, o mais velho da trinca – Ênio era de 1925, Francis de 1930.

Dos três, Jorge era o único de origem humilde e provinciana. Ênio e Francis nasceram na classe média alta de São Paulo e do Rio, respectivamente, e cursaram a universidade a que o amigo autodidata,

No "livrão" é possível percorrer a história da Zahar. Organizados ano a ano, os títulos eram numerados por ordem de lançamento, e cores diferentes distinguiam novidades de reimpressões, tudo anotado a mão. (páginas anteriores)

Jorge guardou uma montagem que fez com sua própria foto junto às de Paulo Francis e Ênio Silveira, como que para manter juntos os amigos fundamentais.

que só tinha o primário completo, não teve acesso: o futuro editor da Civilização Brasileira fez sociologia na USP, o jornalista criou-se intelectualmente na Faculdade Nacional de Filosofia do Rio. Nos anos 1950, Ênio passou pelo célebre curso de editoração de Columbia, universidade americana onde, um pouco mais tarde, Francis estudaria com Eric Bentley, um dos mais importantes críticos de teatro da época. Ambos tiveram uma juventude de alguma forma cosmopolita e por isso estranha à de Jorge, que só faria a primeira viagem ao hemisfério norte em 1967, a convite do governo britânico, quando já dominava melhor o inglês – que aprendeu sozinho lendo a revista *Time* com ajuda de um dicionário.

Em sua biblioteca afetiva, Jorge trazia a formação francesa clássica; Ênio, a paixão por Hemingway e Scott Fitzgerald; Francis, o gosto pelo modernismo exigente e vanguardista. Compartilhavam a autoironia, o gosto pela vida boêmia e uma paixão pelo coletivo que os levou, cada um por seu caminho e em níveis diferentes, aos movimentos de esquerda. A obsessão pela independência de orientação política cimentou o prestígio profissional dos três, trouxe-lhes sérios problemas na ditadura militar e terminou por distanciar suas posições na maturidade: a agressiva opção conservadora de Francis faria dele

PROGRESSO SOCIAL 141

Jorge (o quarto da esquerda para a direita) com a comitiva brasileira em viagem a Londres a convite do governo britânico, em março de 1967.

um antípoda de Ênio, veemente nos princípios da esquerda. Entre os dois, assim como na montagem das fotografias, houve sempre Jorge, conciliador inato que, sem deixar de manifestar seu lugar e opinião, manteve atados os fortes laços que os uniam.

Ênio Silveira chegou ao Rio de Janeiro em 1952. Tinha 27 anos e uma curta, embora intensa, vida profissional iniciada em 1943 na Companhia Editora Nacional, de Monteiro Lobato e Octalles Marcondes Ferreira, empresa que dominou o mercado editorial brasileiro na primeira metade do século XX. Tudo começara em torno de uma banheira: dentro dela, nu, o criador do *Sítio do Pica-Pau Amarelo* recebeu, a pedido da amiga comum Leonor Aguiar, que lhe esfregava as costas, o jovem estudante de sociologia. Trabalhando como revisor na *Folha de S.Paulo*, Ênio estava em busca de um rumo profissional. Ao saber que tinha à sua frente o neto de Valdomiro Silveira – escritor regionalista publicado pela Companhia Editora Nacional, autor de *Os caboclos* e *Lereias* –, Lobato deu-lhe um cartão de recomendação a Octalles. Entre a universidade e os escritórios da editora, Ênio aprendeu os fundamentos da profissão na convivência com a dupla. E ainda com Fernando de Azevedo e Anísio Teixeira, dois gigantes da vida intelectual brasileira, autores e conselheiros da editora, que o tratavam como um pupilo, estimulando, sugerindo leituras, propondo discussões.

Assim como na família Zahar e na história de tantos outros livreiros e editores, a mistura entre vida pessoal e profissional era quase uma norma. Já funcionário da editora, Ênio terminou namorando e se casando com Cleo, filha de Octalles, que trabalhava como tradutora. Católico e anticomunista, o patrão não via com bons olhos a ideia de ter como genro seu jovem e brilhante editor, mas terminou por abençoar os noivos e, um tanto acidentalmente, proporcionar a eles uma temporada nos Estados Unidos. Em pleno namoro com Ênio, Cleo havia sido enviada a Nova York em missão familiar: deveria ficar ao lado do irmão e da cunhada, exilados em nome dos bons costumes da sociedade paulistana, já que tinham engravidado sem se casar. Ênio juntou-se a eles e, nos quase dois anos em que viveu lá, deu corpo e substância tanto à vocação editorial quanto à convicção ideológica.

Graças aos contatos da Companhia Editora Nacional, Ênio escreveu pessoalmente ao poderoso Alfred A. Knopf, um dos principais editores dos Estados Unidos, pedindo estágio na casa editorial que levava seu nome. "Aprendi com Alfred A. Knopf algumas técnicas de divulgação do livro, a modernização dos contatos. Eu ia a todos os setores, via, acompanhava os departamentos, observava o funcionamento do departamento comercial, o tipo de promoção que se fazia", contou ele na série Editando o Editor. Também beneficiando-se dos contatos da editora, aproximou-se de Richard Wright, escritor negro que era uma importante liderança de esquerda: "Aprofundei muito minha posição ideológica, que já existia. Minha práxis política foi muito 'treinada' no Partido Comunista norte-americano. Entrei numa roda-viva de intelectuais de várias facções ideológicas e tive contato com o ambiente."

De volta ao Brasil, a Companhia Editora Nacional e sua ênfase nos livros didáticos pareciam a Ênio um horizonte limitado. "Por temperamento, gosto e já remota juventude, eu preferia enfrentar o contínuo de novidades, desafios, surpresas agradáveis e até mesmo decepções ocasionais que as áreas não didáticas do trabalho editorial podiam proporcionar", disse ele. A inquietação de Ênio veio ao encontro do impasse de Octalles, que chegou a pensar em desistir de uma editora que controlava acionariamente, a Civilização Brasileira. Fundada no Rio de Janeiro em 1932 e tendo entre seus sócios o diplomata e escritor Ribeiro Couto e o intelectual integralista Gustavo Barroso, a Civilização era o que Ênio chamava de "editora de uma nota só": seu único e relevante título era então o *Pequeno dicionário brasileiro da língua portuguesa*, que começou a ser montado por Barroso e Hidelbrando Mateus de Lima – e logo teria como colaborador Aurélio Buarque de Holanda, que ali começava, de forma sistemática, sua trajetória de dicionarista.

Mesmo torcendo o nariz para o Rio, que via como "terra da bagunça", Ênio decidiu experimentar cidade e trabalho novos. "Em seis meses me apaixonei perdidamente pela Civilização Brasileira", contava ele, que transformou a editora em laboratório do que aprendeu

Ênio Silveira uniu modernização editorial e participação política ativa na Civilização Brasileira.

nos Estados Unidos, entre a Knopf e Columbia – e também em importante difusora de ideias libertárias. Em sua definição, o catálogo combinava nomes de "alto valor intelectual" que não necessariamente eram marcados pelo engajamento político explícito com "integrantes do mais amplo e aberto espectro socialista ou social-democrata". Em 1960, oito anos depois da chegada do novo editor, a Civilização alcançava a cota nada desprezível de vinte títulos por mês. E Ênio aos poucos comprava as ações do sogro e de seus sócios para, em suas palavras, livrá-los "dos constrangimentos e dos dissabores que minha aberta conotação política no campo editorial certamente já lhes vinha causando, embora eu jamais tivesse subordinado a editora aos interesses de qualquer partido".

O protagonismo da Civilização Brasileira também se devia ao trabalho com autores literários brasileiros, reunidos na prestigiada coleção Vera Cruz. Em 1956 Ênio lançara *O encontro marcado*, notável romance que representou o grande salto na carreira de Fernando Sabino. Dois anos mais tarde, *O ventre* revelava no jornalista Carlos Heitor Cony um impressionante escritor de tonalidade existencialista e que estabeleceria com Ênio a clássica e íntima relação autor-editor. Por isso Cony recebeu com naturalidade o convite para o almoço que guardava uma promessa enigmática de Ênio: "Você vai conhecer o melhor homem do mundo." Quando chegou à Marisqueira, tradicional restaurante português de Copacabana, Cony foi apresentado a Jorge Zahar.

A hipérbole de Ênio era menos retórica que amorosa, e dava a medida da intensa relação que os dois haviam estabelecido a partir de uma admiração profissional mútua – Jorge via na Civilização o modelo do que chamava de editora "cultural", ou seja, de amplo espectro em termos de ficção e não ficção, distinta, por isso, de seu próprio catálogo, que definia como "universitário". Cada uma em seu caminho, a Zahar e a Civilização Brasileira viveriam simultaneamente seus grandes momentos editoriais e também impasses decisivos. Até aquela tarde na Marisqueira, os dois já tinham percorrido juntos uma considerável estrada pessoal e profissional.

Jorge flagrou os parceiros de jogo Ênio e sua segunda mulher, Lygia Jobim, com Ani, na costumeira partida de biriba no apartamento de Copacabana.

Juntos atuaram no Sindicato Nacional das Empresas Editoras de Livros e Publicações Culturais (futuro Sindicato Nacional dos Editores de Livros, o Snel), organização patronal fundada no Rio de Janeiro em 1941. Quando chegou à cidade, Ênio começou a participar da entidade como representante da Companhia Editora Nacional; até 1964, ocupou diversos cargos numa militância ativíssima, tendo sido presidente entre 1954 e 1958, período em que Jorge, mesmo antes de ser editor, integrava o conselho fiscal. As políticas governamentais de difusão dos livros e os impasses sobre importação de papel e de títulos estrangeiros eram alguns dos mais importantes focos de atuação do Snel, que aliava iniciativas diretas e populares – como a organização de feiras do livro e debates sobre literatura e edição – a gestões estratégicas junto à classe política.

Além do contato intenso em reuniões formais, Ênio e Jorge conversavam o tempo todo e sobre tudo, em bares e restaurantes, em longos papos por telefone e mesmo através de bilhetes curtos e quase sempre gaiatos. Nos finais de semana, tratavam de estender a relação às famílias, que se juntavam em longos almoços de domingo e, mais tarde, numa regular partida de biriba.

"Jorge, Ênio e eu almoçamos juntos todo dia útil durante anos e anos. Melhor clube não posso imaginar. Ou melhor companhia", escreveu na década de 1990 o terceiro comensal fixo da Marisqueira e de tantas outras mesas, Franz Paulo Trannin Heilborn, jornalista conhecido pelo nome que ganhou quando ator e pela contundência verbal em cultura e política, suas frentes de atuação. Quando começou a frequentar a vida boêmia do Rio, Paulo Francis observava os futuros amigos como personagens já ilustres de ambientes como o Vermelhinho, em sua lembrança, "um café parisiense, à antiga", em frente à sede da Associação Brasileira de Imprensa, na rua Araújo Porto Alegre – portanto, a trezentos metros da livraria Ler. "Imaginem entrar num café e encontrar, em mesas separadas, Carlos Drummond de Andrade, Manuel Bandeira, Vinicius de Moraes e Paulo Mendes Campos. Ou Otto Lara Resende, Fernando Sabino e os editores Ênio Silveira e Jorge Zahar", escreveria ele ao rememorar seus primeiros anos.

Em 1958, Francis era, aos 28 anos, um abusado e atuante crítico de teatro imbuído da imodesta missão de modernizar os palcos brasileiros. Até ali, sua trajetória fora no mínimo curiosa. Tinha trabalhado na Panair, estudado filosofia e, embatucado depois de ver Jean-Louis Barrault fazendo *Hamlet* no Municipal do Rio, decidiu que seu rumo seria o Teatro do Estudante, dirigido por Paschoal Carlos Magno. Numa turnê da companhia pelas capitais do Norte e Nordeste, o jovem bem-nascido, que já conhecia Paris mas não o seu próprio quintal, teve uma revelação: "Pela primeira vez vi o Brasil, vi a nu o crime secular de uma classe dirigente que em crueldade conhece poucos paralelos, que se esconde em falsa afabilidade e em patriotismo, aqui não o último, mas o primeiro e único refúgio dos velhacos."

Se não serviu para sedimentar sua vocação dramática, a viagem empurrou Francis para a esquerda trotskista e, simultaneamente, para o jornalismo. Quando estreou como crítico na *Revista da Semana*, em 1957, já tinha passado pelas aulas de Bentley em Columbia – "ele propunha o que eu queria, um teatro que pensasse, que não fosse apenas bugios emocionais" – e via com desolação "o ator famoso, Procópio, Jaime Costa etc., se exibir cercado de gente apanhada

na Cinelândia, iluminação de cozinha, cenários pintados, ausência de diretor". Assim como acontecera com o futuro amigo Ênio, a passagem por Nova York havia sido decisiva – "nos Estados Unidos me lotei de Marx e teatro" – para afinar uma potente voz intelectual que seria ouvida com estridência ainda maior quando se transferiu, no ano seguinte, para o *Diário Carioca*. Ali partiu para uma demolição sistemática da "velha guarda" do teatro carioca e para uma pregação incansável acerca da profissionalização de atores, autores, diretores, cenógrafos. Lutava na teoria e na prática, tendo dirigido montagens de *Pedro Mico*, de Antonio Callado, e de *Uma mulher em três atos*, de Millôr Fernandes. "Se *the play is the thing*, como quer Shakespeare, há uma considerável falta de *things* entre nós, ou um excesso de 'coisas', no sentido pejorativo que se dá a esse termo", escreve ele em "Uma proposta modesta", série de três artigos que dá o tom de suas colunas. "Os motivos de encenação de peças, aqui, têm muito a ver com economia, carreirismo, obsessão de prestígio cultural (o que é totalmente diferente de necessidade de expressão cultural) e acomodação de elenco."

Não sem arrogância, Francis aliava a resenha do movimento teatral a um didatismo que se pretendia civilizatório. Assim como Edmund Wilson explicou aos leitores americanos como era genial o Hemingway que passava debaixo de seus narizes e a importância do Rimbaud que desconheciam, ele queria mostrar o que de bom se fazia no teatro da esquina e o quanto de melhor se poderia fazer. Quando, no entanto, mirava o palco, Francis olhava para além dele – "política já era minha preocupação suprema, o que eu tentava ocultar dos outros e de *mim mesmo*, procurando conciliar as duas coisas num teatro intelectualizado, em que *ideias* políticas tivessem lugar garantido" –, e os anos de crítica serviram sobretudo para forjar uma persona jornalística que

Em viagem com a mulher, Sonia Nolasco, Francis escreve ao amigo em dezembro de 1979: "Meu caro Jorge: sem humor, morremos. Morremos com humor também, mas dói menos. Espero que você receba com o devido respeito muçulmano minha maneira canina de saudar New Orleans. Happy tudo pra você e família. Sonia adere."

combinava agressividade anárquica ("não se catuca o balaio da nega com afagos") com afirmações peremptórias cuidadosamente pensadas para detonar discussão e, com frequência, confusão.

"O Paulo Francis comentarista e editor emergiram do casulo do teatro, que achei esgotado", escreveu ele duas décadas depois. "Talvez minha vida tivesse sido mais mansa se eu ficasse na casca velha, redecorando-a." De fato, a vida deixaria de ser mansa já em 1959. Graças ao sucesso da coluna no *Diário Carioca*, ele passou a manter outra, também sobre teatro, na *Última Hora*, além de trabalhar como editor da *Senhor*, revista que, sem macaquear a *New Yorker*, produzia no mesmo caminho uma sofisticada mistura de jornalismo, literatura, opinião e humor. Em pouco tempo Francis trabalhava com exclusividade para a *Última Hora*, ampliando o espectro da coluna para comentar televisão, espetáculos e, claro, política, assunto que foi tomando conta de sua rubrica. Em novembro de 1962, a coluna "Paulo Francis informa e comenta" consagrava-o como ele mesmo se definia, "um panfletário e polemista da porrada seca", tratasse ele da bossa nova, de problemas paroquiais do Rio ou, como era mais comum, dos movimentos sinuosos que resultariam no golpe militar.

Num período que Francis demarcava entre 1955 e 1964, "uma quase década", ele lembrava que "apareceu o novo teatro, o Cinema Novo, *Senhor*, a modernização da imprensa no *Diário Carioca* e no *Jornal do Brasil*, o humor crítico se expandiu de Millôr a Sergio Porto; o comércio de ideias, o experimentalismo político e estético, conquanto mais teórico do que prático, alargavam vistas e sugeriam uma variedade rica de saídas. Se o desenvolvimentismo era fajuto, ... ainda assim nos dava uma aparência e gosto do que poderia ser desenvolvimento verdadeiro".

A pluralidade de interesses, a inquietação, a contundência e a afinidade ideológica faziam de Francis o tipo de interlocutor que Jorge tanto cultivava, e o contendor que atiçava a combatividade de Ênio. Um intelectual como ele encarnava causa e consequência de editoras como Zahar ou Civilização Brasileira. Mas a relação que se cultivaria a partir dali tinha uma tonalidade diversa. Numa das raras manifesta-

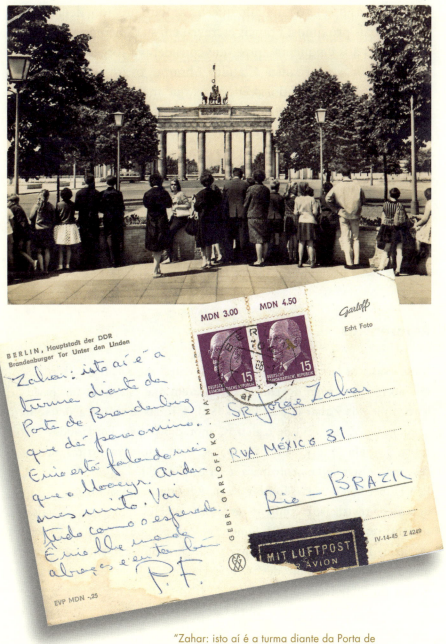

"Zahar: isto aí é a turma diante da Porta de Brandemburgo", diz Francis dando notícias dele e de Ênio numa viagem a Berlim, em abril de 1968.

PROGRESSO SOCIAL

ções públicas do afeto ilimitado que, no âmbito privado, dedicava aos amigos mais próximos, Francis escreveu em suas memórias precoces, publicadas aos cinquenta anos, que considerava Jorge e Ênio, assim como Millôr e o jornalista Claudio Abramo, os irmãos mais velhos "que me faltaram na adolescência, os que me aliviaram a solidão". No mesmo livro, *O afeto que se encerra*, evocava: "As guerras verbais ideológicas vis-à-vis Ênio Silveira e companheiros ... me deram a indispensável, porque sempre ameaçada, consciência de que existe vida política inteligente no Brasil. A serenidade e solidariedade de Jorge Zahar, que nunca nos fala do que vai mal na vida dele, e que se solidariza conosco nas *minhas* besteiras, tentando corrigi-las. E homem cuja editora é a universidade que ainda não existe no Brasil, trata a todos democraticamente. Se não aprendi a viver, não foi por falta de bons professores."

Referências

Jorge avalia os lançamentos de 1965 em entrevista a Flávio Macedo Soares, no mesmo artigo do *Diário Carioca* em que este traça um perfil do leitor típico da Zahar (23-24 mai 1965). ¶ Todas as informações sobre o catálogo da Zahar vêm de registros, anotados a mão, em grandes livros-caixa. ¶ A fala de Jorge sobre a publicação de autores marxistas estrangeiros vem de seu depoimento para a série Editando o Editor. ¶ O perfil de Leo Huberman e o da *Monthly Review* foram pesquisados nos arquivos digitais da revista, sobretudo nos ensaios "Leo Huberman: radical agitator, socialist teacher", de John H. Simon (vol.55, n.5, out 2003) e "A socialist magazine in the American century", de Christopher Phelps (vol.51, n.1, mai 1999), mesma fonte de "Why socialism?", de Albert Einstein. ¶ A notícia da Biblioteca do Exército é do *Correio da Manhã* (10 dez 1960). ¶ Eneida de Moraes escreve sobre *Cuba: anatomia de uma revolução* em sua coluna no *Diário de Notícias* (14 jan 1961), mesmo ano em que Stefan Baciu ataca a Zahar na *Tribuna da Imprensa* (27 jun). ¶ A história do "olheiro" na livraria Ler é contada por Geir Campos na *Última Hora*

(16 nov 1962). ¶ Adalgisa Nery escreve o inflamado comentário sobre a *História da riqueza do homem* na coluna "Retrato sem retoque", da *Última Hora* (21 ago 1962). ¶ A apreensão da *Monthly Review* foi noticiada no *Jornal do Brasil* (11 fev 1968). ¶ O perfil de Huberman e Sweezy por Newton Carlos é do *Jornal do Brasil* (8 jun 1962), e a passagem da dupla pelo Rio está registrada na *Tribuna da Imprensa* (31 jan 1963) e no *Jornal do Commercio* (1º fev 1963). ¶ O comentário de Jorge sobre o impacto da *História da riqueza do homem* está em seu depoimento para a série Editando o Editor. ¶ O perfil de Ênio Silveira vem de seu próprio relato em *Ênio Silveira*, da série Editando o Editor, com organização de Jerusa Pires Ferreira (São Paulo, Edusp/Com-Arte, 2003), e de seu discurso de posse no Pen Clube do Rio de Janeiro, republicado em *Ênio Silveira: arquiteto de liberdades*, com organização, seleção e notas de Moacyr Félix (Rio de Janeiro, Bertrand Brasil, 1998). ¶ Carlos Heitor Cony narrou em entrevista a mim seu primeiro encontro com Jorge e a longa amizade que os uniu (ago 2014). ¶ A atuação de Ênio Silveira no Snel é analisada por Andréa Lemos Xavier Galucio em *Civilização Brasileira e Brasiliense: trajetórias editoriais, empresários e militância política*, tese de doutorado apresentada ao Programa de Pós-Graduação em História (UFF, 2009). ¶ Para o perfil e citações de Paulo Francis, ver seus livros *O afeto que se encerra* (Rio de Janeiro, Civilização Brasileira, 1980), *Trinta anos esta noite: 1964, o que vi e vivi* (São Paulo, Companhia das Letras, 1994) e *A segunda mais antiga profissão do mundo* (São Paulo, Três Estrelas, 2016). Sua verve como crítico é sumarizada pela série de três artigos "Uma proposta modesta", que saiu no *Diário Carioca* (abr 1958). ¶

MINISTÉRIO DA JUSTIÇA E NEGÓCIOS INTERIORES
DEPARTAMENTO FEDERAL DE SEGURANÇA PÚBLICA

S.S.P. — D.O.P.S. — GB.
D.I. — Prontuário N.S.A.F.
Prontuário n.º 44.663
Documento n.º

FICHA DE REGISTRO

Nome: JORGE ZAHAR

...BRASILEIRO
...CAMPOS - E. DO RIO
...JULIO ZAHAR
...A ZAHAR
Nascido em 13 de 8 de 1920
...SADO   Instrução SECUNDARIA
...TOR
...RATA RIBEIRO 18/301
...EM (INGLATERRA - FRANÇA E ...)

Notas Cromáticas

Cabelos: CASTANHOS
Bigode: RASPADO
Como usa:

Filiação morfológica e exame descritivo

Inclinação
Sobrancelhas
Queixo
Orelhas
Lábios
articulares, cicatrizes e tatuagens

Passaporte - 696.966/67
RC - 736527

Identificado em 16 de Fev.to de 1967

Assinatura do Identificado: *Jorge Zahar*
Identificador:

Fotografia tirada em .... de .... de 1............

	POLEGARES	INDICADORES	MÉDIOS	ANULARES	MÍNIMOS
Mão direita					

44663

Capítulo 7 | **Edições perigosas**

"Bebia-se bem lá em casa", lembra Cristina Zahar ao evocar o clima do apartamento de Copacabana que, na década de 1960, era uma espécie de extensão do escritório da rua México. Toda semana, às vezes mais de uma vez por semana, gente como Ênio Silveira, Millôr Fernandes, o diretor de teatro Flávio Rangel, o poeta Moacyr Félix, Paulo Francis, os críticos Mário da Silva Brito e Franklin de Oliveira, o general-tradutor Octavio Alves Velho e o jornalista Moacyr Werneck de Castro aparecia sem convite ou aviso para longas conversas que varavam a noite, pontuadas por música e declamações de poesia. Havia sempre comida e bebida, esta em fartura que aos convivas parecia infinita.

Poucos deles imaginariam que até os 35 anos Jorge Zahar não bebia nada de álcool. A abstinência, resultado da escassez financeira e de austeridade autoimposta pelas obrigações familiares e profissionais dos primeiros tempos, jamais voltaria depois que a vida entrou nos trilhos — e sobretudo nas eventuais descarriladas. Para conversa fiada, festa e fossa, o uísque era a primeira opção. Cada momento da vida correspondia a uma marca: houve um tempo de Chivas e outro de Bell's. Dimple tornou-se um clássico atemporal e, a partir dos anos 1970, o predomínio foi de seu preferidíssimo Cutty Sark — garrafa verde e rótulo amarelo estampando o veleiro escocês que lhe dava

Manuel Bandeira e Paulo Mendes Campos no lançamento de discos do selo Festa, em que gravaram leituras de suas obras.

nome e ficara famoso pelo transporte de um inocente chá. A devoção era tamanha que, nos anos 1970, chegou a visitar a própria embarcação transformada em museu em Greenwich.

Mais do que hábito ou vício, a bebida era um importante componente geracional daquela elite intelectual carioca, gregária e boêmia, que fazia de festas, bares, restaurantes e boates a extensão de redações, salas de aula, teatros e estúdios de rádio e televisão. Tomar umas e outras fazia parte de um espírito do tempo tão bem plasmado por Paulo Mendes Campos, assíduo da casa, na crônica-pergunta "Por que bebemos tanto assim?": "O homem bebe para disfarçar a humilhação terrestre, para ser consolado; para driblar a si mesmo.

O homem bebe como o poeta escreve seus versos, o compositor faz uma sonata, o místico sai arrebatado pela janela do claustro, a adolescente adora cinema, o fiel se confessa, o neurótico busca o analista."

Paulinho acabaria sofrendo duramente com os excessos do álcool, mas naqueles anos o uísque parecia apenas um catalisador da euforia e de um de seus avessos, a melancolia, que em geral se instalava alta madrugada, quando ele e Jorge acabavam falando de suas mães, ambas chamadas Maria: Jorge, apesar de todas as turbulências, derramava-se em admiração; Paulo remoía a mágoa de ter sido mandado para um colégio interno. Beber também era, por fim, uma espécie de atributo profissional. Mesmo em meados dos anos 1980, quando o mundo editorial já era outro, Jorge irritava-se com a sobriedade de um de seus amigos mais recentes e mais íntimos, Luiz Schwarcz. De vez em quando dava um pito no fundador da Companhia das Letras: "Cara chato, que não fica bêbado, você nunca vai ser um grande editor."

Millôr Fernandes era outro que pouco bebia. Só que ninguém percebia. Além do notório talento para a conversa, disfarçava muito bem com água e gelo as poucas doses que o acompanhavam por uma noite inteira, num caso raro, raríssimo, de boêmio quase abstêmio. Era tão presente na vida de Jorge que na memória de Cristina fora sagrado, ao lado de Ênio e Francis, "Cavaleiro da Távola Redonda" familiar. No círculo mais íntimo de Jorge, tornara-se uma espécie de quarto mosqueteiro, com quem ele falava muito ao telefone e, em seus últimos anos, mantinha almoços regulares.

"Fale ou fax", dizia Millôr no recado da secretária eletrônica de seu estúdio em Ipanema. Jorge gostava de ambas as opções, mas em janeiro de 1993, saudoso e com dificuldades de encontrá-lo, decidiu enviar uma carta mesmo, em sua melhor forma galhofeira: "Despediu a secretária eletrônica? Posso compreender que um desempregado tome medidas de economia, mas não a tal ponto. E almoçar, também não almoça mais?" Meses antes Millôr tinha acabado de deixar o *Jornal do Brasil*, onde mantivera por quase oito anos a coluna diária

Millôr, com Jorge no sítio de Secretário na década de 1980, foi enfático na morte do amigo: "Como pessoa era alguém de quem era impossível não gostar. Morreu sem errar."

conhecida como "quadrado", e de encerrar também suas colaborações para a *Isto É*. "Se não tiver cortado os gastos com impulsos telefônicos, combine com o Gravatá para almoçarmos um dia desses, num restaurante barato", continuava ele, referindo-se a Luiz Gravatá, amigo de Millôr e naquela época sua companhia constante. "Entrarei na vaquinha para financiar."

Os preparativos para esses encontros eram caprichados. Jorge sempre levava a Millôr alguns dos livros que acabara de publicar, os seus favoritos, e também exemplares estrangeiros que, tinha certeza, provocariam a onívora curiosidade do amigo. "Foi um exemplo raríssimo, quase único, de dignidade profissional, compromisso", disse Millôr ao comentar sua morte. "Como pessoa era alguém de quem era impossível não gostar. Era um exemplo de comportamento humanístico. Morreu sem errar."

> **Jorge Zahar Editor**
>
> Millôr:
>
> Despediu a secretária eletrônica? Posso compreender que um desempregado tome medidas de economia, mas não a tal ponto.
>
> E almoçar, também não almoça mais?
>
> Se não tiver cortado os gastos com impulsos telefônicos, combine com o Gravatá para almoçarmos um dia desses, num restaurante barato. Entrarei na vaquinha para financiar.
>
> Um grande abraço.
>
> *Jorge*
>
> 14.01.93
>
> **J·Z·E**
> RUA MÉXICO 31 • SOBRELOJA • CEP 20031 • RIO DE JANEIRO-RJ • TEL.: 240 0226
> FAX (021) 262-5123

Jorge brinca com o grande amigo Millôr Fernandes, ao tentar convidá-lo, em janeiro de 1993, para mais um de seus frequentes almoços juntos.

Presença assídua nas noitadas, Marlene de Castro Correia muitas vezes sentia-se um pouco deslocada naquele ninho de cobras. Não porque todo mundo ali fosse notório, intelectual de esquerda ou quisesse mudar o Brasil, mas porque quase todo mundo ali era homem. As mulheres apareciam de vez em quando como acompanhantes de namorado, marido ou, bem ao gosto da época, "amante". Não era incomum que, nas rodas de conversa, elas ficassem para um lado, eles para outro. A professora da Faculdade de Letras sempre chegava lá sozinha e, acompanhada de seu copo de uísque, ficava do lado "deles". Por isso, numa noite de acalorada discussão, como o foram quase todas logo depois do golpe de 1964, não teve o menor pudor de confrontar Paulo Francis, apontando a ingenuidade da tese ali defendida por ele: a ditadura recém-instalada terminaria em pouco tempo, era iminente a reação dos setores progressistas e da população.

Francis ficou furioso no que via como uma impertinência, e Marlene, no dia seguinte, decidiu por via das dúvidas reforçar as compras e estocar comida, à espera da tal resistência. E se o colunista da *Última Hora*, tão arguto em suas análises, estivesse certo? Pouco mais de dez anos depois, certamente sem se lembrar daquela noite como de tantas outras turvadas pelo álcool, Francis escreveria: "Pertenço a um grupo geracional de rara ingenuidade. Acreditávamos que seria possível fazer um país novo, decente, justo. Do nada. Isso é importante. Reconhecíamos o imenso atraso e a ofensiva pobreza do Brasil. É, paradoxalmente, um dos charmes de se nascer e viver numa nação marginal."

O INTERESSE DO Departamento de Ordem Política e Social por Jorge Zahar vinha de longe. A editora não existia, e ele, aos trinta anos, estava longe de ser uma personalidade pública quando o Dops abriu em seu nome o prontuário 44.663. O Brasil de 1950 preparava-se para as eleições diretas que reconduziriam ao poder um Getúlio Vargas em nova versão, o ditador reencarnado em democrata. O governo do general Eurico Gaspar Dutra, que ali se encerrava, foi marcado por um ciclo de violentas ações anticomunistas que culminaram, em 1947, na proscrição do PCB – e no rompimento das relações diplomáticas com a União Soviética. Só naquele ano, aliás, o Ministério do Trabalho interveio em 143 sindicatos e, até o final do mandato do general, tinha dispensado o mesmo tratamento a quase quatrocentas das 944 organizações sindicais em atividade. Por manifestar-se publicamente contra essa política de Estado, Jorge foi "prontuariado" a partir de documentos não especificados, que teriam sido apreendidos em 8 de junho de 1950. A acusação: "Ser signatário de um abaixo-assinado, enviado ao Sr. Presidente da República, protestando contra a minoria reacionária que afasta o povo do governo, mediante uma série de medidas antidemocráticas, proibindo a realização de comícios e exercendo coação policial aos seus líderes, ameaçando a imprensa etc."

Além de exercer o básico direito de manifestar sua opinião a respeito do que o Dops descreve como "medidas tomadas contra adeptos do credo vermelho", Jorge passou a ostentar em sua ficha corrida a suposta falta, esta involuntária e irremediável, de ser irmão de Ernesto Zahar, que segundo o documento "registra neste setor vastos antecedentes comunistas". Então convocado a "prestar esclarecimentos" no Departamento Federal de Segurança Pública, Jorge jamais deu as caras. Ainda assim, suas faltas não foram consideradas graves o bastante para impedir que, em 1951, obtivesse um "nada consta" ao requisitar "atestado negativo de ideologias para fim de prova na embaixada dos Estados Unidos da América do Norte". Como uma espécie de pecado original, esse primeiro registro no Dops voltaria a assombrá-lo cada vez que, depois de plenamente instalada a ditadura, era obrigado a requisitar um "atestado de antecedentes" para viajar aos Estados Unidos ou à Europa.

Cerca de cinco meses antes do golpe, em outubro de 1963, Jorge acrescentaria mais uma entrada a seu prontuário. Numa edição de sábado do *Correio da Manhã*, figurava como signatário de primeira hora do Comando dos Trabalhadores Intelectuais, que se anunciava com matéria paga publicada ali e nos mais importantes jornais. Menos uma entidade do que um movimento que visava "apoiar as reivindicações

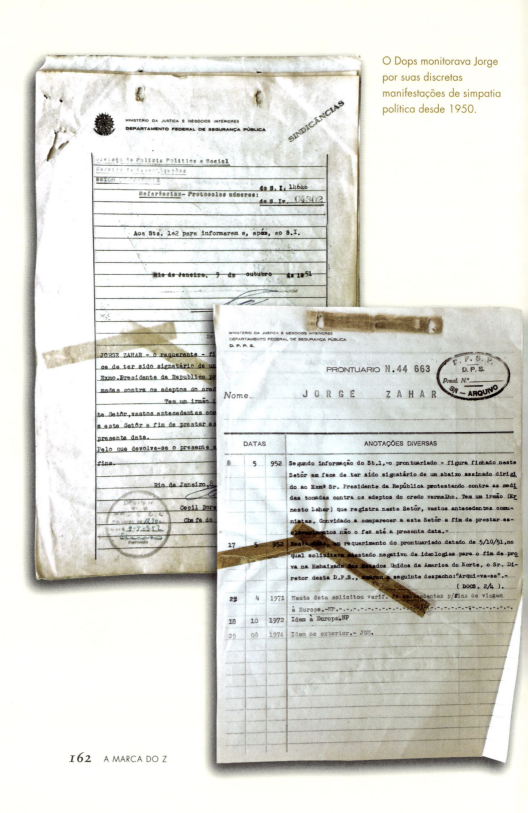

O Dops monitorava Jorge por suas discretas manifestações de simpatia política desde 1950.

MINISTÉRIO DA JUSTIÇA E NEGÓCIOS INTERIORES
DEPARTAMENTO FEDERAL DE SEGURANÇA PÚBLICA

PLANILHA DE REGISTRO

S.S.P. — D.O.P.S. — GB.
D.I. — S.P. N.S.A.F.
Prontuário n.º 44.663
Documento n.º 1

Nome JORGE ZAHAR
Nacionalidade BRASILEIRO
Naturalidade CAMPOS — E. DO RIO
Filho de BASILIO ZAHAR
e de MARIA ZAHAR
Idade 47 anos. Nascido em 13 de 8 de 1920
Estado Civil CASADO Instrução SECUNDÁRIA
Profissão EDITOR
Residência BARATA RIBEIRO 18/301
Motivo VIAGEM (INGLATERRA — FRANÇA E PORTUGAL)

Notas Cromáticas

Cútis BRANCA Cabelos CASTANHOS
Olhos CASTANHOS Bigode RASPADO
Barba RASPADA Como usa

Filiação morfológica e exame descritivo

Altura 1, m
Fronte: Altura Inclinação
Largura Sobrancelhas
Pálpebras
Nariz: dorso
Base
Bôca Lábios Queixo Orelhas
Marcas particulares, cicatrizes e tatuagens

Passaporte — 696.966/67
RC — 736527

Assinatura do Identificado Identificado em 16 de Fevereiro de 1967

EDIÇÕES PERIGOSAS 163

Fundação do Comando dos Trabalhadores Intelectuais (CTI)

Compreendendo a necessidade de maior coordenação entre os vários campos em que se desenvolve a luta pela emancipação cultural do País — essencialmente ligada às lutas políticas que marcam o processo brasileiro de emancipação econômica — trabalhadores intelectuais pertencentes aos vários setores da cultura brasileira, resolveram fundar um movimento denominado Comando dos Trabalhadores Intelectuais (CTI).

O CTI tem por finalidades:

a) congregar trabalhadores intelectuais, na sua mais ampla e autêntica conceituação;

b) apoiar as reivindicações específicas de cada setor da cultura brasileira, fortalecendo-as dentro de uma ação geral, efetiva e solidária;

c) participar da formação de uma frente única, democrática e nacionalista, com as demais fôrças populares, arregimentadas na marcha por uma estruturação melhor da sociedade brasileira.

Com êste propósito de união são convocados todos os trabalhadores intelectuais que, estando de acôrdo com as finalidades do CTI, desejem nêle atuar acima de personalismos ou de secundários motivos de dissensão.

Esta convocação nasceu do exercício da delegação de podêres que uma numerosa assembléia de intelectuais, reunida a 5 do corrente mês, deu a um grupo de treze dos seus componentes, para que a representassem, durante a última crise política, junto às demais fôrças populares agrupadas contra as tentativas de golpe da direita e em defesa das liberdades democráticas. Como seu texto de pensamento dos que exercem atividades intelecutais no País,

os abaixo-assinados, por êste documento, declaram fundado o CTI e solicitam a adesão dos intelectuais, convocando-os para a Primeira Assembléia Geral, a ser realizada no decorrer do mês de novembro, com o objetivo de eleger os seus organismos de direção.

Rio de Janeiro, 7 de outubro de 1963.

(aa.) *Alex Viany — Álvaro Lins — Álvaro Vieira Pinto Barbosa Lima Sobrinho — Dias Gomes — Edson Carneiro — Ênio Silveira — Jorge Amado — M. Cavalcanti Proença — Moacyr Felix — Nélson Werneck Sodré — Oscar Niemeyer — Osny Duarte Pereira.*"

A êste documento de fundação — ainda aberto para recebimento de adesões, em listas que podem ser encontradas, até o dia 31 de outubro, nas livrarias São José, Ler e Civilização Brasileira — já apuseram as suas assinaturas, passando assim a ser membros fundadores do CTI, os seguintes intelectuais:

DIREITO: Max da Costa Santos (Dep. Federal) — Paulo Alberto M. de Barros (Dep. Estadual) — Sinval Palmeira (Dep. Estadual) — Modesto Justino de Oliveira — Hélio Saboya — Pedrilvio Ferreira Guimarães — Cláudio Pestana Magalhães.

ARQUITETURA: Flávio Marinho Rêgo — Júlio Graber — Bernardo Goldwasser — Edson Cláudio — Artur Lycio Pontual — David Weisman — Carlos Ebert — Hircio Miranda — José de Albuquerque Milanez — Bernardo Tuny Wettreich — Paulo Cazé. **MEDICINA:** Mauro Lins e Silva (da direção da Associação Médica) — José Paulo Drummond — Álvaro Dória — Valério Konder — Mauro de Lossio Leiblitz. **LITERATURA:** Aníbal nato — Flávio Rangel — Modesto de Souza — Tereza Rachel — Miriam Pérsia — Yara Sales — Luiz Linhares — Mário Brni — Rodolfo Arena — Ra. de Carvalho — Ferreira Mala — Flávio Migliscio — Joel Ba los — Rodolfo Mayer — A. nio Sampaio — J. Sebas Amaro (Scandall) — Jack de Souza — Ary Toledo — A do Ribeiro — Costa Filho — Celso Cardoso Coelho — Ma Gledis — Maria Ribeiro — V da Lacerda — Vera Gertel. **TES PLÁSTICAS:** Di Cavalcanti — Iberê Camargo — José berto Teixeira Leite (Diretor Museu Nacional) — Djanira — Darel Valença — Poty Lazza to — Carlos Scliar — Kumb — Edith Behring — Ligia P — Silvia Leon Chalreo — C dius. **EDUCAÇÃO:** Heron Alencar — Carlos Cavalcanti — José Carlos Lisboa — Emir med (da Confederação Nac nal dos Professôres) — Pe Gouveia Filho — Sarah Cas Barbosa de Andrade — José Almeida Barreto (da Confede ção Nacional dos Professôres) Ony Braga de Carvalho — bespierre Martins Teixeira Iron Abend — Cursino Rap — Miriam Glazman — Edwa Cafezeiro — Maria Lia Faria Paiva — Dulcina Bandeira Lauryston Gomes Pereira Gu ra — Antônio Luiz Araújo Pedro de Alcântara Figueira Marly Casas — Alberto Lato de Faria — Rosemonde Castro Pinto. **EDITÔRES:** J ge Zahar — Carlos Ribeiro Irineu Garcia — José Dias Silva. **CINEMA:** Joaquim Pe de Andrade — Miguel Borges Paulo César Sarraceni — Nê Pereira dos Santos — João miro Melo — Sérgio Sanz Fernando Amaral — Leon Hi man — Clauber Rocha — Ma Farias — Saul Lechtamaches Carlos Diegues — Roberto P — Paulo Gil Soares — Eli Visconti — Walter Lima Jú — Arnaldo Jabour — Ma Carneiro — Waldemar Lima Ruy Santos — Luis Carlos Sa nha — David Neves — Ferna Duarte — Ítalo Jacques — nor Azevedo — Célio Gonça — Braga Neto. **RÁDIO E LEVISÃO:** Chico Anísio — M cyr Masson — Teixeira (Secretário da Federação Na nal dos Radialistas) — Gius pe Ghiaroni — Oranice Fra — Amaral Gurgel — Ja Clair — Hemílcio Froes (D tor da Federação Nacional específicas de cada setor da cultura brasileira", o CTI tinha suas diretrizes formuladas por um grupo de notórios intelectuais progressistas incluindo Jorge Amado, Oscar Niemeyer, Barbosa Lima Sobrinho e, como não poderia deixar de ser, Ênio Silveira. O CTI deveria se juntar "às demais forças populares agrupadas contra as tentativas de golpe da direita e em defesa das liberdades democráticas", na convicção de que "os intelectuais não podem deixar de constituir um ativo setor de luta dessas correntes progressistas". Quatorze áreas, da ciência ao jornalismo, eram representadas nessa primeira convocação, e os organizadores esperavam muitas outras adesões em listas de assinaturas que distribuíram por três livrarias cariocas, a São José, a Civilização Brasileira e a Ler – todas elas pontos de encontro de potenciais aliados.

Num relatório de junho de 1964, o Dops minimiza a importância efetiva do CTI, considerando "difícil" que se tenha estabelecido para valer um pretendido "entrosamento" com o Comando Geral dos Trabalhadores, o CGT, para "a arrancada final na transformação do regime vigente no país numa República de caráter socialista". Reconhecendo que a entidade, logo dissolvida, não esteve envolvida em "qualquer ato de subversão", o documento sublinha a presença, entre os signatários, de defensores da "política esposada pelo PCB" que, no entanto, "não eram filiados ao Partido como membros ativos, ... militando, sempre, à margem do mesmo". Descrevia-se assim com exatidão a postura de Jorge, que pelo mesmo motivo ganharia novo apontamento em sua ficha: "Figura como um dos fundadores do Comando dos Trabalhadores Intelectuais, no setor 'editores', entidade essa de caráter comunista."

As chamadas "grandes causas", que mobilizavam intensas paixões políticas, logo se tornariam para Jorge delicadas questões pessoais do ponto de vista profissional e afetivo. Em maio de 1965, seu nome voltava a figurar no topo de um longo abaixo-assinado que ocupava meia página de jornal. Sob o título "Intelectuais e artistas pela liberdade", um texto curto e grosso resumia a causa que congregava, entre mais

Publicado às vésperas do golpe militar, o manifesto de lançamento do Comando dos Trabalhadores Intelectuais despertou a atenção do Dops.

Intelectuais e Artistas pela Liberdade

Os intelectuais e artistas brasileiros abaixo-assinados pedem a imediata libertação do editor Ênio Silveira, preso por delito de opinião. Não entramos no mérito das opiniões políticas de Ênio Silveira, mas defendemos o seu direito de expressá-lo livremente, direito garantido pelo artigo n.º 141, parágrafo oitavo, da Constituição do País: "Por motivo de convicção religiosa, filosófica ou política, ninguém será privado de nenhum de seus direitos...".

Rio de Janeiro, 29 de maio de 1965

Herbert Moses (Presidente de Honra da ABI) — Aurélio Buarque de Holanda — Oscar Niemeyer, arquiteto — Alceu de Amoroso Lima, escritor; Maria Martins, escultora e embaixatriz; Octales Marcondes Ferreira, editor; Bruno Giorgi, escultor; Fernanda Montenegro, atriz; Maurício Roberto, arquiteto; Joaquim Cardoso, poeta; Américo Jacobina Lacombe, professor; Jorge Zahar, editor; Pixinguinha, compositor; Sérgio Pôrto, jornalista; Di Cavalcanti, pintor; Wilson Figueiredo, jornalista; Grande Otelo, ator; Jacques Danon, cientista; Sérgio Brito, ator; Otto Maria Carpeaux, escritor; Cassiano Ricardo, poeta; Fernando de Azevedo, professor; João Cruz Costa, professor; Sérgio Buarque de Holanda, escritor; Paulo Duarte, escritor; José Geraldo Vieira, escritor; Luís Martins, escritor; Nelson Pereira dos Santos, cineasta; Sérgio Bernardes, arquiteto; Paulo Autran, ator; Baden Powell, compositor; Raymundo Magalhães Júnior, escritor; Nara Leão, cantora; José Honório Rodrigues, escritor; Odilon Ribeiro Coutinho, escritor; Arnaldo Estrêla, musicista; Nathalia Timberg, atriz; Luiz Carlos Barreto, jornalista; Aracy Côrtes, cantora; Lúcio Rangel, escritor; Adalgisa Néri, poeta; Hermano Alves, jornalista; Ítalo Rossi, ator; Antônio Calladó, jornalista; Hélio Pelegrino, médico; Glauber Rocha, cineasta; Carlos Scliar, pintor; Edmundo Moniz, jornalista; Dias Gomes, teatrólogo; José Paulo Moreira da Fonseca, pintor; José Condé, escritor; Cláudio Araújo Lima, médico; Antônio Houaiss, escritor; Cid Silveira, economista; M. Cavalcanti Proença, escritor; Hedil Rodrigues do Valle, economista; He... ...escritor; Edmar Morel, jornalista; Joel Silveira, jornalista; Cláudio Santoro, músico; José Álvaro, editor; Fernando Lôbo, jornalista; José Guilherme Mendes, jornalista; Flávio Marinho Rêgo, arquiteto; José Roberto Novais Almeida, economista; Carlos B. Lira, professor; Eduardo Kugelmas, professor; Leandro Konder, escritor; Augusto Boal, teatrólogo; Bráulio Pedroso, jornalista; Miroel Silveira, escritor; Marcos Rey, escritor; Rubens Lima, editor; Lupe Cotrim Garraude, poeta; Lívio Xavier, escritor; Helena Silveira, escritora; Carlos Diegues, cineasta; Alberto Passos Guimarães Filho, cientista; Gustavo Dahl, cineasta; José Viana de Paula, economista; Leo Victor de Oliveira e Silva, escritor; Henrique Coutinho, professor; Vera Gertel, atriz; Ivan Alves, jornalista; Neil Hamilton, jornalista; Marilda Rios, jornalista; José Itamar Freitas, jornalista; Sérgio Bernardes Filho, arquiteto; Bento Prado Júnior, professor; Fernando Góis, jornalista; Francisco Luiz de Almeida Sales, jornalista; Maria Bononi, gravadora; Victor Knoll, professor; Gianfrancesco Guarnieri, teatrólogo; Lygia Fagundes Telles, escritora; Leonardo Arroyo, jornalista; Oduvaldo Vianna Filho, teatrólogo; Teresa Raquel, atriz; Antônio Abujamra, diretor teatral; Rogério Fabiano Pita, jornalista; Jorge França, jornalista; Paulo Ferreira de Souza, jornalista; Laerte Morais Gomes, jornalista; Rafael Wassermann, jornalista; Ítalo Ramos, jornalista; Herval Faria, jornalista; Antônio Carbonio, jornalista; Zélia Maria Ladeira, jornalista; Luiz Vergueiro, ator; José Cabral Falcão, jornalista; Jorge Alfio Germano, jornalista; Geraldo Jordão Pereira, editor; Beatriz... ...Mata, ator; Marilena de Carvalho, atriz; Anamaria Nabuco, atriz; Roberto Quartim Pinto, ator; Sônia Márcia Perrone, atriz; Angela Tamega Menezes, atriz; Ico Castro Neves, músico; Francisco Araújo, ator; Augusto César Graça Mello, ator; Leônidas Lara, ator; Leandro Filho, ator; Milton Moraes, ator; Clecy de Morais Ribeiro, atriz; Elton Medeiros, ator; Anescar Pereira Filho, ator; Nelson Matos, ator; Heitor Oldwyer, ator; José Wilker, ator; Deney de Oliveira, ator; José Marinho, ator; Dinaldo Coutinho, ator; M. M. de Almeida, ator; Victor Manger; Mário Teles; Otoniel Serra; José de Anchieta Leal; Darcio Silva; Ney Modenesi; Emanuel Cavalcanti; José Antônio Ventura Jr.; Henrique Cabañ; Dulcinéia Cardoso; Osmar Valença; Maria da Conceição Sacramento; Jorge de Braz Reis; Lígia Sigaud; Antero de Mendonça; Humberto de Vasconcellos Filho; Wagner Teixeira; Armando Aflaby; Derly Barreto e silva; Ivo Cardoso; Sebastião Silva; Francisco Bacer; Aloísio Flôres; José Silveira; João Antônio; Sebastião Vasconcelos, ator; Eliezer Salem; Cristiano M. Oiticica; Pedro Borges, médico; Lucy Filho; Silvio Augusto Nerhy, músico; Leônidas Batista, músico; Jorge de Freitas Antunes, músico; Cleber Teixeira, poeta; Fábio Inecco, pintor; Nilton Sá, professor; Modesto de Souza, ator; Ana Maria Mendel, arquiteta; Alinor Azevedo, cineasta; Heraldo de Oliveira, televisão; Edmundo Henrique de Macedo Soares, advogado; Sérgio Cabral, jornalista; Valério Konder, médico; Kleber Santos, diretor teatral; Clementina de Jesus, cantora; Mário Pagnuzzi, gravadora; Stênio Garcia, ator; Maria...

de mil nomes, Sérgio Buarque de Holanda e Clementina de Jesus, Nara Leão e Sérgio Bernardes, Di Cavalcanti e Fernanda Montenegro. E que por muitos motivos falava a ele bem de perto: "Os intelectuais e artistas brasileiros abaixo assinados pedem a imediata libertação do editor Ênio Silveira, preso por delito de opinião. Não entramos no mérito das opiniões políticas de Ênio Silveira, mas defendemos seu direito de expressá-las livremente, direito garantido pelo artigo 141, parágrafo oitavo, da Constituição do país: 'Por motivo de convicção religiosa, filosófica ou política, ninguém será privado de nenhum de seus direitos.'"

Ênio fora então protagonista do que ficou conhecido como o "IPM da feijoada", detido depois de promover em casa um almoço para Miguel Arraes. O ex-governador de Pernambuco estava preso desde abril de 1964 e desfrutava no Rio, graças a um habeas corpus, de um breve momento de liberdade antes de ser forçado, dias depois daquele almoço, a pedir asilo na embaixada da Argélia. "Sobre a feijoada em si eu nada pude dizer, porque não a comi por estar adoentado", declarou Álvaro Lins, um dos convidados, depois de prestar depoimento no inquérito. Na mesma página do *Jornal do Brasil* em que o crítico literário ironiza o interrogatório, Arraes aparece numa fotografia ao lado da mulher, Madalena, sentado nos jardins da embaixada argelina e tendo na mão um exemplar do recém-lançado *O golpe começou em Washington*. Seu autor, o jornalista Edmar Morel, foi cassado pelo Ato Institucional n.1 e encontraria na Civilização Brasileira o destemor necessário para publicar um livro que pretendia descrever os movimentos enviesados que resultaram na deposição de Jango. Definitivamente, uma feijoada estava longe de ser o maior problema de Ênio Silveira naqueles tempos.

"Por que a prisão do Ênio? Só para depor?", indignou-se o ditador Humberto Castelo Branco em bilhete dirigido a seu chefe do gabinete militar, o futuro ditador Ernesto Geisel. "A repercussão é contrária a nós, em grande escala", avaliava ele, reclamando ainda de apreensões ilegais de livros como a que aconteceria logo depois com o próprio O

Mais de mil nomes no manifesto que pedia a libertação de Ênio Silveira, em maio de 1965.

golpe começou em Washington, em pouco tempo desaparecido das livrarias. "Nunca se fez isso no Brasil. Só de alguns (alguns!) livros imorais. Os resultados são os piores possíveis contra nós. É mesmo um terror cultural", concluía o marechal, sugerindo que a truculência do regime dava razão a Alceu Amoroso Lima, que em maio de 1964 publicara uma coluna no *Jornal do Brasil* com o título "Terrorismo cultural".

A expressão do doutor Alceu ganharia brutal concretude em 1968, com a imagem icônica da livraria Civilização Brasileira, no Centro do Rio, destruída por uma explosão. Na fotografia, um policial militar e dois bombeiros guardam a loja diante de um civil que passa, de costas para a câmera, olhando a cena. Retorcida pelas bombas lançadas na madrugada do dia 14 de outubro, a porta de metal que protegia a vitrine está pichada com a clássica palavra de ordem "Abaixo a ditadura". Ao lado dela lê-se, em parte de um cartaz, o slogan "A peça que abre novos caminhos ao teatro brasileiro", propaganda da edição de *Doutor Getúlio: sua vida e sua glória*, peça de Dias Gomes e Ferreira Gullar que o grupo Opinião vinha encenando no Rio até dois dias antes do atentado. Dominando a metade superior da imagem, como se a ela desse título, lê-se parte do lema adotado pela livraria: "Quem não lê, mal fala, mal ouve, mal vê."

Entre os editores de livros, Ênio foi a vítima preferencial da ditadura: sete prisões, quatro processos por crime contra a segurança nacional, incontáveis apreensões de livros, pressões para que gráficas não prestassem serviços para a Civilização, sufocamento financeiro por todos os lados. A cada ameaça ou intimidação explícita, ele reagia um tom acima. Pouco antes da prisão de 1965, Ênio havia lançado a *Revista Civilização Brasileira*, um dos mais inteligentes fóruns da oposição, e no terceiro número assinou a temerária "Primeira epístola ao marechal Castelo Branco", carta aberta demonstrando que, para ele, a melhor defesa era o ataque: "O chamado 'delito de opinião', sr. Marechal, é o crime que devemos todos praticar diariamente, sejam quais forem os riscos. Se deixarmos de ser 'criminosos', nesse campo, seremos inocentes... e carneiros." Sempre preocupado com o desassombro do amigo, Jorge desabafava com as pessoas próximas: "O Ênio é um suicida!"

A imagem da livraria Civilização Brasileira destruída num atentado a bomba em 1968: "Terrorismo cultural."

EDIÇÕES PERIGOSAS *169*

Por temperamento e estratégia editorial, Jorge tocava sua vida pública e construía seu catálogo algumas oitavas abaixo da estridência de Ênio e da Civilização. "Eu, que na Inglaterra seria talvez um liberal, ou na França um *homme de gauche*, partidário de Mitterrand, num endurecimento maior do regime brasileiro seria considerado comunista, da mesma forma que na União Soviética seria direitista ou revisionista e despachado para a Sibéria", brincaria ele em meados dos anos 1970. Ainda que eventualmente beneficiado pelo sucesso de um rumoroso *instant book* como *Cuba: anatomia de uma revolução*, mantinha-se fiel à ideia de uma "editora universitária". Nela, mais importante que o sucesso imediato era a venda contínua.

"Eu não faço livros que tenham uma vida curta, que deixem de ser lidos ao longo do tempo. O pensamento básico é fazer livros de interesse permanente", refletiria ele na década de 1990, num diagnóstico claro, ainda que tisnado pela modéstia quase obsessiva. "Eu me colocaria como um editor clássico, se um editor universitário significa clássico. Creio que a ação da Zahar deve ter tido algum resultado ao longo dos anos. Não deixou de marcar seu lugar e, portanto, de cumprir sua tarefa."

O equilíbrio que sugere seu raciocínio não se confunde com tibieza editorial: entre o golpe e 1968, ano que termina sob a vigência, em dezembro, do quinto e mais truculento Ato Institucional, a Zahar se mostrou uma presa no mínimo apetitosa para a fome anticomunista dos militares. Publicados em 1964, livrinhos introdutórios como *Três táticas marxistas* de Stanley Moore, *Problemas agrícolas dos países socialistas* de Lord Walston e *Socialismo evolucionário* de Eduard Bernstein — todos na coleção Divulgação Cultural — abordavam impasses prático-teóricos do socialismo, enquanto as coletâneas de artigos *Militarismo e política na América Latina* e *Perspectivas da América Latina* iluminavam, ainda que indiretamente, o noticiário político. De Karl Marx, um dos nomes detonadores da paranoia dos generais, a editora publicou seletas traduzidas do inglês: Octavio Ianni organizou a edição de *A ideologia alemã* (versão em português de Waltensir Dutra, revisada por Florestan Fernandes) e foram "importadas" a antologia *Escritos econômicos de Marx*, de Robert Freedman, e a clássica edição resumida de *O capital* em um volume, assinada pelo prussiano Julian Borchardt.

O simples fato de ter em casa um livro da Zahar era informação considerada relevante para a repressão. São incontáveis as menções à editora em autos de apreensão de livros; e, numa bizarra biblioteca montada pela polícia política do Rio de Janeiro só com livros confiscados, a Zahar ocupa o terceiro lugar, com 30 exemplares, ficando atrás apenas da Civilização Brasileira, com 60, e da Paz & Terra, fundada por Ênio Silveira e depois tocada por Fernando Gasparian, com 51 títulos. "Nunca fui preso ou perseguido, mas a autocensura pesou, foi muito desagradável", reconhecia Jorge. "Em dezembro de 68 joguei fora 6 mil páginas traduzidas. Tinham, por exemplo, escritos de Engels, o que era muito forte para a época. Não abri mão de minha linha, mas também não ia abusar."

Dois dos filósofos mais comentados daquele momento, Herbert Marcuse e Louis Althusser, tiveram seus livros traduzidos pela Zahar. Em 1967, menos de dois anos depois de lançado na França (e dois anos antes de sair em inglês), o influente *Pour Marx*, em que Althusser lia o autor do *Capital* a partir de conceitos do estruturalismo e da psicanálise, ganhou o título explicativo, bem ao gosto do editor: *Análise crítica da teoria marxista*. Na segunda edição, doze anos mais tarde, foi rebatizado com a versão literal, *A favor de Marx*, seguida

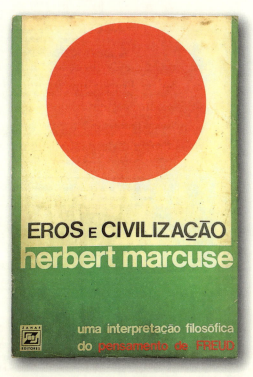

O ensaio do filósofo alemão Herbert Marcuse foi lançado pela Zahar em 1968, o ano das revoltas, vendendo imediatamente quatro edições.

EDIÇÕES PERIGOSAS *171*

A linha editorial da Zahar é minuciosamente criticada em 1971, num eloquente documento do anticomunismo vigente.

CONFIDENCIAL

MINISTÉRIO DA EDUCAÇÃO E CULTURA
DIVISÃO DE SEGURANÇA E INFORMAÇÕES

INFORMAÇÃO Nº 156SI/02/DSI/MEC/71

ASSUNTO: CONSIDERAÇÕES SÔBRE EDITÔRAS BRASILEIRAS
ORIGEM: --
AVALIAÇÃO: --
DIFUSÃO ANTERIOR: --
DIFUSÃO ATUAL: Universidade Federal de Minas Gerais
REFERÊNCIA: --

ANEXOS: Documento com 4 páginas (cópia)

Encaminho, para conhecimento dêsse órgão, cópia anexa de informações chegadas a esta Divisão, contendo considerações sôbre EDITÔRAS BRASILEIRAS e sua ação ideológica anti-democrática.

Considerações sôbre EDITÔRAS BRASILEIRAS e sua ação ideológica anti-democrática.

I - As editôras VOZES, HERDER e CIVILIZAÇÃO BRASILEIRA têm publ[icado]... destacando-se a linh[a da] VOZES intitulada "Cultura [Un]iversal Popular (editôra B[...]) Tse Tung, escrita por Stua[rt...] na Kühner, a mesma traduto[ra de] Russel. "Os Crimes de Gu[erra...], Paulo Francis afirma:
[N]inguém pode dizer, mas n[...] da China que, em apenas

II - Examinemos, agora, os livros da ZAHAR EDITÔRES, que tem como lema: A Cultura a Serviço do Progresso Social (progresso social entendido de modo diverso por aquêles realmente democratas).

São obras de orientação suspeita:

"Capitalismo Monopolista" - de Baran e Swezy;
"Dependência e Desenvolvimento da América Latina" - de Cardoso;
"Introdução à História das Idéias Econômicas" - de Heilbroner;
"História das Doutrinas Econômicas" - de Heimann;
"Acumulação do Capital" - de Luxemburg;
"Teorias Econômicas, de Marx a Keynes" - de Schumpeter.

Ainda no [...]
"Escritos Ec[...]
"História da[...]
da URSS;
"O Capital" [...]

Em sua Biblioteca de Cultura Científica, a ZAHAR EDITÔRES incluiu a obra de Fataliev - "O Materialismo Dialético e as Ciências da Natureza".

De vez em quando, porém, a ZAHAR edita livros isentos de propaganda filo-comunista (talvez forçada pelas circunstâncias políticas do Brasil atual), caso em que está a excelente obra de dois professôres e pesquisadores - "A Opinião Pública" - de Robert Lane e David O.Sears, cuja leitura recomendamos não só em geral, como, principalmente, aos que militam no campo das comunicações de massa, sejam profissionais, estudantes ou professôres, e ainda, aos que trabalham em órgãos de Informações.

Examinamos mais detalhadamente as edições da ZAHAR porque são as mais procuradas pelos estudantes (de modo especial,universitários), pois as mesmas procuram se enquadrar em matérias como Sociologia, Ciências Sociais, História, Economia, Administração, Psicologia, etc..

172 A MARCA DO Z

do título original em francês, pois assim se consagrara aqui. Marcuse, pensador alemão que caíra nas graças dos movimentos contestatórios então alastrados pelo mundo, chegou ao Brasil em dose dupla e justamente no crucial 1968 das revoltas. Só naquele ano, a Zahar tirou quatro edições de *Eros e civilização* e três de *Ideologia da sociedade industrial*.

Um dos mais curiosos críticos do papel da Zahar na formação de um público universitário é um anônimo funcionário da ditadura. Em "Considerações sobre editoras brasileiras", relatório elaborado em 1971 pela Divisão de Segurança e Informações do Ministério da Educação, um breve comentário sobre a Vozes, a Herder e a Civilização Brasileira precede o detalhado panorama da Zahar. O pressuposto é de que todas elas, por difundir temáticas e autores identificados com a esquerda, pautam-se por uma "ação ideológica antidemocrática". É uma lógica irretocável, com os sinais trocados: os que afrontam uma ditadura militar pacificamente, no campo das ideias, são inimigos da democracia, estando a esquerda demonizada como sinônimo do socialismo de matriz soviética. A Zahar em especial, afiança o documento, diz a que veio ao imprimir o moto "A cultura a serviço do progresso social" em tudo o que publica: "Progresso social entendido de modo diverso por aqueles realmente democratas."

O diligente parecerista comenta o catálogo tão pontualmente quanto acha necessário para provar a seus pares que cada página impressa pela editora é calculada para conduzir o país ao socialismo. Em sua avaliação, *Capitalismo monopolista* de Baran e Sweezy e *O capital* de Marx são, no campo da economia, "obras de orientação suspeita". Sob a rubrica "sociologia", afirma o documento, a editora "oferece aos mestres e alunos livros que divulgam e justificam o marxismo", sendo exemplo dessa suposta estratégia a antologia *Textos dialéticos*, reunião de ensaios de Hegel traduzidos e prefaciados por Djacir Menezes. *Breve história do socialismo*, de Norman Mackenzie, seria, por sua vez, uma prova de como "em ciência política a Zahar também se preocupou em difundir o socialismo". A coletânea *Problemas e perspectivas do socialismo* merece atenção especial pela presença, entre seus autores, de Isaac Deutscher, o biógrafo de Trótski, inimigo inequívoco que, em outro livro da editora, *Revolução e repressão*, afirmava: "Ainda acredito que a luta de classes é a força motora da história." A Zahar, lembra o relatório, é a responsável por trazer ao Brasil os livros de Marcuse, "que tanta agitação provocaram em países do mundo inteiro". Para o severo analista, *A revolução sexual* – publicado em 1969, diga-se, 33 anos depois de lançado por Wilhelm Reich – seria parte da "linha revolucionária que pretende atingir os seus objetivos de conquista através da dissolução de costumes".

"De vez em quando, porém, a Zahar edita livros isentos de propaganda filocomunista (talvez forçada pelas circunstâncias políticas do Brasil atual)", concede o leitor a serviço do regime. *A opinião pública*, de Robert Lane e David O. Sears, é recomendado "não só em geral, como, principalmente, aos que militam no campo das comunicações de massa, sejam profissionais, estudantes ou professores, e ainda aos que trabalham em órgãos de informações". A conclusão é perversamente elogiosa: "Examinamos mais detalhadamente as edições da Zahar porque são as mais procuradas pelos estudantes (de modo especial, universitários), pois as mesmas procuram se enquadrar em matérias como sociologia, ciências sociais, história, economia, administração, psicologia etc." Até a repressão entendia, ainda que de forma arrevesada, aquele projeto editorial.

OTÁVIO GUILHERME, Moacir e Antonio Roberto tinham vinte e poucos anos e estavam terminando a universidade quando, no final de 1964, chegaram à rua México para uma reunião editorial com Jorge Zahar. Otávio marcara o encontro. Dos três, era o único que, apesar de jovem, já conhecia o editor de longa data: seu pai, Octavio Alves Velho, além de fiel tradutor da casa, tinha em Jorge um amigo próximo, que frequentava sua família. Como a esmagadora maioria dos alunos de ciências sociais, todos eram leitores assíduos dos livros com a marca do Z. E, por isso mesmo, achavam que poderiam aproveitar o acesso direto ao editor para colaborar com o catálogo. Sempre atento a potenciais interlocutores, Jorge identificou no trio uma possibilidade concreta de, pouco mais de cinco anos depois de lançar a editora, aproximá-la da universidade de forma mais efetiva: não apenas editando importantes títulos de referência, mas alimentando-se também da produção de seus professores e pesquisadores. Nascia assim a coleção Textos Básicos de Ciências Sociais.

Moacir Palmeira e Otávio Guilherme Velho se conheceram em 1961 na Escola de Sociologia e Política da PUC carioca. Aluno da Universidade Federal de Minas Gerais, Antonio Roberto Bertelli era militante do Partido Comunista e, logo após o golpe, foi preso em Belo Horizonte. Conheceu os dois ao chegar ao Rio, solto depois dos apelos públicos de seu pai, e foi ficando na cidade, a princípio numa espécie de semiclandestinidade. Viviam os três o que Moacir definiria, ao escrever sobre a época, como "aqueles anos de semimarginalidade profissional que costumavam se seguir à graduação em sociologia".

A despeito das sucessivas edições do *Manual de sociologia* ou de títulos importantes cada vez mais publicados pela Zahar e outras editoras, os professores e estudantes passavam a ter novas demandas, oriundas de seus estudos e pesquisas, e buscavam leituras cada vez mais atualizadas. Ensaios tidos como fundamentais para diversas disciplinas muitas vezes só circulavam em outras línguas que não o português, ou eram simplesmente inacessíveis. Do curso de ciências sociais da UFMG, por exemplo, vinham coletâneas mimeografadas disputadas por alunos de todo o Brasil que foram uma das principais inspirações do trio para a coleção.

Minucioso, o trabalho dos jovens diretores de coleção envolvia muitas frentes. Começava pela eleição de temas e dos organizadores – também prefaciadores – dos volumes. Os textos, em sua grande maioria estrangeiros, eram discutidos com eles e, uma vez aprovados em reuniões com Jorge, entravam em processo de produção – ou seja, providenciavam-se os direitos de publicação e as traduções. Pelo menos na área estritamente acadêmica a tradução ainda era um problema a ser depurado pela Zahar: detectavam-se versões inadequadas de conceitos ou termos técnicos e, muitas vezes, até "saltos" – omissões de palavras, parágrafos ou frases. Estabeleceu-se a partir de então uma rede de jovens pesquisadores que, indicados por colegas e professores, atuavam como revisores técnicos de livros da coleção – e fora dela.

Em setembro de 1966, uma página inteira do Suplemento do Livro, publicação mensal do *Jornal do Brasil*, trazia um anúncio: a Zahar lançava os quatro primeiros títulos da coleção Textos Básicos de Ciências Sociais, buscando, como sempre, atrair também leitores não especializados ao publicar livros graficamente simples e diretos, a capa elaborada por Érico a partir de uma figura geométrica, com destaque para os autores ali reunidos. "'Um dos fatos mais importantes ocorridos no Brasil nos últimos anos foi a tomada de consciência de nosso estado de subdesenvolvimento e da necessidade e possibilidade de superá-lo'", diz o texto que, iniciado por uma citação, era em tudo e por tudo pouco usual para uma peça de propaganda. "Partindo dessa premissa básica, os organizadores destes Textos Básicos – Antonio Roberto Bertelli, Moacir Palmeira e Otávio Guilherme Velho – se propõem a: primeiro, permitir aos que estudam as várias disciplinas das ciências sociais o acesso fácil a textos fundamentais nos respectivos campos; e, segundo, selecionar esses textos exclusivamente com base em sua importância e representatividade, independentemente da corrente científica, filosófica ou política a que se filiem seus autores. Por seu caráter didático", prossegue o longo arrazoado, "os Textos Básicos de Ciências Sociais são leitura obrigatória para todo interessado em melhor conhecer e analisar a realidade brasileira."

Na primeira leva, os três assinam a organização de *Estrutura de classes e estratificação social*, que se tornaria um dos volumes mais vendidos da coleção. *Sociologia e política* foi organizado por Amaury de Souza, e Edmundo Campos Coelho assinou *Sociologia da burocracia*. Completando os lançamentos de 1966, o primeiro tomo de *Sociologia da arte* (ainda se seguiriam outros três) marca o início da longa colaboração que se estabeleceu entre a Zahar e Gilberto Velho, irmão mais jovem de Otávio, numa parceria que só terminou com a morte de Gilberto em 2012. "Para os que não têm acesso às edições estrangeiras, esta nova coleção da Zahar é um trailer que deixa o leitor excitado pelo conhecimento mais íntimo dos autores focalizados e/ou citados", escreve Sérgio Augusto no *Jornal*

Um anúncio de página inteira no *Jornal do Brasil* marca o lançamento da coleção Textos Básicos de Ciências Sociais em 1966.

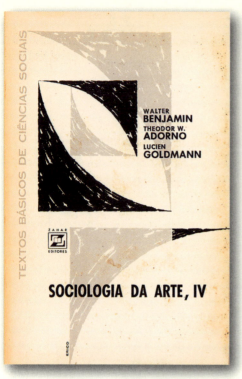

O último dos quatro volumes de *Sociologia da arte*, organizado por Gilberto Velho, o mais jovem dos colaboradores da coleção TBCS.

do Brasil, um mês depois do lançamento. Comentando alguns dos autores ali reunidos, como Ernst Fischer, Lucien Goldmann e Alain Robbe-Grillet, o crítico de cinema dá ainda um diagnóstico do ambiente editorial da época, destacando que a coleção "poderá ser uma plataforma de lançamento de autores fundamentais para uma melhor compreensão da arte, como Roland Barthes, Umberto Eco, Walter Benjamin, Merleau-Ponty, Hans Magnus Enzensberger, todos inéditos no Brasil".

Se não alavancou imediatamente os autores sonhados por Sérgio Augusto, a Zahar, para usar uma expressão tão cara ao período, preencheu pelo menos uma importante lacuna a partir das relações que se estabeleceram com a coleção. Numa das muitas visitas à editora, em que o trabalho misturava-se a uma concorrida roda de conversa nos fins de tarde, devidamente movida por uísque, Moacir Palmeira levou para Jorge seu volume de *From Max Weber*, a canônica antologia do sociólogo alemão traduzida para o inglês e organizada por H.H. Gerth e C. Wright Mills em 1946. Ele tinha um forte argumento para a publicação: no Brasil, Weber só estava disponível em livros importados, traduzidos para o espanhol. Decidiram também convidar um acadêmico de peso para revisar o livro e, assim, facilitar sua difusão aqui. Confiada a Waltensir Dutra, constante colaborador da casa, assim como Álvaro Cabral, a tradução de *Ensaios de sociologia*, como o livro foi batizado, teve revisão técnica de um jovem professor de 36 anos, Fernando Henrique

Cardoso, que em 1970 escolheria a Zahar para lançar seu primeiro livro de grande repercussão, *Dependência e desenvolvimento na América Latina*. Escrito em Santiago, em parceria com o chileno Enzo Faletto, o livro fora publicado no México no ano anterior e se tornaria obrigatório nos estudos da chamada "teoria da dependência".

Abria-se então, na editora, o caminho para trabalhos originais de professores brasileiros, jovens ou consagrados. Em 1968, Florestan Fernandes levou para a Zahar *Sociedade de classes e subdesenvolvimento*, e na década seguinte ainda publicaria na casa *Capitalismo dependente e classes sociais na América Latina* (1973) e *A revolução burguesa no Brasil* (1975). A economista Maria da Conceição Tavares também estreou em livro na editora: *Da substituição de importações ao capitalismo financeiro* foi lançado em 1972 e teve sucessivas edições. Os primeiros trabalhos autorais de fôlego dos irmãos Velho, suas respectivas dissertações de mestrado, também seriam publicados ali: *Frentes de expansão e estrutura agrária*, de Otávio Guilherme, saiu em 1972; *A utopia urbana*, de Gilberto, no ano seguinte.

Aluno da PUC em meados da década de 1960, o sociólogo Sergio Miceli lembraria como as antologias da Zahar "aferventaram" sua cabeça e as de seus colegas. Para ele, ao confiar o trabalho de edição a recém-formados, Jorge permitiu que eles realizassem "uma leitura pessoal de tradições estrangeiras, mesclando correntes doutrinárias e modelos explicativos, confrontando tradições intelectuais contrastantes, abrindo horizontes de provação intelectual até então inexplorados, enfim, despertando em seus jovens leitores as disposições suscitadas por tais apetites". Miceli destaca ainda a sintonia da editora com um "momento particularmente estratégico de expansão das agências federais e estaduais de fomento, das instituições de pesquisa e dos programas de pós-graduação das principais universidades do país, impulsionando um desenvolvimento institucional sem paralelo da comunidade de cientistas sociais. Jorge Zahar foi um dos protagonistas estratégicos dessa trama".

Entre 1966 e 1975, a coleção TBCS publicou 28 inéditos, muitos deles reimpressos ao longo dos anos, graças à constante adoção em cursos universitários. Otávio G. Velho defendeu sua dissertação em

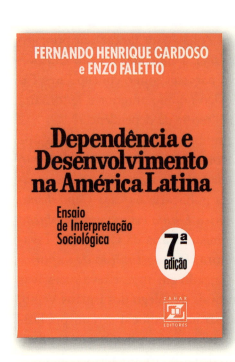
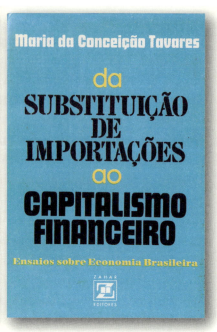
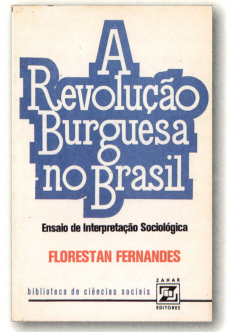

Destaque para autores brasileiros no início dos anos 1970: Fernando Henrique Cardoso com seu mais influente estudo, *Dependência e desenvolvimento na América Latina*; a economista Maria da Conceição Tavares com seu livro de estreia *Da substituição de importações ao capitalismo financeiro*; e do mestre Florestan Fernandes, *A revolução burguesa no Brasil*.

Com Otávio Guilherme e Gilberto Velho, filhos do general Octavio Alves Velho, tradutor do primeiro livro da editora: colaboração em duas gerações da família.

1970 e partiu para a Inglaterra num doutorado que se mostrou providencial: militante do PCB, seu nome começara a aparecer em interrogatórios de companheiros. Também em 1970 Gilberto Velho deixou o Rio para uma temporada de dois anos na Universidade do Texas em Austin. Tão lentamente quanto foi se difundindo e alastrando, a coleção ficou mais nítida no radar da repressão. Naquele mesmo relatório de 1971 em que as publicações da Zahar são analisadas em detalhe, os quatro volumes de *Sociologia da juventude*, organizados por Sulamita de Britto e Pierre Furter, ganharam destaque. Os livros seriam uma forma estratégica de dirigir-se "diretamente à juventude, para conquistá-la ao socialismo". Num momento de humor involuntário, o parecerista confunde o sociólogo Albert K. Cohen – criminologista que trabalhou com Talcott Parsons e tem ensaio no volume 3 – com Daniel Cohn-Bendit: "O anarquista Cohen [sic], participante dos movimentos rebeldes da juventude francesa."

Numa nota sinistra à efervescência intelectual e editorial que refletia e também alimentava, Jorge Zahar encontra em sua mesa de trabalho, em agosto de 1972, o bilhete datilografado de um funcionário:

EDIÇÕES PERIGOSAS   *181*

> Sr. Jorge
> OTAVIO GUILHERME e GILBERTO VELHO
> A Polícia do Exército (a paisana) esteve aqui para colher informações dos irmãos.
> Mostrei um dos livros da col. Textos Básicos, aonde consta o Otavio como "organizador". Na orelha trazeira aparece o nome do Gilberto como "organizador" de "Sociologia da Arte".
> Perguntaram se sabia o local de trabalho do Gilberto, o que ignoro.
> 22/8/72-m/b

No bilhete do funcionário da livraria, a lembrança de que, em 1972, a Zahar e seus colaboradores estavam sob estrita vigilância das forças da repressão.

Sr. Jorge
Otávio Guilherme e Gilberto Velho
A Polícia do Exército (à paisana) esteve aqui para colher informações dos irmãos.
Mostrei um dos livros da col. Textos Básicos, onde consta o Otávio como "organizador". Na orelha traseira aparece o nome do Gilberto como "organizador" de *Sociologia da arte*.
Perguntaram se sabia o local de trabalho do Gilberto, o que ignoro.

No início da década de 1970, Jorge começou a jogar sozinho longas partidas de sinuca. A mesa oficial era, pelo menos para ele, uma das principais atrações de Secretário. No lugarejo da região serrana, a cerca de cem quilômetros do Rio, ele e Ani começaram a construir aos poucos, em meados dos anos 1950, um refúgio fora da cidade. No terreno amplo, a ocupação começou com uma casa pequena, depois aumentada, e muitas árvores frutíferas plantadas por ele. Mais tarde veio a piscina em que jamais entrava, preferindo frequentar seu entorno para conversar e beber. No sítio, onde passava todos os finais de semana, o casal era o anfitrião de sempre para os amigos e vizinhos.

Na "terapia da sinuca" com Ernesto Erlanger, no sítio em Secretário, anos 1970.

Na verdade estes eram bem mais do que vizinhos, formavam uma verdadeira família eletiva com a qual dividiam os momentos mais íntimos e importantes. Jorge também aproveitava a tranquilidade para tentar diminuir o perpétuo atraso dos editores em suas leituras – além de se submeter à terapia de "limpar a cuca na sinuca e com um pilequinho". O peculiar tratamento seria intensificado naquele 1971: as partidas imaginárias com Paulo Francis eram uma das formas de mitigar a sofrida distância do amigo, que decidira se mudar para Nova York, onde viveria até 1997, quando morreu vítima de um ataque cardíaco. Desde o ano anterior Jorge vinha sendo duramente golpeado pela ditadura: em março de 1970, Aninha, a filha mais velha, fora presa sob suspeita de envolvimento com "grupos subversivos"; meses depois, era Ana Cristina quem partia para um autoexílio que duraria sete anos.

"Me prendiam uma vez por semestre entre 1968 e 1970", lembrava Francis, que chegou a ser ameaçado de tortura por suposto e infundado envolvimento com o sequestro, em 1969, do embaixador americano Charles Burke Elbrick. Até chegar ao constrangimento fí-

No sítio, a vida com a família eletiva: na piscina, sempre fora d'água, conversando com Erlanger; brinde com Ani em 1974; jogando sinuca com Ivo Barroso em 1985.

184 A MARCA DO Z

sico, a perseguição deu-se em níveis variados de truculência, como consequência insidiosa da autocensura de parte da imprensa – "Em 1964, nenhum jornal me queria" – e no sumário veto para a publicação de seus textos. Graças a Ênio Silveira, Francis lançou em 1966 seu primeiro livro, *Opinião pessoal*, e garantiu um ganha-pão como editor da Civilização Brasileira, onde ficou responsável pela Biblioteca Universal Popular, coleção de livros de bolso que publicava de tudo, e pela preparação de títulos que lhe falavam de perto, como a biografia de Trótski em três volumes – *O profeta armado*, *O profeta desarmado* e *O profeta banido* – escrita por Isaac Deutscher. Colaborações para a *Visão*, revista que vivia um de seus melhores períodos, o reaproximariam do jornalismo, e em 1967 foi contratado pelo *Correio da Manhã*. No jornal que definiria como "economicamente decadente, mas indômito no seu liberalismo e contrário ao regime militar que ajudara a criar", editou o Quarto Caderno, combativo suplemento dominical, e manteve a verve de sempre, como se vê por essa coluna de 1968: "Desde 1º de abril de 1964 os golpistas nos golpeiam e se golpeiam, e, entretanto, historicamente continuamos retrógrados, uma sub-república latino-americana, primando pelo tamanho e o sassarico, um dos países menos levados a sério na face da terra."

A criação do *Pasquim* foi, para Francis, remédio e veneno. O jornal abria em pleno 1969 um clarão de inteligência e inovação na imprensa, mas também faria de seus colaboradores alvos mais destacados para a repressão. Oito deles, suas maiores estrelas, foram presos em finais de 1970, depois que o jornal publicou uma montagem do quadro *O grito do Ipiranga*, de Pedro Américo, em que da boca de dom Pedro I saía o brado retumbante: "Eu quero mocotó!" Dos dois meses que passaram juntos na Vila Militar, Ziraldo, Jaguar, o fotógrafo Paulo Garcez, Sérgio Cabral, Luiz Carlos Maciel, Flávio Rangel e Fortuna trouxeram um vasto anedotário que inclui o diálogo impagável entre Francis e um de seus interrogadores. "O senhor assinou uma *monção* em favor do editor Ênio Silveira?", perguntou o militar. Francis negava, o militar insistia com a *monção*, mostrava provas. Até que Francis perdeu a paciência: "Coronel, eu nunca assinei uma *monção* porque *monção* é um fenômeno pluviométrico, e por isso não posso assinar."

Apesar de relativamente amena, a última de suas quatro prisões foi, segundo ele, a gota d'água para que decidisse deixar o Brasil. Uma bolsa da Fundação Ford e colaborações para o próprio *Pasquim* e para a *Visão* mal garantiram o sustento nos primeiros tempos, quando teve de contar ainda com a ajuda financeira de amigos, Jorge entre eles. "Saí. Aos 40 anos, a alternativa era viver cozinhando a frustração dolorosa de quem não pode reagir. ... Precisava ampliar perspectivas, sair do passional imediato ao histórico", escreveria ele, que dizia ter passado alcoolizado todo o primeiro ano de Nova York.

Desde 1969 Jorge Zahar não conseguia mais ver a diferença entre o tal "passional imediato" e o "histórico". Por uma questão de princípios, sempre tinha estimulado a autonomia intelectual dos filhos. Na casa dos Zahar, os choques geracionais, comuns a qualquer época e especialmente naqueles anos, tendiam por isso a ser mais intensos. Até porque todos pareciam seguir a regra de ouro de que a mentira era a única interdição familiar. Foi de forma direta, sem rodeios, que Jorge se deu conta de que a ativa militância de Cristina no grêmio do Colégio de Aplicação, a escola altamente intelectualizada e politizada ligada à FNFi, tornava-se mais robusta como reação aos golpes desferidos pelo governo nos movimentos estudantis. "A única coisa inteligente a fazer, no momento, é recuar, depois de haver tentado usar um direito que normalmente deveria ser estimulado, e não combatido", escreve ele ao comentar com Cristina a determinação legal de punir professores que incentivassem concorridas atividades extracurriculares incluindo música e, claro, debates políticos. "Tal recuo não deve envergonhar a você e seus companheiros, mas sim aos que converteram num crime o uso desse direito."

No movimento secundarista, os tais grupos de estudo, que invariavelmente começavam pela leitura da *História da riqueza do homem*, transformaram-se num sensível polo de radicalização política para além dos muros da escola. Recém-integrante de um grupo de bandeirantes quando entrou no CAp, aos doze anos, Cristina aban-

Jorge e Cristina no dia do casamento dela, aos 17 anos, numa cerimônia civil realizada em casa para a família e amigos mais íntimos, em janeiro de 1970.

donaria a versão feminina do escotismo à medida que amadurecia intelectualmente. Jorge, que nunca tinha visto com bons olhos o grupo de meninas uniformizadas, tampouco achou graça na notícia de que, aos dezesseis anos, sua filha cogitava parar de estudar para dedicar-se integralmente à militância. "Quero afirmar antes de [mais] nada achar melhor que você se sinta inserida no mundo em que vive, embora sofrendo as dores dessa participação, do que ficar à margem dele", escreve Jorge numa troca de cartas que logo revela os rumos do engajamento da filha. "No momento em que vivemos hoje, as pessoas que se resolvem a cumprir um ideal político comunista da forma como eu o concebo (sem uma 'redemocratização' ou pelos 'meios pacíficos') são obrigadas a ter uma disposição total (de tempo e de alma) para o cumprimento de seu trabalho", argumenta ela. "Tanto eu como Aninha sempre achamos que esse tipo de educação nos deu todas as condições para enfrentarmos a vida sem necessitar de 'muletas', pois trazia bastante carinho e incentivava também uma inde-

Aninha, Sérgio (marido de Cristina), Jorginho, Cristiano (namorado de Aninha) e Cristina na festa do casamento. Em pouco tempo o retrato de família seria alterado pela ditadura.

pendência. Grande parte do que sou hoje é fruto dessa educação... e eu gosto do que sou hoje." O conflito é de tal intensidade que Jorge propõe emancipá-la para que tocasse a vida como melhor entendesse. O casamento com o namorado no civil, aos dezessete anos, evitou o recurso jurídico, mas terminou acelerando outro processo.

Em março de 1970, Aninha, ano e meio mais velha, preparava-se para ir estudar com a irmã e uma amiga quando foi levada de casa pela polícia. Ani teve o sangue-frio de entregar aos policiais radiografias comprovando que a filha estava na fase mais aguda de uma grave tuberculose – o que era em parte verdade, porque ela estava em final de tratamento. Sua prisão sucedia-se à de seu namorado e futuro marido, Cristiano Penido. Na casa em que ele vivia com os irmãos foram encontrados livros e folhetos considerados "subversivos", um uniforme do Exército e um revólver. Ele, assim como Sérgio Pinho, recém-casado com Cristina, era acusado de integrar a Vanguarda Armada Revolucionária Palmares, a VAR-Palmares, grupo que preconizava a luta armada e vinha ganhando cada vez mais adeptos egressos do movimento estudantil. Em poucos dias, e depois de interrogatórios violentos e kafkianos – confundiram-na com uma jovem, também loura, que estaria assaltando bancos com seu parceiro, ligada a grupos terroristas –, Aninha voltaria para a casa dos pais, mas lá seria mantida por uns bons dois meses em prisão domiciliar. Logo as irmãs foram chamadas a depor sobre as atividades dos respectivos companheiros, que em julho de 1970 eram enquadrados na Lei de Segurança Nacional por atividade subversiva e tiveram prisão decretada pela Segunda Auditoria da Marinha. Tudo era oficial, ilegal e mentiroso: quando a notícia da condenação é publicada nos jornais, Cristiano já estava preso havia quatro meses e Sérgio, até então clandestino, encontrava-se a caminho de Paris, onde encontraria Cristina.

Com as filhas Cristina e Aninha na Torre de Londres, no início de 1971: a família vivia então em dois continentes.

Os ares parisienses eram bem pouco românticos para os exilados, e a adaptação seria difícil. Já em meados de 1971, os dois partem para o Chile, que desde o ano anterior, com a posse do governo socialista de Salvador Allende, virara um polo de atração para outros latino-americanos exilados. No caminho, fazem uma escala em Nova York para encontrar Ani e Jorge, que passava um mês nos Estados Unidos, em viagem oficial, visitando editoras universitárias. Mesmo contrariado pelo fato de os dois perderem a oportunidade de cursar uma faculdade em Paris ou em outra capital europeia, Jorge os faz portadores de uma carta a Darcy Ribeiro, então assessor especial da Presidência chilena, pedindo ajuda para que o casal conseguisse es-

Com Cristina e Vicente na Inglaterra, em outubro de 1973.

tudar ou trabalhar. Três meses depois, descrente de qualquer militância e com o casamento terminado, Cristina volta ao Brasil. O clima, no entanto, era irrespirável – e, para ela, representava um risco real. Com vários ex-companheiros presos, seu nome já começa a aparecer como importante articuladora do movimento em depoimentos conseguidos sabe-se lá a que custo nos quartéis. Antes do final do ano decide partir. Vai encontrar na Inglaterra um amigo querido, Vicente Ribeiro, que estudava economia na Universidade de Reading, cidade a sessenta quilômetros de Londres. Lá os dois casam e seguem a vida universitária, ela matriculada no Departamento de Tipografia e Comunicação Gráfica. O roteiro anual de viagens de Jorge, centrado em Frankfurt (para a famosa feira do livro) e em Paris, ganhava assim uma nova escala. As idas à Inglaterra se intensificariam depois de janeiro de 1973, quando nasce Mariana, a primeira das duas netas – Clarice, filha de Jorginho, nasceria em 1975. A vida do casal, concentrado nos estudos e na criança, parecia assumir uma normalidade longe das refregas políticas. Mas novas turbulências viriam quando, nas férias escolares daquele ano, eles decidem visitar o Brasil.

As netas Clarice (em primeiro plano) e Mariana ainda pequenas, desde sempre vivendo entre os livros.

Ao chegarem ao Rio, em julho de 1973, Cristina e Vicente estão despreocupados. Por ainda assinar Ana Cristina Pinho, nome de casada que constava no passaporte, era improvável, quase impossível, que ela figurasse numa lista de procurados, apesar das muitas menções a "Ana Cristina Zahar" em depoimentos e processos. Vicente, por sua vez, nem sequer fazia ideia de que o haviam citado marginalmente em pelo menos um processo, como participante eventual de um dos tais grupos de estudo organizados por grêmios estudantis. A temporada corre sem sobressaltos, até que ele tem negado o visto de saída do Brasil. Cristina e a filha embarcam imediatamente, logo seguidas por Ani, que passaria uma temporada em Reading para ajudá-la. Obedecendo a exigências oficiais, Vicente comparece ao Dops acompanhado, por via das dúvidas, pelo pai e um irmão. Dali é recolhido ao temido quartel do Exército na rua Barão de Mesquita, sede do DOI-Codi e conhecido centro de tortura, onde é interrogado por dois dias

EDIÇÕES PERIGOSAS *191*

e liberado. Nesse meio-tempo, amigos de sua família intercedem em seu favor no Exército, onde garantem que tudo não passa de um procedimento de rotina. Tendo finalmente o visto na mão, Vicente faz o check-in no aeroporto do Galeão, se encaminha ao portão indicado, mas não embarca: é sequestrado por dois homens entre o controle de documentos e a porta do avião. Depois de mais de dez dias incomunicável, submetido a interrogatórios exaustivos, é levado para Recife, onde o embarcam num voo para Lisboa sem maiores explicações.

"Estou convencido de que Vicente esteve a um passo do desaparecimento sumário, não por sua importância pessoal, claro, pois ele não passou de um mero joguete no grande jogo do poder, ou melhor, do poder dentro do poder", escreve um Jorge preocupadíssimo e convencido de que o sequestro teria sido uma reação dos setores mais truculentos da repressão ao apelo feito pela família do genro. "Está claro que vários fatores contribuíram para que o Vicente saísse com vida da terrível situação em que se viu envolvido, e a maior parte desses fatores nunca será conhecida. No entanto, asseguro que um fato contribuiu decisivamente: o comandante do I Exército [general Edgard Bonnecaze Ribeiro], em uma reunião com os subcomandos da Guanabara, haver declarado que 'É preciso que esse rapaz apareça, aqui ou fora daqui, que não procuraremos investigar o que houve, é preciso apenas que ele apareça'. Ou seja, a capitulação do poder ostensivo ante o poder oculto, dando a este a satisfação da vitória." Apesar da determinação e do pragmatismo costumeiros, quem escrevia era um homem amargo com o que o país vinha passando: "Rapazes e moças do tipo dele e da Cristina são indesejados aqui, são pessoas infectadas de um mal que 'eles' (os das camadas inferiores do poder) têm pavor de vê-los de volta e contaminar os 'puros' que estão agora sendo formados, livres de sua influência nefasta. Enquanto depender 'deles', procurarão impedir que alimentem ilusões no que diz respeito a organizar uma vida normal aqui."

Com o término de seus cursos acadêmicos em 1976, Cristina e Vicente decidem voltar definitivamente ao Brasil, mas não conseguem revalidar seus passaportes na embaixada em Londres – embora já o tivessem feito várias vezes antes. Por intermediação de Octavio Alves Velho, Jorge inicia uma série de gestões que incluem reuniões com o general Leônidas Pires Gonçalves, então chefe do Estado-Maior do I Exército, e com Golbery do Couto e Silva, ministro da Casa Civil do governo Ernesto Geisel. Ambos garantiram estar acompanhando o caso, mas não abriam mão da "sistemática", assim relatada por Jorge na carta, de acordo com a descrição de Leônidas: "Vocês seriam conduzidos presos para o I Exército, seriam ouvidos e liberados para irem para casa. Na hipótese (bastante provável) de outros órgãos quererem ouvi-los, seriam marcados dia e hora para se apresentarem. Aí é que ele não pode assegurar se vocês permaneceriam presos ou não." Em conversas com o pai de uma militante recém-repatriada, Jorge descobre que no momento o principal interesse dos militares é naqueles que têm contato com brasileiros recentemente banidos do Chile ou da Argentina – o que era improvável de acontecer em Reading. "Segundo informação adicional do ministro Golbery, as acusações 'são de pouca monta, tanto as de sua filha como as de seu segundo marido', *quote him*", escreve Jorge. "Não creio que em qualquer momento tenha passado pela cabeça de vocês que o passado estaria 'enterrado'", lembra ele. "Se não enterraram o meu, que é muito mais passado e muito menos ativo." Questões burocráticas atrasam a liberação dos documentos de viagem e, finalmente, em 1977, a família volta ao Brasil. Para serem liberados, Cristina e Vicente são submetidos a um interrogatório, sempre intimidativo e constrangedor.

Cristina passa imediatamente a ser assistente editorial da Zahar, onde o irmão Jorginho já trabalha desde 1971. Aninha trocara o Rio por Salvador, e lá se instalou definitivamente, longe do mundo editorial. "Estou de completo acordo com o que você diz a respeito de nossos filhos: se têm nos dado preocupações – e como –, também nos dão muito prazer e, honestamente, prefiro que sejam como são", escreveu Jorge a Ani no meio do furacão. Depois de relatar o encontro que teve com uma família amiga, convencional e tida e havida como perfeita, comenta: "Tudo muito direitinho, muito quadradinho, muito mediocrezinho. Prefiro a nossa esculhambaçãozinha."

Referências

As memórias de Cristina Zahar vêm da palestra "Jorge Zahar, editor", apresentada no I Seminário sobre Livro & História Editorial realizado na Casa de Rui Barbosa (Rio de Janeiro, 8 a 11 nov 2004) e reproduzida no catálogo da exposição Homenagem a Jorge Zahar. ¶ A crônica de Paulo Mendes Campos, publicada originalmente em 1962, faz parte de O amor acaba (São Paulo, Companhia das Letras, 2013). ¶ Luiz Schwarcz conta a história do uísque em "Eu também sou filho de Jorge Zahar", blog da Companhia das Letras (29 jun 2010). ¶ A carta para Millôr Fernandes (14 jan 1993) pertence ao Acervo Jorge Zahar, e a vida profissional do escritor e desenhista à época está registrada em Millôr: obra gráfica (Rio de Janeiro, Instituto Moreira Salles, 2016). ¶ É o Jornal do Brasil quem publica a declaração de Millôr sobre Jorge (13 jun 1998). ¶ Marlene de Castro Correia relatou em entrevista as sessões etílico-psicanalíticas de Jorge e Paulo Mendes Campos, e também a noite de acalorado debate em Copacabana (set 2014); o comentário de Paulo Francis está em "Aos 46 anos, olho no espelho e pergunto: tenho a cara que mereço?", em Paulo Francis: uma coletânea de seus melhores textos já publicados (Rio de Janeiro, Editora Três, 1978). ¶ O governo Dutra é retratado no verbete dedicado ao general no Dicionário histórico-biográfico brasileiro do CPDOC/FGV (<fgv.br/cpdoc/acervo/dicionarios/verbete-biografico/dutra-eurico-gaspar>). ¶ Todas as informações de prontuários de Jorge Zahar e menções em relatórios vêm dos arquivos do Dops, disponíveis no Arquivo Público do Estado do Rio de Janeiro. ¶ O texto de fundação do Comando dos Trabalhadores Intelectuais foi publicado no Correio da Manhã (26 out 1963). ¶ O manifesto "Intelectuais e artistas pela liberdade" apareceu no Jornal do Brasil (30 mai 1965). ¶ A declaração de Álvaro Lins e a fotografia de Arraes saíram no Jornal do Brasil (29 mai 1965). ¶ Elio Gaspari cita o bilhete de Castelo Branco em A ditadura envergonhada (São Paulo, Companhia das Letras, 2002). ¶ Para um panorama da atuação de Ênio Silveira, ver Consagrados e malditos: os intelectuais e a editora Civilização Brasileira, de Luiz Renato Vieira (Brasília, Thesaurus, 1998). ¶ A "Primeira epístola ao marechal" é reproduzida em Ênio Silveira: arquiteto de liberdades. ¶ A autodefinição política de Jorge consta de carta enviada à filha Cristina e a Vicente Ribeiro (28 ago 1976), parte do Acervo Jorge Zahar. ¶ A estatística dos livros da Zahar apreendidos é produto da pesquisa de Luciana Lombardo Costa Pereira em *A lista negra dos livros vermelhos: uma análise etnográfica dos livros apreendidos pela polícia política no Rio de Janeiro*, tese de doutorado apresentada ao Programa de Pós-Graduação em Antropologia Social do Museu Nacional (UFRJ, 2010). ¶ Jorge falou sobre autocensura em entrevista a mim, publicada no *Globo* (21 mar 1998). ¶ O relatório "Considerações sobre editoras brasileiras" foi localizado pelo pesquisador Rodrigo Patto Sá Motta, que o publicou parcialmente em *As universidades e o regime militar* (Rio de Janeiro, Zahar, 2014). ¶ Moacir Palmeira escreve sobre a "semimarginalidade profissional" em memorial de 1994 para o projeto Memória das Ciências Sociais no Brasil, CPDOC/FGV (<cpdoc.fgv.br/cientistassociais/moacirpalmeira>). ¶ Toda a história sobre a coleção Textos Básicos de Ciências Sociais vem do Acervo Jorge Zahar e de entrevistas com Moacir Palmeira e Otávio Guilherme Velho (ambos fev 2017). ¶ O anúncio da coleção é publicado (17 set 1966) no Suplemento do Livro do *Jornal do Brasil*, o mesmo em que Sérgio Augusto assina a resenha de *Sociologia da arte* (16 out 1966). ¶ Sergio Miceli escreve sobre o catálogo em "Jorge Zahar, editor pioneiro", prefácio ao livro-depoimento de Jorge na série Editando o Editor. ¶ O bilhete-ameaça aos irmãos Velho é parte do Acervo Jorge Zahar. ¶ As reflexões de Francis sobre o autoexílio são compiladas de *O afeto que se encerra* e *Trinta anos esta noite*; a coluna citada foi publicada no *Correio da Manhã* (8 mar 1969). ¶ O diálogo de Francis sobre a "monção" é assim relatado por Sérgio Cabral no documentário *O Pasquim: subversão do humor*, dirigido por Roberto Stefanelli (2004). ¶ A correspondência entre Jorge e Cristina é parte do Acervo Jorge Zahar. ¶ Todas as citações de inquéritos e depoimentos policiais constam na plataforma digital do projeto Brasil Nunca Mais (<bnmdigital.mpf.mp.br/pt-br/>). ¶ A notícia da condenação de Cristiano e Sérgio foi publicada no mesmo dia no *Diário de Notícias* e na *Tribuna da Imprensa* (1º jul 1970). ¶ Os detalhes do sequestro de Vicente e as negociações para a volta ao Brasil estão documentados no Acervo Jorge Zahar, bem como a carta de Jorge a Darcy Ribeiro. ¶

Capítulo 8 | **Rumo ao terceiro tempo**

Em fins de 1984, Luiz Alfredo Garcia-Roza chegou ao escritório da rua México e deparou com Jorge sentado à sua mesa, trabalhando, cercado por estantes vazias. Aos 64 anos, ele se preparava para uma nova vida editorial. Junto com as últimas ações que lhe pertenciam na Zahar Editores, vendera para seus ex-sócios da Guanabara Koogan o estoque e os direitos de publicação de quase todos os livros que lançara desde o *Manual de sociologia*. Era a segunda ruptura de sua trajetória; na primeira, onze anos antes, desligara-se dos irmãos. Começava ali um terceiro tempo raro de se ver em histórias de editoras. Seguiam com ele os filhos Cristina e Jorginho, agora formalmente sócios. E dois autores que se tornaram amigos, Gilberto Velho e o próprio Garcia-Roza – além dos valiosos contratos da obra de Jacques Lacan, que continuaria a ser editada por ele. Com mais empenho e experiência do que dinheiro nascia a Jorge Zahar Editor.

A CONFLAGRAÇÃO POLÍTICA e social do Brasil dos anos 1970 nada teve a ver com o fim dos 33 anos de associação entre os irmãos Zahar. Por uma infeliz coincidência, sobrepôs-se às tormentas empresariais e, por extensão, familiares. Jorge e Lucien nunca se pronunciaram publicamente sobre o rompimento. Ernesto, numa re-

Em 1980, com Cristina e Jorginho, parceiros de trabalho na segunda vida da Zahar Editores.

portagem de 1989, já sobre o êxito da Jorge Zahar Editor, deu uma explicação um tanto enigmática e não exatamente esclarecedora: "Ficamos ricos, e isso nos fez perder a perspectiva de uma vida entre irmãos." Bem mesmo fez Paulo Francis, que escreveu de Nova York manifestando inequívoco apoio ao amigo, sem no entanto deixar de lado a prudência: "Não arrisco palpites sobre os irmãos. Você sabe, no fundo, relações pessoais são idênticas à política externa. Nada se resolve *mesmo*, a não ser temporariamente, como nos primeiros tempos da Revolução Soviética. O resto se arrasta, isso é uma constante da nossa natureza. Freud é um pensador mais profundo do que Marx, em última análise."

Ernesto e Lucien não tinham mesmo qualquer participação no departamento editorial, mas Jorge inevitavelmente envolvia-se em questões de distribuição e vendas, pelo menos no que dizia respeito aos livros que publicava – além de ser, por natureza, o contemporizador nas eternas desavenças entre os irmãos. A situação se torna insustentável, e a separação da sociedade se formaliza em 1973. Dali em diante, Ernesto ficaria com a marca Ler, mantendo a livraria de São Paulo e a sobreloja da rua México no Rio; a Lucien caberia a loja no térreo da rua México, rebatizada como livraria Galáxia; ambos dividiriam o estoque que havia. Jorge passa então a ser o único proprietário da editora que fundou e de seus livros. Não lhe cabendo nenhum imóvel na partilha, continua alugando as duas salas onde funcionava a Zahar Editores. Todos continuariam trabalhando no mesmo endereço, em lojas e salas vizinhas.

Com Pedro Lorch, da editora Guanabara, empresa a que Jorge se associou apesar de diferenças na concepção do catálogo, que se mostrariam inconciliáveis.

No mesmo ano, Jorge foi homenageado pelo governo do então estado da Guanabara com o Prêmio Paula Brito, concedido a personalidades do mundo editorial. Ele acreditava que a Zahar Editores deveria prosseguir com um sócio. Um investidor puro e simples certamente resolveria problemas de capital, mas um outro editor, dono de bom catálogo, fortaleceria ainda mais a empresa, inclusive do ponto de vista logístico. Por isso, a primeira ideia foi oferecer sociedade a Octalles Marcondes Ferreira, dono da Companhia Editora Nacional e sogro de Ênio Silveira. A negociação estava em curso quando foi frustrada pela morte de Octalles, no início de 1973. Jorge buscou então outras possibilidades de associação, e Abraão Koogan, fundador da Guanabara Koogan, fez a ponte com Pedro Lorch, seu genro e agora responsável pela editora. Pelo acordo firmado, cada um ficaria com 50% da Zahar Editores.

Do ponto de vista estritamente editorial, a Guanabara tinha pouco ou quase nada a ver com a Zahar. A mais antiga editora especiali-

Jorginho e o pai em dois momentos: ao lado, em 1971, quando ele chega à empresa da família, começando a trabalhar com os tios na distribuidora; e, acima, no início da década de 1990.

zada em livros de medicina no Brasil começou a ganhar importância cultural nos anos 1930, quando comprada por Koogan, que chegara da Rússia, e pelo romeno Nathan Waissman. Juntos, os editores ampliaram o alcance do catálogo, tornando-se os primeiros a traduzir sistematicamente Sigmund Freud – entre 1933 e 1935 lançaram nove volumes, incluindo *Psicopatologia da vida cotidiana*, *Totem e tabu* e *Interpretação dos sonhos*. Também publicaram, em 1937, uma coleção do prolífico Stefan Zweig, que teria em Koogan um amigo próximo até suicidar-se em Petrópolis, em 1942. Na década de 1950, os sócios criaram a editora Delta e passaram a investir em títulos de referência, como a enciclopédia Delta-Larousse e a reedição do dicionário Caldas Aulete. Nos anos 1970, consolidariam o conceito de grupo editorial, congregando selos diferentes em diversas áreas de atuação, no que é hoje o Grupo Editorial Nacional (GEN).

Dois anos antes do fim da sociedade entre os irmãos Jorginho havia chegado à empresa da família. De seus dezessete anos, tinha passado cinco em regime de internato no Werneck, tradicional colégio de Petrópolis, na região serrana. Viver longe da família era opção dele, que sempre preferiu o campo à cidade e, nos dias de folga, costumava ir direto da escola para o sítio em Secretário, a pouco mais de trinta quilômetros. Quando decidiu interromper os estudos, começou a trabalhar na distribuidora, reportando-se a Lucien e fazendo de tudo um pouco, da emissão de notas fiscais a empacotamento de livros. O trabalho com o tio acabou se mostrando uma espécie de treinamento para o que viria, já que depois da separação ele assumiria as áreas comercial e administrativa, pelas quais responderia até 2005, ano em que decidiu retirar-se voluntariamente do negócio e realizar o sonho de viver em tempo integral no sítio.

Em 1977, Cristina voltaria ao Brasil e não deixaria mais a Zahar, onde tinha trabalhado por um semestre em 1970. Pela primeira vez Jorge dividiria integralmente com alguém as decisões editoriais. Até meados daquela década, quando passou a ter Carlos Alberto Medeiros como assistente de produção, tocava sozinho o pesado expediente do departamento editorial: era ele quem escolhia os títulos

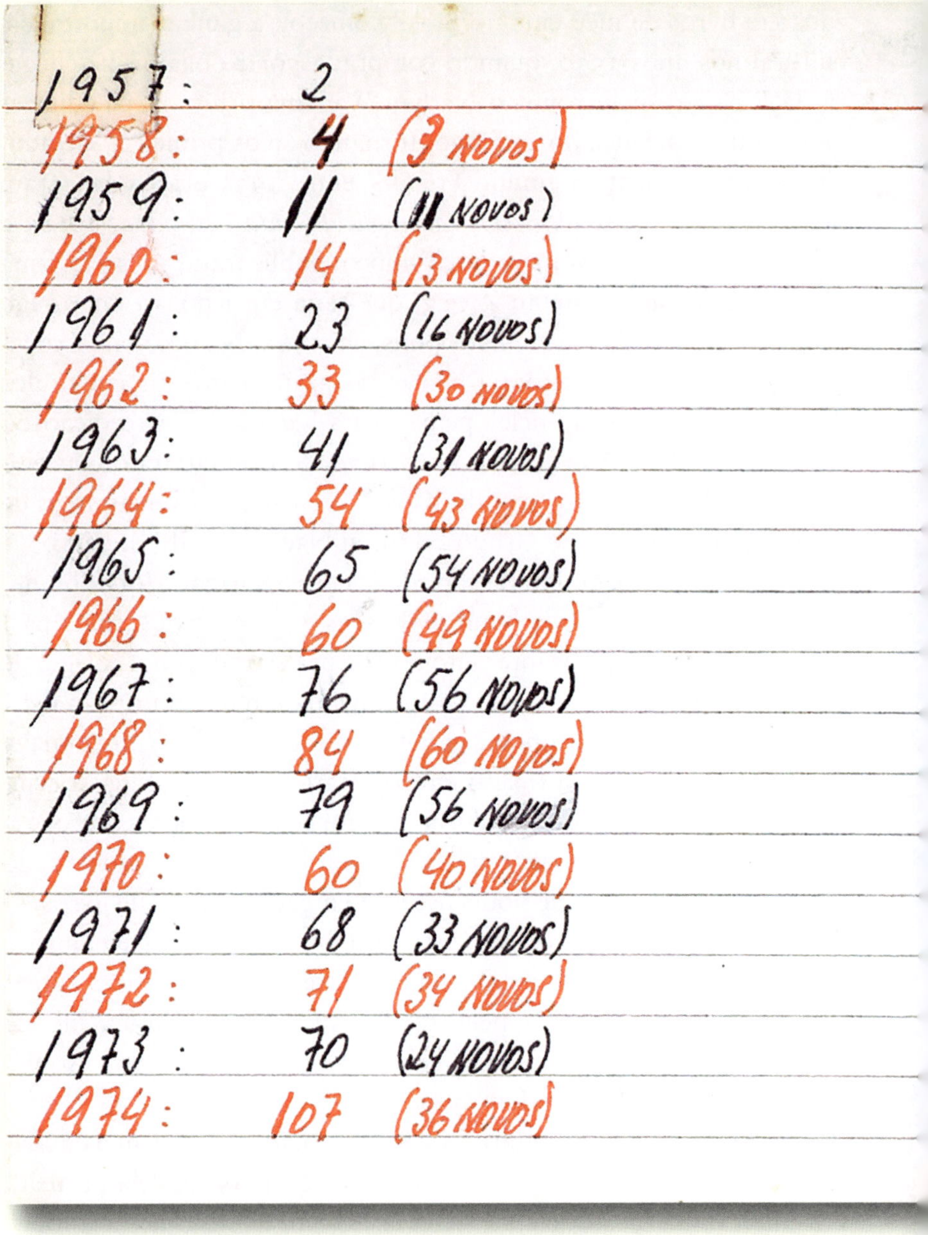

1957:   2
1958:   4   (3 NOVOS)
1959:   11 (11 NOVOS)
1960:   14 (13 NOVOS)
1961:   23 (16 NOVOS)
1962:   33 (30 NOVOS)
1963:   41 (31 NOVOS)
1964:   54 (43 NOVOS)
1965:   65 (54 NOVOS)
1966:   60 (49 NOVOS)
1967:   76 (56 NOVOS)
1968:   84 (60 NOVOS)
1969:   79 (56 NOVOS)
1970:   60 (40 NOVOS)
1971:   68 (33 NOVOS)
1972:   71 (34 NOVOS)
1973:   70 (24 NOVOS)
1974:   107 (36 NOVOS)

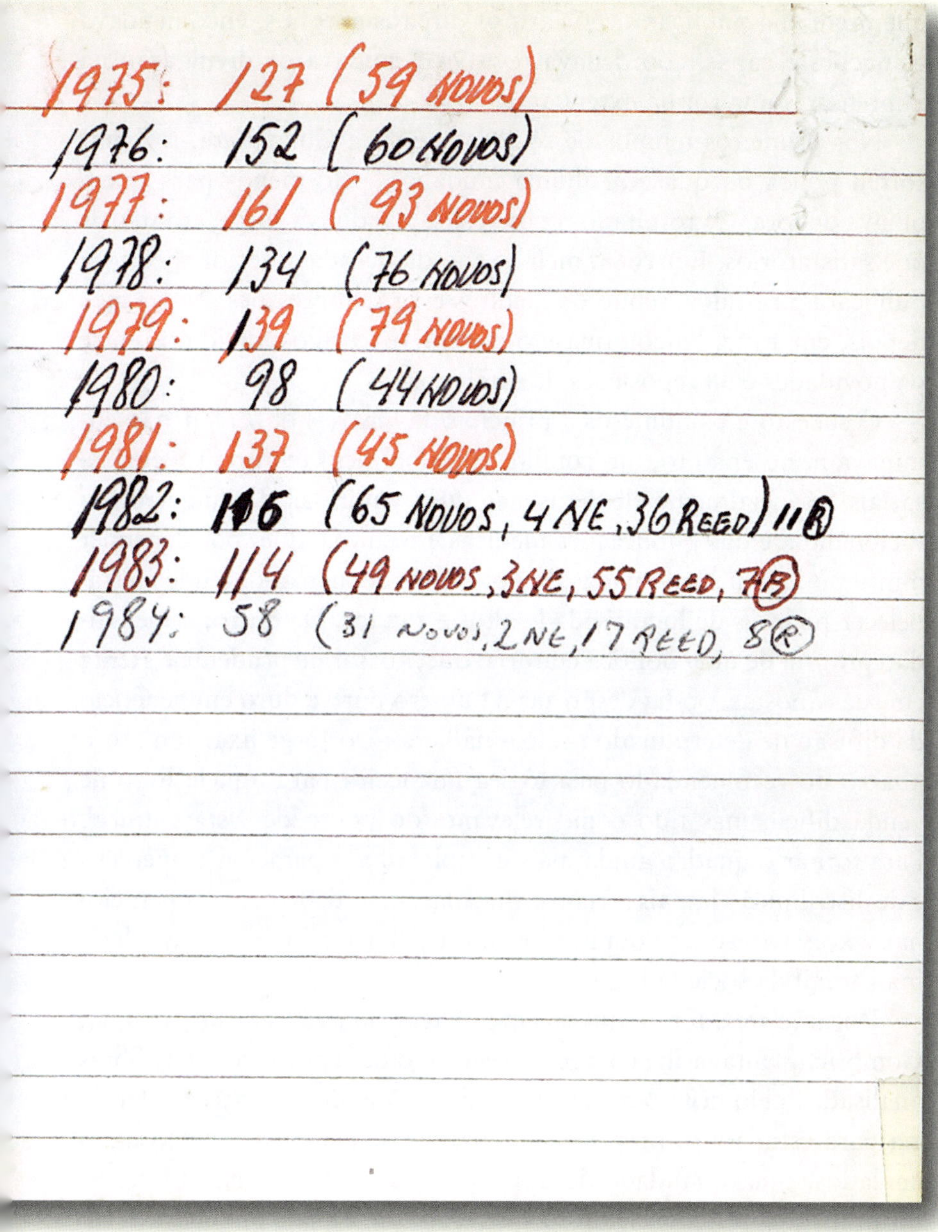

1975: 127 (59 NOVOS)
1976: 152 (60 NOVOS)
1977: 161 (93 NOVOS)
1978: 134 (76 NOVOS)
1979: 139 (79 NOVOS)
1980: 98 (44 NOVOS)
1981: 137 (45 NOVOS)
1982: 106 (65 NOVOS, 4 NE, 36 REED) 11 Ⓑ
1983: 114 (49 NOVOS, 3 NE, 55 REED, 7 Ⓑ)
1984: 58 (31 NOVOS, 2 NE, 17 REED, 8 Ⓡ)

Na anotação pessoal da quantidade de livros publicados a cada ano pode-se ler a evolução da Zahar Editores.

que pretendia publicar, negociava os direitos autorais, encomendava traduções e capas, coordenava revisões e cuidava da divulgação na imprensa, numa rotina extenuante.

Nos primeiros tempos de sociedade com a Guanabara, a Zahar sofreu pouca ou quase nenhuma mudança, pelo menos para quem olhava de fora. Os resultados comerciais, acreditava Jorge, eram mais que satisfatórios. Em 1968, melhor ano da década anterior, a editora publicara 84 títulos, sendo 60 inéditos e 24 reimpressões. Nove anos depois, em 1977, lançou quase o dobro: 161 títulos, divididos entre 93 novidades e 68 reposições de catálogo.

O sucesso e os números a princípio favoráveis da Zahar não eliminavam, no entanto, um conflito entre políticas editoriais e empresariais essencialmente distintas nas duas empresas. De um lado, a racionalidade das publicações médicas e técnicas, que, por depender muito pouco ou quase nada das flutuações de mercado, tende a estabelecer padrões de lucratividade altos e rígidos. De outro, a inexatidão própria de uma política editorial que, apesar de prudente e atenta em suas apostas, podia desprezar o número puro e duro em benefício da difusão de determinado título – não era raro Jorge fixar um preço abaixo do recomendado pela lógica financeira para aquele livro de venda difícil, mas tido como relevante do ponto de vista cultural. Para tornar o quadro ainda mais complexo, as operações comerciais e de distribuição jamais seriam unificadas, mantendo custos operacionais excessivos, quase duplicados, o que, claro, não favorecia o lado mais frágil da sociedade.

Durante anos Jorge sonhou em publicar *A história da arte* de E.H. Gombrich. Faltava-lhe coragem. Recheado de reproduções das obras analisadas pelo crítico austríaco, o livro, que desde 1950 é referência para estudantes, professores e artistas, demandava, entre outros cuidados, uma qualidade de impressão em padrões bem diferentes do praticado por uma editora que, como a Zahar, publicava basicamente livros de texto, com custo de produção mais baixo. Como livreiro, Jorge se lembrava de vender as versões em inglês e espanhol do livro de Gombrich, tendo portanto razões um tanto estatísticas,

"Teorema dos finlandeses": velha ambição editorial de Jorge, o clássico de E.H. Gombrich foi publicado em 1979, depois de um exercício de projeção de riscos.

formas e cores não-naturais e considerando seus quadros como uma esp
de piada de mau gosto; e somente depois da I Guerra Mundial, quand
artistas modernos nos ensinaram a não aplicar os mesmos padrões
"correção" a todas as obras de arte, é que a arte de El Greco foi redescob
e compreendida.

Nos países setentrionais, Alemanha, Holanda e Inglaterra, os arti
defrontavam-se com uma crise muito mais real do que seus colegas na Itá
Espanha. Pois os artistas do Sul tinham apenas que lidar com o problema
como pintar de uma nova e surpreendente maneira. No Norte, defrontaram
logo com outra questão bem mais séria: Se a pintura poderia e dev
continuar. Essa grande crise foi provocada pela Reforma. Muitos protesta
objetavam à existência de quadros ou estátuas de santos em igreja
consideraram-nos um sinal de idolatria papista. Assim, os pintores
regiões protestantes perderam suas melhores fontes de renda: a pintura
retábulos. Os mais rigorosos entre os calvinistas censuravam até ou
espécies de luxo, como as alegres decorações de casas, e mesmo quando e
eram permitidas em teoria, o clima e o estilo de construções eram usualme
impróprios para os grandes afrescos decorativos, como a nobreza itali
encomendava para seus palácios. Tudo o que restava como fonte regular
renda para os artistas era a ilustração de livros e a pintura de retratos, e
duvidoso que isso bastasse para ganhar decentemente a vida.

Podemos testemunhar o efeito dessa crise na carreira do maior pir
alemão dessa geração, na vida de Hans Holbein, o Moço (1497-15
Holbein era 26 anos mais jovem do que Dürer e apenas três anos mais ve
do que Cellini. Nasceu em Augsburg, uma rica cidade mercantil com estre
relações de comércio com a Itália; cedo se transferiu para Basiléia,
renomado centro do Novo Saber.

O conhecimento por que Dürer lutou tão apaixonadamente durante t
a sua vida foi assim adquirido mais naturalmente por Holbein. Oriundo
uma família de pintores (seu pai era um respeitado mestre) e sendo invulg
mente arguto, não tardou em absorver-se nas realizações dos artistas se
trionais e italianos. Tinha pouco mais de 30 anos quando pintou o mar
lhoso retábulo da Virgem com a família do burgomestre de Basiléia co
doadores (fig. 237). A forma era tradicional em todos os países e vimo
aplicada no díptico de Wilton (fig. 146, p. 163) e na Madona de Pesaro,
Ticiano (fig. 207, p. 252). Mas a pintura de Holbein é ainda um dos exemp
mais perfeitos de seu gênero. O modo como os doadores estão dispostos
grupos que nada têm de forçados, de ambos os lados da Virgem, cuja fig
calma e majestosa é emoldurada por um nicho de formas clássicas, lemb
nos as mais harmoniosas composições da Renascença italiana, de Giova
Bellini (fig. 205, p. 249) e Rafael (fig. 199, p. 241). A atenção cuidadosa
detalhes, por outro lado, e uma certa indiferença pela beleza convencio
mostram que Holbein tinha aprendido seu ofício no Norte. Estava a cami
de se tornar o mais eminente mestre dos países de fala alemã, quand
turbilhão da Reforma pôs fim a todas essas esperanças. Em 1526, ele troco
Suíça pela Inglaterra, com uma carta de recomendação do grande humani
Erasmo de Roterdã. "As artes aqui estão congelando", escreveu Erasmo
recomendar o pintor a seus amigos, entre os quais estava *Sir* Thomas Mc
Um dos primeiros encargos de Holbein na Inglaterra foi preparar um gra
retrato da família do grande humanista, e alguns estudos detalhados p

289

UMA CRISE
DA ARTE

237. HOLBEIN:
A Virgem com a
família do
Burgomestre
Meyer. *Pintado
por volta de 1528.
Darmstadt,
Castelo*

ssa obra ainda são conservados no Castelo de Windsor (fig. 239). Se Holbein
perava livrar-se das convulsões causadas pela Reforma, deve ter ficado
ecepcionado com os eventos subseqüentes, mas quando finalmente decidiu
stalar-se na Inglaterra em caráter definitivo e recebeu o título oficial de
ntor da Corte, concedido por Henrique VIII, encontrara, pelo menos, uma
fera de atividade que lhe permitiria viver e trabalhar. Já não podia pintar
adonas, mas as tarefas de um Pintor da Corte eram múltiplas. Desenhou

um tanto intuitivas para acreditar que encontraria público certo com uma edição brasileira. Decidiu correr o risco de publicá-lo depois que viu na Feira de Frankfurt de 1977 a edição finlandesa do livro. "Ora, a Finlândia tem 5 milhões de habitantes. O Brasil já tinha, naquela época, 120 milhões. Comecei a pensar", explicava ele. "De 120, se tira a metade, que não consome. Sobram 60. Tira a outra metade, que nunca pensou em ler. Ficam 30. Corta a outra metade, que nunca viu um livro de arte. Sobram 15. Divide isso ao meio, ainda são 7,5 milhões de 'finlandeses'. Então, tem que dar. E, realmente, o livro deu certo." Lançado em 1979, *A história da arte* vendeu, pelo menos até a década de 1990, 130 mil exemplares, e continuaria a ser reimpresso continuamente. Mas nem sempre o peculiar teorema dos finlandeses traria bons resultados. Ou pelo menos os esperados.

Ainda que mantendo excelentes relações pessoais com Pedro Lorch, a sociedade tornava-se cada vez mais complexa de administrar. Para Jorge, por exemplo, era natural que, de cada dez livros lançados, "três ou quatro" vendessem bem, outros tantos tivessem venda média e dois simplesmente não dessem certo. "Os meus sócios começaram a ponderar que meu público era um mercado de muito risco", contava. Prefigurava-se assim uma lógica que se tornaria rotineira na voragem das fusões editoriais que dominariam os anos 2000: por não atingir uma meta que desde o início se sabe impossível, uma editora é descartada pelos mesmos motivos por que foi cobiçada. No volátil juízo de valor presidido pela rentabilidade, é tênue a separação entre virtude e vício. Enquanto a proporção acionária manteve-se 50/50, Jorge botou pé firme em suas convicções. Rejeitava soluções pouco razoáveis como, por exemplo, só reimprimir os livros da Zahar que tivessem venda considerada certa, por adoção em escola ou universidade. "Isso condenaria a editora a perder sua característica acadêmica e cultural", ponderava ele.

Em 1979, o mesmo ano em que saiu o tão acalentado Gombrich, quando publicou Lacan pela primeira vez e lançou o importante *Carnavais, malandros e heróis* de Roberto DaMatta, Jorge teve que se desfazer de outros 30% das ações. Ainda uma vez a reconfiguração da sociedade, em que lhe restavam 20% de participação, não se faria notar fortemente no catálogo, que no ano seguinte comemorava o milésimo título publicado, *História da análise sociológica*, coletânea com organização de Tom Bottomore e Robert Nisbet. Em reportagem que marcava o feito, Jorge diz que mantinha "vivos", ou seja, disponíveis para venda, entre setecentos e oitocentos livros do catálogo. E lamentava ainda que, em 23 anos de editora, continuasse publicando uma grande maioria de autores estrangeiros: "Só não sou um editor realizado porque ainda estou à procura de bons originais de autores brasileiros. Não espero que todo mundo seja um Florestan Fernandes, mas exijo um mínimo de qualidade."

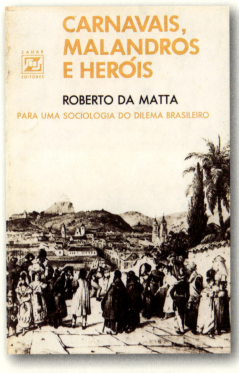

O estudo inovador de Roberto DaMatta saiu na coleção Antropologia Social em 1979.

A Zahar continuava, no entanto, com um olho no presente e outro no passado, tentando manter o equilíbrio entre o novo e o permanente. Ao lado de contemporâneos como Noam Chomsky (*Regras e representações*) e Jürgen Habermas (*Conhecimento e interesse*), dedicava-se a títulos importantes que seguiam sem edição brasileira, como a *História das crenças e das ideias religiosas*, clássico do historiador romeno Mircea Eliade – um dos livros favoritos de Jorge e que permanece em catálogo na sua versão integral em três volumes. No início dos anos 1980 viriam as primeiras edições dos clássicos *O riso* de Bergson e *O suicídio* de Durkheim, além do seminal *O ramo de ouro*. A versão resumida dos treze volumes de Sir James George Frazer sobre rituais de magia e religião de povos antigos recebeu tratamento

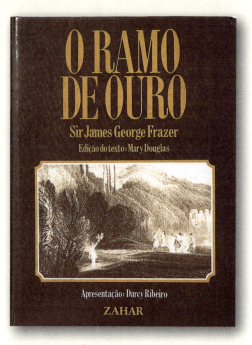

Darcy Ribeiro assinou o entusiasmado prefácio ao clássico estudo de Frazer, *O ramo de ouro*, sobre os rituais de magia e religião de povos antigos.

de luxo em forma e fundo: capa dura, ilustrações e um entusiasmado prefácio em que Darcy Ribeiro comemorava a edição de "um dos textos mais belos da antropologia". "O valor de *O ramo de ouro* está para mim – e para Frazer também, que o disse expressamente mais de uma vez – na sua qualidade artística. Ele conseguiu recriar literariamente o espírito humano em algumas de suas expressões mais dramáticas", escreve Darcy. "Embora nenhum antropólogo subscreva hoje suas ideias, todos reconhecemos nele um pai fundador da ciência do homem e um clássico de leitura indispensável."

Se os percalços internos não arrefeciam o ânimo de Jorge, tampouco levavam à facilitação do catálogo. Tendo em mente que era tempo de diversificar a linha "universitária" da editora, decidiu retomar o antigo projeto de publicar livros sobre música clássica – projeto que até ali se resumira a um ensaio, com a atribulada edição de *Uma nova história da música*, de Carpeaux. Assim como na criação de coleções em outras áreas, a primeira providência foi encontrar um consultor. "Ele um dia me ligou para propor um livro sobre música e me disse: nós editamos agora suas crônicas e depois fazemos algo mais sério", contou Luiz Paulo Horta, então crítico de música clássica do *Jornal do Brasil* e especialista em religião, que se tornava assim um dos interlocutores constantes da editora até 2013, quando morreu. Em abril de 1983 chegavam às livrarias os primeiros volumes da Zahar/Música, série que nascia com uma função clara na editora: "Estou criando um novo selo justamente para ter o compromisso de prosseguir", declarou Jorge na época. O primeiro pacote de lançamentos reunia três traduções dos Guias Musicais da BBC – *Mahler: sinfonias e canções*; *Bartók: música orquestral*; *Beethoven: quartetos de cordas* – e dois títulos brasileiros: *Caderno de música: cenas da vida musical*, a coletânea de crônicas de Luiz Paulo Horta prometida no primeiro contato, e *Heitor Villa-Lobos, compositor brasileiro*, que o embaixador e musicólogo Vasco Mariz já publicara em inglês e francês, e que ganhava sua primeira edição comercial em português – antes fora publicado pelo Museu Villa-Lobos.

O projeto mais ambicioso do novo selo viria logo depois. A partir de uma longa pesquisa nos mais interessantes livros de referência do gênero, elegeu-se o *Dictionary of Music*, da editora britânica Hamlyn, como base para o *Dicionário de música Zahar*, editado por Luiz Paulo Horta e complementado por ele com verbetes sobre música e compositores brasileiros. Era o primeiro livro do gênero publicado no Brasil e foi um dos últimos lançados pela Zahar Editores. A Jorge, Pedro Lorch explicou o fim da sociedade de forma dura e direta: "Você não soube usar o meu capital." Publicamente, o ex-sócio, que terminou amigo, atribuiu o rompimento a questões organizacionais: "Ele é um editor total e não se adaptou à divisão de tarefas." Num comunicado enviado a livreiros e colaboradores em janeiro de 1985, Jorge não deixa dúvidas quanto à sua nova dispo-

Editado por Luiz Paulo Horta, o *Dicionário de música Zahar* foi o primeiro livro do gênero publicado no Brasil – e um dos últimos a sair pela Zahar Editores.

sição: "Não tendo mais qualquer participação acionária na editora que fundei há trinta anos, é com prazer que comunico a continuação de meu trabalho editorial, agora em associação com meus filhos. Os objetivos da nova empresa são os mesmos que sempre nortearam minha vida profissional: publicar livros de inquestionável valor cultural, com boa apresentação gráfica e os preços contidos num limite razoável."

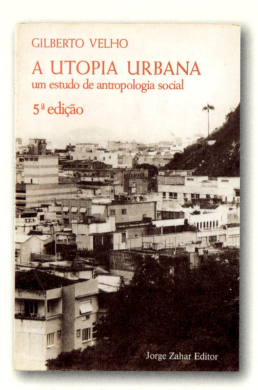

A utopia urbana é o primeiro livro de Gilberto Velho na sua longa colaboração com a editora.

DENTRE AS DEZENAS de livros que um camelô do Centro do Rio expunha na calçada, Jorge Zahar reconheceu a primeira edição de *A utopia urbana*. "Aquilo me comoveu. Comprei", contaria ele quase uma década depois desse episódio, ocorrido em 1989. Naquele ano, a Jorge Zahar Editor tinha acabado de imprimir a quinta edição do livro, e o exemplar já usado, à venda na rua, lembrou-lhe a importância e a permanência não apenas do pioneiro "estudo de antropologia social", mas do vínculo que mantinha com seu autor, Gilberto Velho. Vinte e cinco anos mais jovem, filho de um amigo e que se tornaria tão ou mais próximo do que o pai, Gilberto foi, até sua morte, em 2012, um fiel colaborador. "O Jorge foi uma das pessoas com quem eu mais troquei ideias, no sentido mais amplo", relembraria. "Eu tive com ele conversas muito importantes sobre minha vida, sobre situações muito difíceis. Naquela geração, as maiores perdas que eu sofri foram as de Jorge e de meu pai."

Jorge em Nova York, em 1971. Nessa viagem aos Estados Unidos, ele e Ani foram visitar Gilberto, então na Universidade do Texas em Austin.

Aluno do terceiro ano de ciências sociais, o filho do general Octavio Alves Velho tinha 21 anos quando, a convite de Moacir Palmeira, organizou a primeira coletânea, *Sociologia da arte*. Era o caçula entre os colaboradores da coleção Textos Básicos de Ciências Sociais. Em pouco tempo foi incorporado à rotina dos almoços e da editora, uma convivência em que não havia limites entre debate seriíssimo, brincadeira e trabalho. Em 1971, Ani e Jorge foram a Austin, no Texas, especialmente para visitar Gilberto, que desfrutava de uma bolsa na universidade local, vivendo lá com a também antropóloga Yvonne

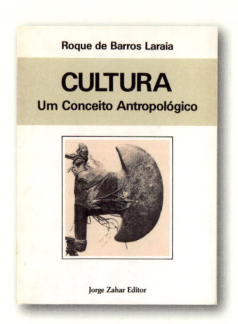
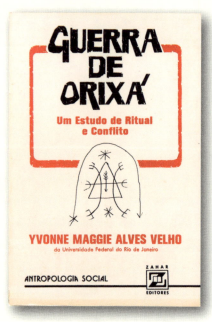
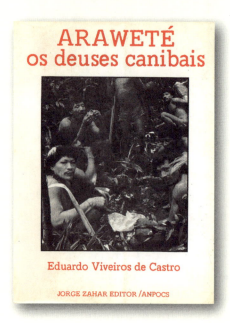

Desde a década de 1970, a coleção Antropologia Social publica trabalhos importantes de sucessivas gerações de antropólogos brasileiros.

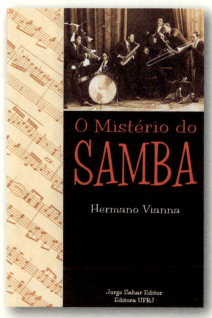

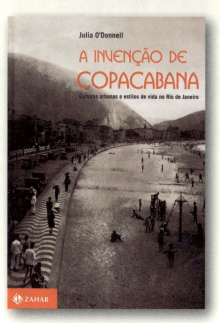

Maggie, com quem era casado. "Fomos até buscá-los no aeroporto, foi muito importante reencontrar alguém em que você confia tanto, com quem está acostumado a conversar, longe do Brasil, naquele momento tão difícil para o país", lembrava Gilberto. "Foram poucos dias que valeram por muito tempo."

No período americano, que incluiu uma passagem por Harvard, Gilberto trabalhou nos originais do que seria *A utopia urbana*. Amadurecia o texto da dissertação de mestrado por muitos motivos pioneira. Num tempo em que antropólogo e antropologia eram para o senso comum pouco mais que clichês de um intelectual de suposto espírito aventureiro vivendo entre tribos tidas como primitivas ou comunidades distantes, Gilberto decidiu estudar o Estrela, típico edifício superpopuloso de Copacabana. Seus "índios", 165 deles, eram os mais impuros representantes da classe média carioca, que ele esquadrinhava a partir da experiência de morador de um dos minúsculos conjugados do prédio. Para a tradição da antropologia brasileira, reconheceria ele, a dissertação "tinha um sabor levemente herético". Pessoalmente, exprimia uma "preocupação e tentativa de utilizar a teoria antropológica e sociológica para tentar entender um pouco melhor a experiência social e existencial de meus contemporâneos, dos amigos e de mim mesmo". Para o leitor comum, afinal, era uma rara experiência, em que rigor e conceito não brigavam com prazer e bom estilo. Por tudo isso, era um livro ideal da Zahar, ou seja, escrito por autor brasileiro, que debate tema relevante de forma acessível, torna-se referência acadêmica e desperta interesse permanente, como o demonstram as contínuas reedições que o mantêm em catálogo desde seu lançamento em 1973.

A *utopia urbana* marca também uma virada na carreira de seu autor, que leva em paralelo à vida universitária uma atividade midiática e editorial, falando tanto a seus pares quanto ao público em geral. A face mais exposta desse intelectual vai aparecer em jornais e revistas, que desde *A utopia urbana* o convocam para discutir as muitas questões que envolvem o Rio em particular e as cidades como um todo. A contribuição mais duradoura viria, no entanto, nas quase quatro décadas em que dirigiu, a convite de Jorge e depois com Cristina, a coleção Antropologia Social. Inaugurada em 1974 com a coletânea *Desvio e divergência: uma crítica da patologia social*, organizada por Gilberto, a coleção se desenvolveria em três frentes: títulos estrangeiros relevantes até então inéditos, novidades da produção contemporânea internacional e trabalhos originais brasileiros, produzidos em sua maioria por orientandos, ex-alunos ou colegas de Gilberto no Museu Nacional.

A orientação pluralista de Gilberto Velho juntava antropólogos como Clifford Geertz a historiadores da importância de Philippe Ariès, na coleção que dirigia.

À coleção, Gilberto imprimiu a orientação que considerava mais notável na editora: a abertura para diferentes linhas de trabalho. Um clássico da etnografia como *Bruxaria, oráculos e magia entre os Azande*, do inglês Evans-Pritchard, publicado originalmente em 1937, sairia ao lado de *Estigma*, do influente sociólogo Erving Goffman, e de *História social da criança e da família*, livro-chave de Philippe Ariès, um dos principais nomes da chamada "história das mentalidades". Autores centrais da antropologia, como Clifford Geertz (*A interpretação das culturas*) e Marshall Sahlins (*Cultura e razão prática*), tiveram publicados seus livros imprescindíveis.

Por cinco décadas, títulos como *Guerra de orixá* de Yvonne Maggie (1975), *Araweté: os deuses canibais* de Eduardo Viveiros de Castro (1986), *O mistério do samba* de Hermano Vianna (1995), *O cotidiano da política* de Karina Kuschnir (2000) e *A invenção de Copacabana* de Julia O'Donnell (2013) dão testemunho de sucessivas gerações de antropólogos brasileiros publicados na coleção. Nela saiu ainda o bestseller da área, *Cultura: um conceito antropológico*, lançado em 1986. Seu autor, Roque de Barros Laraia, tinha preparado o texto para uso pessoal em cursos introdutórios, mas uma conversa com Jorge mudou tudo: "Ele falou assim: 'Eu tenho um livro de antropologia que vende, mas que não tem nada a ver com a gente, que é o Pertti Pelto, *Iniciação à antropologia*. Eu gostaria de ter alguma coisa feita no Brasil.' Eu falei que tinha, e ele: 'Mande para cá.'" Desde então, o livro continua em catálogo.

AO LONGO DE ONZE ANOS, Luiz Alfredo Garcia-Roza teve sete livros publicados por Jorge Zahar. Só depois de muito tempo e sucessivas reedições, os dois se deram conta de que nunca haviam assinado um contrato. Talvez não tenham sentido falta de documento tão importante porque a relação autor-editor funcionava entre eles de forma azeitada, com naturalidade. Como escritor, Garcia-Roza produzia com rara regularidade; como editor, Jorge cuidava para que os livros ganhassem o mundo a tempo e da melhor forma, e prestava contas com a mesma regularidade – o que é simples e óbvio em teoria, mas nem tanto na prática. Conheceram-se em 1984, quando Jorge topou publicar *Freud e o inconsciente*, um dos últimos títulos a sair na Zahar Editores e dos primeiros da Jorge Zahar Editor. Era, em tudo e por tudo, um típico "livro Zahar": em menos de trezentas páginas,

Garcia-Roza apresenta uma síntese densa e ao mesmo tempo clara da formação da ideia de inconsciente, contextualizando-a na filosofia, na história e na biografia de Freud. Aos 48 anos, ele tinha formado gerações de alunos em aulas de filosofia e teoria psicanalítica, no ensino secundário, na UFRJ e em grupos de estudo particulares no Rio e em São Paulo. Resultado de depuração e maturidade intelectual, o ensaio seria reconhecido por seus pares e pelos leitores: tem praticamente uma nova impressão a cada ano, permanecendo em catálogo por mais de três décadas.

A psicanálise e a psicologia sempre tiveram lugar privilegiado no radar de Jorge, que as considerava parte das ciências sociais. Não ia nisso pretensão ou idiossincrasia, mas convicção editorial:

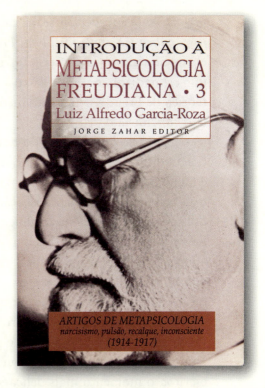

O terceiro dos quatro volumes previstos da *Introdução à metapsicologia freudiana*, que Garcia-Roza interrompeu para se dedicar integralmente ao romance policial.

um catálogo que se propõe a pensar criticamente a sociedade deve considerar a contiguidade entre disciplinas como economia, história e as teorias psi na gama de variedades de suas vertentes. "Além do Freud, falava-se muito do Erich Fromm no Brasil", dizia ele ao lembrar o início da editora. "Eu publiquei de quinze a dezesseis títulos do Erich Fromm, e fizeram bastante sucesso, todos com várias edições. E do Fromm comecei a passar para outros autores de psicanálise." Assim como em outras áreas, na psicanálise a Zahar começou pelo lançamento de autores estrangeiros, os consagrados e em seguida os contemporâneos. Garcia-Roza foi um dos primeiros brasileiros e dos poucos a manter continuidade editorial. Depois de *Freud e o inconsciente* sucederam-se, já na nova editora, *Acaso e repetição em psicanálise*, *O mal radical em Freud* e *Palavra e verdade*. Em 1991, ele iniciou a ambiciosa série *Introdução à metapsicologia freudiana*, que esquadrinharia em quatro volumes "o conjunto da elaboração teórica de Freud". Mas, fato inédito, o diligente e disciplinado autor não concluiria o projeto.

Depois do lançamento do terceiro volume, em 1995, dedicado à "segunda tópica freudiana", Garcia-Roza contou a Jorge o que até então era um segredo, mesmo para os mais próximos: tinha botado o ponto final num livro de ficção. Mais exatamente, num romance policial, por coincidência o único gênero ficcional que a Jorge Zahar Editor tinha até ali experimentado, com a coleção O Creme do Crime – interrompida depois dos primeiros títulos, dois deles de Ruth Rendell, a "rainha do crime" inglesa. Na frente de Garcia-Roza, Jorge começou a folhear os originais, encadernados em espiral, de *O silêncio da chuva*, a primeira história protagonizada pelo delegado Espinosa. Leu mais rápido que o normal e poucos dias depois chamou o autor para uma conversa: "Se você quiser, eu publico." Aquele era, para o escritor, o momento mais delicado da amizade que os uniu por quatorze anos, os últimos da vida de Jorge.

Garcia-Roza diz que não tinha relação com uma editora, mas com os editores. Uma convivência cultivada que se estendia a Cristina e Jorginho, ele era presença certa no dia a dia da rua México, responsável por apelidar de "Maxim's Zahar" a copa-cozinha da editora, que funcionava no alto do prédio. Por mais de dez anos lá se serviram para funcionários e amigos almoços que combinavam bom papo, comida caseira e uma vista deslumbrante sobre o MAM e o começo do Aterro do Flamengo. Ao ouvir a proposta de publicação, Garcia-Roza sentiu como se Jorge estivesse acolhendo um filho seu que, apesar de não planejado, estava ali, concreto. "E eu tive a coragem, quase a ingratidão, de dizer: 'Não acho que essa é a embocadura da editora. Eu gostaria de pedir sua bênção para enviar esse livro para a Companhia das Letras, que considero hoje a melhor em ficção.'" Seguindo a inusitada liturgia entre dois ateus, Jorge não só "abençoou" a escolha, como encaminhou o livro pessoalmente a Luiz Schwarcz, que o publicaria menos de um ano depois. Quando *O silêncio da chuva* ganhou os prêmios Nestlé (1996) e Jabuti (1997), Jorge disse: "Acabei de perder um autor." Não se referia, claro, aos livros existentes, até hoje no catálogo da editora, mas aos que não seriam escritos. Como o quarto volume da *Metapsicologia* e qualquer outro escrito teórico, abandonados em favor das aventuras do delegado carioca, de uma dezena delas, que estariam por vir.

Na psicanálise, a Jorge Zahar Editor nasceria com uma tarefa complexa: dar continuidade à edição das obras de Jacques Lacan, iniciada em 1979. Jorge tinha chegado ao analista francês pelo mesmo caminho que o levou a tantos outros autores: anotando mentalmente alusões, provocando comentários, pedindo recomendações e cruzando referências. Até porque, dos anos 1960 em diante, era quase impossível mover-se na vida intelectual francesa sem esbarrar no nome de Lacan. "Até que leio Lacan mais do que pela rama, mas não posso dizer que eu seja um leitor de Lacan, absolutamente", dizia ele. Ao contratar os primeiros livros guiou-se menos pelo resultado estrito da leitura, difícil, quase impenetrável para os não iniciados, do que pela "sensibilidade ao fenômeno cultural" que reputava ser a essência do editor: "Senti que se naquele momento havia algo novo na psicanálise, era Lacan e nenhum outro."

Jacques Lacan começou a ser lido no Brasil em grupos de estudo, não muito depois da publicação na França dos seus *Escri-*

Na edição dos *Seminários* de Lacan, o trabalho contínuo e minucioso estabelecido entre a editora e herdeiros do psicanalista francês.

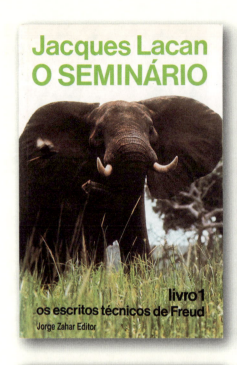

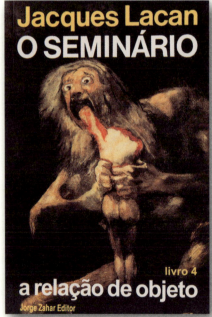
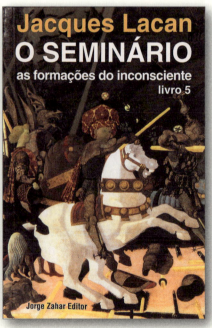

tos, em 1966. A opacidade do texto desafiava intelectualmente e, também, guardava uma certa promessa de libertação: seu pensamento era pura insurgência contra a ortodoxia freudiana, desde a implosão do tempo predeterminado da sessão de análise à crítica da então rígida hierarquia das sociedades psicanalíticas. Em 1976, quando foi lançada a primeira edição brasileira de Lacan, reunindo dez dos 28 ensaios dos *Escritos*, pela Perspectiva, já funcionavam no Brasil duas escolas lacanianas. A Zahar publicaria os primeiros *Seminários* de Lacan em 1979: *Os escritos técnicos de Freud* (livro 1) e *Os quatro conceitos fundamentais da psicanálise* (livro 11). Em 1982 sairia o livro 20, *Mais, ainda*.

Como se sabe, Lacan era resistente, quase avesso, à ideia de fixar e difundir em texto um pensamento que se desenvolvia sobretudo na fala, em aulas e conferências. Seus *Escritos*, que compilavam artigos publicados em revistas e anais de congressos, só vieram à luz graças à insistência de François Wahl, o rigoroso editor de Roland Barthes e Paul Ricoeur na Seuil, casa editorial criada em Paris na década de 1930. Mais do que estimular a organização do livro, Wahl criou uma coleção, Le Champ Freudien, e nomeou Lacan seu diretor, esperando assim estimulá-lo a editar suas próprias obras e as de autores que lhe fossem afins. Processo muito mais intricado envolveria, a partir de 1973, a edição dos *Seminários*, transcrições de aulas cujas formas de fixação de texto inflamam intermináveis discussões teóricas e mesmo políticas, sobretudo depois da morte de Lacan, em 1981. Em testamento, ele conferiu a Jacques-Alain Miller, brilhante aluno de filosofia de Louis Althusser e mais tarde marido de sua filha Judith, a complexa gestão de seu legado, que inclui o estabelecimento da versão final dos mais de vinte volumes dos *Seminários*, lançados sem respeitar a ordem numérica que em tese os organiza, e ainda não publicados de forma integral mais de quarenta anos depois.

Em setembro de 1981, menos de um mês após a morte de Lacan, Miller desembarcou no Brasil pela primeira vez. Jorge Forbes, psicanalista a ele ligado, o recebeu em São Paulo e, numa curta passagem pelo Rio, foram juntos à sede da Zahar. "Foi o próprio

Escritos

Jacques Lacan

Campo Freudiano no Brasil

Jorge Zahar Editor

A publicação dos *Escritos* coroou a admiração mútua entre Jorge e Jacques-Alain Miller: "Jorge Zahar para mim encarnava a essência do editor."

Jacques-Alain que quis me conhecer para saber quem é que estava publicando Lacan no Brasil", contou Jorge. "Fui aprendendo a gostar do Jacques-Alain e realmente eu gosto imensamente dele. Tenho admiração não só pelo intelectual que ele é, mas também por sua dedicação a Lacan. Que ele tem capacidade de produzir a sua própria obra, ele tem, e no entanto sacrifica isso para se dedicar à obra de Lacan." Em pouco tempo Miller começaria a dirigir com Judith, na Jorge Zahar Editor, a coleção que aqui se consolidaria como Campo Freudiano no Brasil.

"Não acho que ele conhecesse a obra de Lacan em seus meandros e dificuldades, mas ele tinha por Lacan um respeito, sabia que lá estava uma obra especial à qual ele poderia servir. E ele sempre foi um homem de palavra, o que às vezes os editores não conseguem ser", lembra Miller, que desde aquele primeiro encontro raramente deixou de estar com Jorge, fosse em Paris ou no Brasil, nas viagens de trabalho de cada um. "Quando vim difundir o Campo Freudiano pela primeira vez em Curitiba, em 1987, para minha surpresa ele estava lá, presente num momento em que eu cumpria uma missão. Foi um gesto que me comoveu muito e que se dirigia não a mim, mas a Lacan, e que mostrava que ele queria servir à difusão de Lacan de uma forma especial. Depois de conhecê-lo, ter o nome de Zahar nos livros de Lacan era o que eu queria."

A dedicação à obra de Lacan era o centro da admiração mútua. Jacques-Alain Miller via em Jorge um "pescador de homens", expressão que ele também usa para descrever Althusser e o próprio Lacan. "As pessoas sempre faziam uma espécie de transferência em relação a ele, elas percebiam nele os sinais de que precisavam", compara. "Como editor, ele falava tanto da cultura quanto do número preciso. Em sua determinação eu vi um editor que me comoveu, não conheci nenhum outro que tivesse todas essas características." Aos olhos de Miller, Jorge tinha ainda semelhanças físicas com o *docteur* Lacan, como ele sempre se refere ao sogro: o porte de fidalgo, a cabeleira grisalha farta, penteada para trás, e a cabeça meio grande, ligeiramente desproporcional em relação ao corpo. "Além desses

Jorge com Jacques-Alain Miller e a responsável pela coleção Campo Freudiano no Brasil, Angelina Harari, em abril de 1997.

traços, ele compartilhava com Lacan um lado malicioso, que mostrava de vez em quando, assim como o sarcasmo. E também uma risada muito característica."

Em 1998, os dois se viram pela última vez em Salvador, onde acontecia o VIII Encontro do Campo Freudiano. Jorge assistiu às intervenções de Miller na UFBA e esteve com ele e Judith na festa de encerramento do evento – o casal subiu uma escadaria para encontrar Jorge, que mostrava dificuldades respiratórias para chegar ao local da confraternização. Comemoraram, com Cristina, a edição brasileira integral dos *Escritos*, um marco no contínuo trabalho de tradução, revisão e edição especialmente dedicado à obra lacaniana. Miller notava detalhes como a indicação, a cada página, da numeração correspondente à edição original, sugestão editorial de Judith, que a ele lembrava as rigorosas traduções francesas de grandes clássicos da filosofia. A chamada "obra magna" de Lacan selava, assim, o último trabalho em conjunto de um intelectual e de um editor. "Acho que esse livro é o meu canto do cisne", disse Jorge a Aninha nos dias passados em Salvador. Para Miller, a convivência com Jorge deixaria uma marca definitiva: "Balzac acreditava nas essências e disse a Stendhal que a *Cartuxa de Parma* deveria se chamar 'o italiano, hoje'. Jorge Zahar para mim encarnava esse papel, o da essência do editor."

Referências

Luiz Alfredo Garcia-Roza evoca a cena de Jorge sozinho em sua sala em depoimento para a exposição Homenagem a Jorge Zahar. ¶ Ernesto Zahar dá sua versão sobre o fim da sociedade em entrevista à revista *Veja* (18 jan 1989). ¶ A carta de Paulo Francis (30 jul 1973) integra o Acervo Jorge Zahar. ¶ A história da Guanabara Koogan é registrada por Laurence Hallewell em *O livro no Brasil*, e as traduções de Freud são comentadas por Denise Bottman no post "Curiosidades freudianas I", do blog Não gosto de plágio (<naogostodeplagio.blogspot.com.br/2013/02/curiosidades-freudianas.html>). ¶ O raciocínio de Jorge para a publicação de Gombrich no Brasil foi reproduzido da entrevista a Luiz Paulo Horta no *Globo* (13 jun 1993). ¶ Todas as considerações de Jorge sobre o fim da sociedade com a Guanabara vêm de entrevista à revista *Senhor* (21 jul 1985). ¶ O milésimo livro da Zahar é tema de reportagem do *Jornal do Brasil* (20 dez 1980). ¶ Os conflitos internos com a Guanabara foram relatados por Jorge Zahar Júnior em entrevista a mim (jun 2016). ¶ O nascimento da Zahar/Música é narrado por Luiz Paulo Horta em depoimento à exposição Homenagem a Jorge Zahar e pelo próprio Jorge em entrevista ao *Jornal do Brasil* (2 abr 1983). ¶ As explicações de Pedro Lorch sobre o fim da sociedade com a Zahar foram registradas por Jorge no depoimento da série Editando o Editor e na mesma reportagem da *Veja* (18 jan 1989) em que Ernesto se pronuncia. ¶ O comunicado sobre a nova editora é parte do Acervo Jorge Zahar. ¶ Jorge conta o episódio da compra do exemplar de *A utopia urbana* no camelô no já mencionado depoimento em Editando o Editor. ¶ As declarações de Gilberto Velho sobre a importância de Jorge e sua viagem aos Estados Unidos fazem parte de depoimento concedido para a exposição Homenagem a Jorge Zahar. ¶ As considerações de Gilberto sobre

A *utopia urbana* estão na introdução à edição de 1982, incorporada ao livro em sua forma atual. ¶ Para o perfil de Gilberto Velho, ver a apresentação de Hermano Vianna, Karina Kuschnir e Celso Castro para *Um antropólogo na cidade*, antologia póstuma onde também se publica uma preciosa entrevista com Gilberto. O próprio antropólogo fala de seu papel de intelectual público em depoimento de 2009 ao projeto Memória das Ciências Sociais no Brasil, CPDOC/FGV (<cpdoc.fgv.br/cientistassociais/gilbertovelho>). ¶ Os títulos da primeira fase da coleção Antropologia Social foram compilados por Karina Kuschnir, atual diretora da coleção e responsável pelos arquivos de Gilberto Velho. ¶ Jorge fala sobre a importância da psicanálise no catálogo da editora na entrevista a Marcelo Veras (abr 1998). ¶ Luiz Alfredo Garcia-Roza fala longamente de seu relacionamento com Jorge e os filhos em depoimento para a exposição Homenagem a Jorge Zahar. ¶ As impressões de Jorge sobre Lacan vêm de suas duas últimas entrevistas, concedidas a Marcelo Veras (abr 1998) e a mim (mar 1998). ¶ A memória da chegada do pensamento de Lacan ao Brasil é reconstituída por alguns de seus protagonistas na reportagem "Em nome do pai", de Mauricio Santana Dias, para a *Folha de S.Paulo* (8 abr 2001). ¶ O trabalho editorial de François Wahl é descrito em detalhes por Elisabeth Roudinesco na biografia *Lacan: esboço de uma vida, história de um sistema de pensamento* (São Paulo, Companhia das Letras, 1994). ¶ Jorge fala sobre a relação com Jacques-Alain Miller na já citada entrevista a Marcelo Veras. ¶ Jacques-Alain Miller fala de Jorge em entrevista concedida a mim no Rio de Janeiro (abr 2016). ¶

Capítulo 9 | **Tempo de muda**

Quando os primeiros títulos da Jorge Zahar Editor chegaram às livrarias, em julho de 1985, o Brasil redemocratizado já tinha ido do céu ao inferno. Depois da derrota no Congresso, no ano anterior, da emenda Dante de Oliveira, que teria restabelecido eleições diretas para presidente, a candidatura de Tancredo Neves surgiu no horizonte como a possibilidade de, mesmo através do colégio eleitoral, botar um explícito ponto final na ditadura. Eleito em janeiro, morto em abril, Tancredo virou mito. Seu vice, José Sarney, presidente. Ungido pelo acaso, o primeiro governo civil depois de vinte anos de obscurantismo combinava frustração política e caos econômico – no início de 1986, a inflação atingia a marca de inacreditáveis 517%. Pacífica, tocada em ritmo lento e gradual estabelecido pelos próprios militares, a transição guardava um travo amargo difícil, se não impossível, de ignorar. "Se 1984 foi para a cultura o ano do consenso, ... 1985 foi o ano do dissenso, isto é, do debate e da polêmica. Em uma palavra, do desacordo. Os intelectuais e artistas discutiram, brigaram e se xingaram como há 21 anos não faziam – pelo menos entre si", escreveu Zuenir Ventura num sensível balanço do momento em que, em suas palavras, a *intelligentsia* deixou de ser uma "grande família". "Em termos de opinião, todos só são iguais perante a ditadura. Na democracia, tudo é diferença."

Nova República?, provocava Florestan Fernandes, na batida do dissenso, já no próprio título de um dos livros da coleção Brasil: Os Anos de Autoritarismo, carro-chefe do lançamento da nova editora. Reunindo breves análises dos anos sob ditadura nas mais diversas áreas, assinadas por autores tão diferentes quanto Maria da Conceição Tavares, Paulo Francis e Carlos Minc, a série tinha o peso de uma declaração de princípios da JZE. "A atualidade brasileira, nestes novos tempos democráticos que agora começamos a viver, merecerá especial atenção", escreve Jorge na carta de apresentação da editora. Para ele, os livrinhos de bolso tinham como função "fazer um balanço sereno e objetivo da realidade nacional, depois desses vinte anos em que o povo brasileiro viveu talvez a mais trágica de todas as experiências antidemocráticas que já perturbaram a sua evolução política, social e cultural". Em entrevista, Cristina Zahar reiterava esses propósitos: "Estamos imbuídos do novo e queremos influir, como todo mundo, na formação de um novo país e em uma nova Constituinte."

Por mais de vinte anos Jorge fizera imprimir em tudo o que editava o moto "A cultura a serviço do progresso social". Além de expressar uma sincera convicção, assim situava a editora no espectro intelectual e político de sua época. Com o risco de tornar-se irrelevante ou soar anacrônica na algaravia de vozes da abertura política, a frase não voltaria a figurar nos livros da nova editora. Na quarta-capa da coleção Brasil: Os Anos de Autoritarismo, no entanto, uma citação de George Santayana pode ser lida como uma espécie de epígrafe ao catálogo que começava a ser construído: "Os povos que esquecem a sua história estão condenados a repeti-la." Posta ali, a frase mais popular do polígrafo espanhol valia tanto para a História com agá maiúsculo quanto para a história da editora, que, sem abandonar o público acadêmico que lhe era fiel e lhe deu relevo e substrato, reiterava a importância daquele leitor comum que Jorge definia como "ativamente interessado no mundo em que vive, ávido por conhecimentos novos". Numa sutil alteração de itinerário que, como se viu, começara nos últimos anos da Zahar Editores, a casa deixaria de ser estritamente universitária para tornar-se aos poucos o que seu fundador chamava de uma editora "cultural", ampliando para isso as áreas de interesse do que publicava. A mudança, além de efetivamente fortalecer o catálogo, era estratégica: as casas de perfil universitário eram severamente afetadas pela concorrência desleal das fotocópias, onipresentes nos *campi* brasileiros. "Eu tive que enfrentar várias revoluções para sobreviver no mercado editorial", dizia Jorge. "E a pior delas foi o xerox."

"Para quem, durante as compras de Natal, fez a ronda dos livreiros, ou para aqueles que têm o adorável vício de bisbilhotar livrarias, uma coisa ficou clara nesses últimos tempos: nas vitrines ou prateleiras de primeiro plano, entre um best-seller americano traduzido e outro similar, sempre se descobria pelo menos um título que lembrasse os temas *exílio, prisão* e *anistia*", escreve Heloisa Buarque de Hollanda no *Jornal do Brasil* em janeiro de 1981, flagrando ali o início de uma tendência editorial que se consolidaria nos anos seguintes. "Hoje, com o interesse pela nossa história política imediata reativado", prossegue ela, "a tendência do mercado é, evidentemente, de responder a essa demanda em ritmo acelerado." Já em 1979, no início da anistia que se reivindicava "ampla, geral e irrestrita", a Codecri, braço editorial do *Pasquim*, publicava uma nova edição de *Zero*, romance de Ignácio de Loyola Brandão que foi o primeiro título oficialmente liberado pela censura. E também o decisivo *O que é isso, companheiro?*, as memórias de Fernando Gabeira, que só entre outubro e dezembro daquele ano vendeu 85 mil exemplares. A viagem ao passado recente tinha escalas variadas, algumas incontornáveis. Ganhavam a rua com força os livros de qualquer gênero que tinham sido proibidos pelos motivos mais aleatórios. Despertavam interesse especial as autobiografias de militantes e suas experiências extremas, da luta armada ao exílio. E procuravam-se com avidez títulos de interesse geral que de alguma forma funcionassem como uma espécie de reparação, dando acesso a conhecimentos ou debates sonegados pela censura.

Rascunho de Jorge registra o debate em torno do título que melhor exprimiria os objetivos de Brasil: Os Anos de Autoritarismo, coleção que marcou a estreia da JZE.

234 A MARCA DO Z

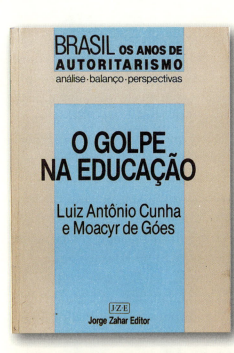

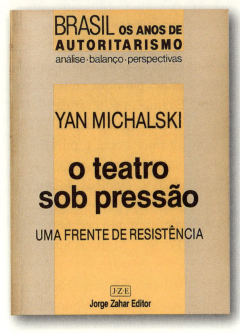
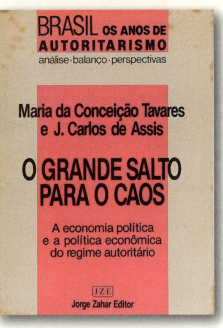

TEMPO DE MUDA 235

Brasil: Os Anos de Autoritarismo combinava revisão histórica e didatismo. Seu lançamento foi recebido como um reforço luxuoso do que a revista *Veja* chamou de "fantástica máquina de produzir livrinhos de iniciação", veio editorial que naquele 1985 tinha posto no mercado 1,5 milhão de exemplares distribuídos por doze editoras. A pioneira, em 1980, foi a Brasiliense, que sacou a coleção Primeiros Passos e, logo depois dela, Primeiros Voos e Tudo é História. A L&PM surfava as mesmas ondas com a Universidade Livre, e na Ática os livrinhos ganharam duas categorias autoexplicativas, Princípios e Fundamentos. Todas essas coleções tinham em comum a exposição sucinta e didática de um tema, escrita sob encomenda por professor ou jornalista brasileiro. Jorge confessava não ter boas lembranças de sua incursão no mundo dos livros breves, em formato próximo ao de bolso: a coleção Divulgação Cultural, lançada em 1964, resultara no que ele definia como um "retumbante fracasso". Era difícil, no entanto, encontrar termo de comparação entre os dois momentos editoriais. No ano do golpe, quando apareceram os primeiros dos 35 livros da série Divulgação Cultural, consumir livros de bolso era um hábito ainda estranho para o leitor brasileiro, mesmo com as evidentes vantagens do preço mais baixo. Vinte anos depois, a nova coleção de bolso seria planejada nos mínimos detalhes para que tentasse captar ao máximo o espírito de seu tempo. E também reiterar na prática princípios que presidiram a criação da Zahar e, depois, da JZE: a busca de uma comunicação direta e de alto nível com o público e a valorização de autores brasileiros.

Sob a coordenação editorial de Cristina, as escolhas de temas e autores eram debatidas com três consultores que, por sua formação, propunham abordagens diferentes e de algum modo complementares. Edson de Oliveira Nunes, Lincoln Penna e Matinas Suzuki Jr. vinham, respectivamente, de ciências sociais, história e jornalismo, combinação que daria forma e fundo à coleção. Os livros deveriam seguir uma orientação precisa, comunicada aos autores por escrito. Recomendava-se que os originais tivessem no mínimo oitenta laudas e "em hipótese alguma" ultrapassassem as noventa. "Os temas devem ser abordados de forma não acadêmica, privilegiando uma linguagem 'jornalística', acessível ao público não especializado", diz a correspondência da editora. "Deve-se evitar portanto o uso de jargão, de tabelas, de notas de rodapé e de referências bibliográficas [no corpo do texto]", observa Cristina ao propor os parâmetros para os livros. "Em contrapartida", prossegue, "pode-se fazer uso de elementos elucidativos, tais como: matérias publicadas na imprensa nesse período, depoimentos divulgados pela imprensa ou tomados pelos autores especificamente para uso em seu volume etc." Há ainda uma determinação mais geral, sobre a estrutura dos textos: "Sugerimos que os volumes contenham, quando couber, uma parte final dedicada a esboçar o que se espera no futuro, que tanto pode ser (a) propostas sobre o que precisa ser feito, ou (b) consequências inevitáveis devido à situação analisada no livro, ou (c) uma conjugação de ambas as soluções."

No escritório da rua México com Mariana e Cristina em 1997: longo e cuidadoso processo de sucessão no comando da editora.

O título da coleção também foi objeto de intenso debate para que não induzisse a mal-entendidos. Ao nascer, o projeto foi batizado de "20 anos de Brasil (64-84): análise, balanço, perspectivas". Escrevendo aos autores, Cristina diz ter recebido objeções de que a delimitação temporal explícita poderia "ter um efeito 'psicológico' de tornar os livros obsoletos em pouco tempo". Por um momento a série vira "20 anos de Brasil militar", mas Jorge fazia questão da periodização exata, 21 anos, número não redondo que na época foi considerado de pouco apelo. Logo depois cogita-se chamá-la "Brasil 64/84" – o que não exorcizava o fantasma da obsolescência. Brasil: Os Anos de Autoritarismo, seguida de "análise, balanço, perspectivas", só passa a assim ser chamada dois meses antes de seguir para as livrarias da forma mais afinada possível. *O golpe na educação* de Moacyr de Góes e Luiz Antônio Cunha, *Economia: milagre e antimilagre* de Ignácio Rangel, *O desafio do cinema* organizado por Ismail Xavier e *O teatro sob pressão* de Yan Michalski estavam entre os dezessete volumes lançados nos seis primeiros meses da nova editora. No início de 1986 a coleção se completava com outros cinco livros, fechando um conjunto de 22 títulos.

O sucesso da série, que logo teve vários volumes reimpressos, deixaria uma importante marca na editora. Em 1996, em busca de estratégias para renovar a JZE, Jorge incentiva a neta Mariana a ir à Book Expo America, então realizada em Chicago, respirar outros ares do mercado. Ela volta de lá com duas séries de um mesmo autor, o inglês Paul Strathern: Filósofos em 90 Minutos e Cientistas em 90 Minutos. Lançadas aqui a partir de 1997, elas uniam em doses justas didatismo e um apelo pop que a partir de então se tornaria mais um ingrediente do catálogo. Logo após a morte de Jorge, o caminho dos livros de bolso voltaria a ser percorrido por Cristina, que idealizou a coleção Descobrindo o Brasil para reiterar o compromisso da editora com o autor nacional, especialmente os cientistas sociais. Às vésperas da comemoração dos quinhentos anos do Brasil, o projeto, sob direção de Celso Castro, resultou em 44 livrinhos que buscavam sintetizar, com clareza e sem prejuízo da densidade, temas e momentos complexos da nossa história.

O CATÁLOGO, como defendia Jorge, é o melhor cartão de visita de um editor. Lido com distância, na perspectiva do tempo, também se torna um importante documento de sua época. Se a lista de títulos da Zahar Editores refletia uma predominância do pensamento crítico marxista, sempre em versões não dogmáticas e independentes, a da JZE vai espelhar uma notável diversidade. O livro número um

Nos primeiros lançamentos, em julho de 1985, a JZE indica um equilíbrio entre continuidade e inovação em sua linha editorial.

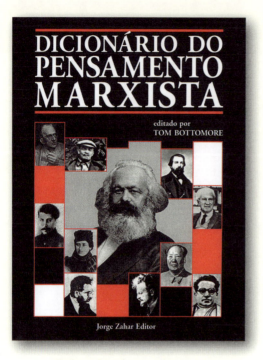

O *Dicionário do pensamento marxista*, organizado por Tom Bottomore, foi best-seller entre os livros de referência lançados pela editora.

da editora, *Garotas de programa*, etnografia de Maria Dulce Gaspar sobre a prostituição em Copacabana, dava continuidade à coleção Antropologia Social dirigida por Gilberto Velho, reafirmando assim a linha mestra da integração com o mundo acadêmico. No Brasil que emergia em 1985, títulos como *História das ideias políticas*, de François Châtelet, ou *Dialética do Esclarecimento*, de Theodor Adorno e Max Horkheimer, também na primeira leva de lançamentos, encontrariam maior receptividade do que, por exemplo, os comentaristas egressos da *Monthly Review*, dominantes nas duas décadas anteriores. Haveria sempre, claro, lugar para um livro da consistência do *Dicionário do pensamento marxista*, organizado por Tom Bottomore, que, lançado em 1988, venderia mais de 10 mil exemplares. A vida intelectual, no Brasil como no mundo, começava a refletir acalorados debates sobre o relativismo, que tinha sua expressão mais redutora no rótulo "pós-moderno", e que, na prática, indicava uma multiplicidade de frentes de interesse para o pensamento crítico. Além de fortalecer os lançamentos em psicanálise e música, a JZE também retomará de forma sistemática a publicação de títulos de divulgação científica, que na década de 1960 eram agrupados na Biblioteca de Cultura Científica. Em 1987 começa a publicação, em quatro volumes, de uma vistosa *História ilustrada da ciência* e tem início o lançamento sistemático, na nova coleção Ciência & Cultura, de ensaios clássicos e de autores contemporâneos.

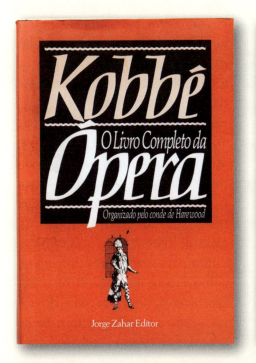 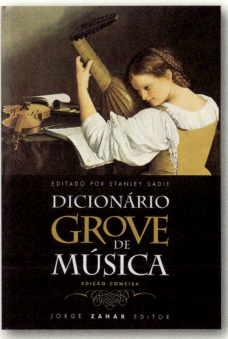

A música clássica tinha papel fundamental na JZE, com livros de referência como *Kobbé: o livro completo da ópera* e *Dicionário Grove de música*.

Se o selo Zahar/Música ficou para trás, Jorge e Cristina perseguiriam com entusiasmo essa linha, consolidando assim o perfil cultural da editora. Já no primeiro ano da JZE começam a publicar, a partir de *Instrumentos da orquestra*, de Roy Bennett, a série didática Cadernos de Música da Universidade de Cambridge; e, na sequência, biografias de Mozart, Bach, Beethoven, Mahler e Verdi. Havia lugar também para voos mais altos nos robustos compêndios sobre Wagner, Beethoven e Mozart originalmente editados pela Thames and Hudson britânica, unindo ensaios críticos a informações de referência sobre os compositores e suas obras. E derivações, no mundo erudito, como a *Pequena história da dança*, de Antonio José Faro, que depois assinaria com Luiz Paulo Sampaio um *Dicionário de balé e dança* até então inédito no Brasil.

Dois projetos alentados tornariam a editora imbatível na área. Em 1991 saía a primeira edição brasileira do *Kobbé: o livro completo da*

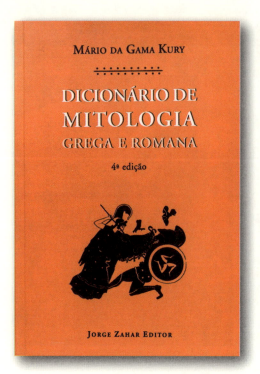

ópera, assim batizado em homenagem ao crítico Gustave Kobbé, que ainda no século XIX começou a compilar libretos e comentários das principais obras do gênero, trabalho continuado na década de 1950 pelo Conde de Harewood e, ao longo do tempo, por seus editores em todo o mundo. Aqui, o *Kobbé* ganharia artigos sobre obras e compositores brasileiros, além de reunir referências importantes para os cultores do gênero, como datas e locais de estreias dos espetáculos, seus elencos e diretores – tudo assinado por Luiz Paulo Sampaio e Bruno Furlanetto, na época, respectivamente, ex-diretor e diretor de ópera do Theatro Municipal do Rio. O livro incorporaria ainda muito material da versão francesa, tornando-se um dos mais completos a circular naquele momento.

Três anos mais tarde, chegava às livrarias a "edição concisa", em 1.064 páginas, do *Dicionário Grove de música*, com supervisão musical de Luiz Paulo Horta e Luiz Paulo Sampaio. A decisão final de publicá-lo veio da aplicação do "teorema dos finlandeses", que já tinha possibilitado a edição brasileira de Gombrich. Ao deparar com uma edição resumida do Grove numa Feira de Frankfurt, Cristina e Jorge concluíram que, se era impensável publicar aqui o dicionário em vinte volumes, decerto havia potenciais leitores, aficionados por música, para garantir a edição em um único tomo, como sempre devidamente adaptada – o que seria confirmado pelas sucessivas reimpressões do dicionário até hoje. "As letras JZE predominam nas lombadas da biblioteca de qualquer brasileiro interessado por música", escreveu o crítico Irineu Franco Perpétuo por ocasião da morte de Jorge. "Zahar ajudou a tornar o leitor brasileiro menos dependente das importações, com edições caprichadas, em português, de obras fundamentais."

O *Kobbé* e o *Grove* faziam parte de uma importante frente editorial que a JZE iniciaria logo em 1987, a dos livros de referência. Nesse ano, o *Dicionário Oxford de literatura clássica* teve duas edições. No ano seguinte viriam o *Dicionário do pensamento marxista* (também reimpresso em poucos meses) e o *Dicionário do Renascimento italiano*, seguidos por uma eclética seleção que incluía o *Dicionário de linguística e fonética* e um *Dicionário da Idade Média* – sempre contando com a colaboração de consultores ou prefaciadores brasileiros. As obras de referência de autores nacionais também se fariam presentes a partir de 1990, com trabalhos originais. Naquele ano saíram o *Dicionário de mitologia grega e romana*, assinado por Mário da Gama Kury (que até o final da década seguinte publicaria pela editora nove volumes de traduções das tragédias e comédias gregas) e o *Dicionário básico de filosofia*, dos professores Hilton Japiassú e Danilo Marcondes. Este último iria se tornar um colaborador constante da editora a partir da publicação, em 1997, de sua bem-sucedida *Iniciação à história da filosofia*, encomendada por Jorge, de olho na adoção em escolas e universidades.

O lançamento do *Dicionário básico de filosofia* suscitou uma reportagem de capa no Ideias, suplemento literário do *Jornal do Brasil*, sobre o nicho de mercado em que a JZE era qualificada como "um exemplo

Mário da Gama Kury e a dupla Hilton Japiassú e Danilo Marcondes consolidariam na editora os livros de referência produzidos por autores brasileiros.

notável de determinação". Sem assinatura, num texto em que as ideias de Jorge aparecem nas entrelinhas, nunca citadas diretamente, a matéria reitera os objetivos de sempre do entusiasmado editor: "Cimentar o caminho do leitor, forni-lo de informações para saltos mais altos. Em suma: formar leitores sofisticados e especializados." A linha de livros de referência, que demanda minucioso trabalho de edição e pesquisa, seria no entanto enfraquecida e praticamente inviabilizada no mercado editorial com o advento da internet. Vetustas instituições da área, como, por exemplo, a *Enciclopédia Britânica*, deixaram de existir no papel e hoje disponibilizam sua rica base de dados em sites pagos.

Uma das vertentes mais importantes da JZE seria o mundo psi, orbitando principal mas não exclusivamente em torno dos domínios lacanianos. Tanto que a primeira fornada da JZE incluía três *Seminários* de Lacan. Em 1987, ano em que os títulos de psicanálise corresponderam a 30% das novidades, essa tendência iria se cristalizar em coleções organizadoras dos títulos. Jorge se lembrava da reação equivocada ante seu novo investimento: "Quando lancei duas coleções de psicanálise, prognosticaram que minha editora não duraria um ano", recordava-se ele. A coleção Campo Freudiano no Brasil era dirigida por Judith e Jacques-Alain Miller – que também publicou seu primeiro livro na editora, *Percurso de Lacan: uma introdução*. A coleção Transmissão da Psicanálise, com direção de Marco Antonio Coutinho Jorge, autor assíduo da casa, dedicava-se a títulos de orientação lacaniana, ainda que tenha lançado alguns clássicos, como *Gradiva: uma fantasia pompeiana*, romance que inspirou um conhecido ensaio de Freud, ou *Conversas com o Homem dos Lobos*, longa entrevista de Karin Obholzer com o protagonista do famoso caso clínico de Freud. Com quase cem títulos publicados, sobretudo de autores franceses, a coleção se pautaria pela agilidade com que trazia aos leitores brasileiros

Em 1987, a psicanálise correspondia a 30% das novidades da JZE, em coleções e títulos independentes: "Quando lancei duas coleções de psicanálise prognosticaram que minha editora não duraria um ano."

PERCURSO DE LACAN
Uma Introdução
Jacques-Alain Miller

Campo Freudiano no Brasil
Jorge Zahar Editor

Elisabeth Roudinesco
História da Psicanálise na França
A Batalha dos Cem Anos
Volume 2: 1925-1985

Jorge Zahar Editor

SEXO E DISCURSO
em Freud e Lacan
Marco Antonio Coutinho Jorge

Jorge Zahar Editor — 7 — Transmissão da Psicanálise

LIÇÕES SOBRE
OS 7 CONCEITOS
CRUCIAIS DA PSICANÁLISE
Juan David Nasio

CASTRAÇÃO
FALO
NARCISISMO
SUBLIMAÇÃO
IDENTIFICAÇÃO
SUPEREU
FORACLUSÃO

Jorge Zahar Editor — 11 — Transmissão da Psicanálise

TEMPO DE MUDA **245**

algumas das mais importantes discussões dos meios psicanalíticos. Determinados autores, como J.-D. Nasio e Elisabeth Roudinesco, iriam se manter permanentemente em catálogo.

Os contornos da "editora cultural" ficariam mais nítidos ainda em incursões pelo cinema, paixão antiga de Jorge, e a crítica literária. Em edições preparadas pelo crítico José Carlos Avellar, com notas e índices remissivos, saíram em 1990 os fundamentais *A forma do filme* e *O sentido do filme*, marcando a volta ao catálogo de Sergei Eisenstein – seu *Reflexões de um cineasta* havia sido traduzido em 1969. *De Caligari a Hitler*, ensaio clássico em que Sigfried Kracauer pretendia traçar "uma história psicológica do cinema alemão", ganhou sua primeira edição brasileira desde o lançamento, em 1947. A série Vidas Literárias, publicada originalmente pela Thames and Hudson, em formato maior que o tradicional, toda ilustrada, teve lançados aqui volumes sobre Proust, Virginia Woolf, Ezra Pound, Shakespeare, Joyce, Hemingway e Oscar Wilde.

A literatura, que Jorge só editou episodicamente, entraria para valer no catálogo pelas mãos da terceira geração dos Zahar. Entusiasmada leitora de Lewis Carroll, Mariana capitaneou em 2001 uma luxuosa edição de *Aventuras de Alice no País das Maravilhas* e *Através do espelho*, toda ilustrada e anotada. O lançamento nos cinemas, uma década depois, da *Alice* de Tim Burton foi o estopim para que o livro voltasse, em versão bolso de luxo, com capa dura e mantendo as ilustrações. O sucesso, muito acima do esperado, apontava para um público a ser desbravado: formada na leitura de fôlego pelo fenômeno Harry Potter, toda uma geração de jovens leitores parecia disposta a encarar textos clássicos, em geral de aventura, embalados em bem-cuidadas edições, com ilustrações, notas, textos introdutórios e um irresistível jeito de livro para colecionar. Criava-se aos poucos a identidade editorial e visual dos Clássicos Zahar, coleção que seria um marco na renovação do público da editora oferecendo, repaginadas e de forma atraente, novidades de mais de cem anos, como o Sherlock Holmes de Arthur Conan Doyle, *Os três mosqueteiros* e *O Conde de Monte Cristo* de Alexandre

Dumas, *20 mil léguas submarinas* de Jules Verne, *O Lobo do Mar* de Jack London, ou *Os livros da Selva* de Rudyard Kipling.

EM JUNHO DE 1985, depois de fazer correr entre livreiros, jornalistas e editores o comunicado de lançamento da JZE, Jorge recebeu uma emocionada e gaiata resposta de Ênio Silveira. "Causou-me viva emoção – e justificado orgulho de ser seu irmão *ad infinitum* – receber a carta circular que Jorge Zahar Editor acaba de enviar *urbi et orbi*", escreveu ele na correspondência enviada de uma rua para outra do Centro do Rio. "O programa inaugural de seu trabalho no novo campo de lutas confirma a velha *garra* e o alto nível qualitativo a que já nos acostumou ao longo de trinta anos. Como John Paul Jones, o herói da Guerra de Independência dos Estados Unidos, você bem poderia ter dito *'I've not yet begun to fight'*, quando se viu forçado, de uma hora para outra, a recomeçar *all over again*. Com a Cristina e o Jorginho ao seu lado, e toda experiência acumulada, só pode dar certo. E vai dar certo!"

Naquele mesmo ano, Ênio também se viu forçado a tomar uma decisão extrema, pois a Civilização Brasileira tinha mais uma vez chegado ao limite. Inversamente proporcional a seu prestígio e importância culturais, a vida financeira da Civilização era um caos cada vez menos administrável. Ênio costumava dizer que um editor é condena-

O cinema, paixão antiga de Jorge, marca o perfil cultural da JZE, o que se vê tanto nos ensaios fundamentais de Eisenstein como no sofisticado estudo de Kracauer.

do a oscilar entre os dois extremos que Orígenes Lessa fixou no título de seu romance mais famoso, O *feijão e o sonho*. "Eu talvez tenha, fazendo uma autocrítica, me deixado dominar mais pelo sonho do que pelo feijão. ... Uma atividade editorial é também uma atividade empresarial, ela exige que você esteja atento a seus parâmetros. E eu frequentemente os deixava de lado", avaliava ele em 1990. O próprio Jorge reconhecia que a inabilidade para os negócios era "o calcanhar de Aquiles" do amigo. "O que não o diminui em nada. Ele vivia me chamando para empresariá-lo, mas ele era inempresariável!", lembra Jorge, que na década de 1970 chegou a figurar como acionista minoritário da Civilização para ajudar Ênio.

Pensando antes de mais nada em preservar a casa editorial a que dedicou sua vida, Ênio procurava um sócio. Manuel Bullosa, empresário português da área de petróleo – que já era dono em seu país da tradicional Bertrand e, no Brasil, da Difusão Europeia de Livros, a Difel –, propôs a compra de 80%, com o compromisso de preservar a marca e manter o ex-proprietário no comando editorial. Pouco depois, Ênio venderia também os 20% que restavam. Permaneceu, no entanto, como diretor editorial da Civilização e conselheiro da Bertrand Brasil, filial da editora portuguesa que seu sócio abrira por aqui.

O enfrentamento com a ditadura também teria um alto custo para a saúde de Ênio. Ele sofreu uma isquemia cerebral na década de 1970 que definia como "subproduto do golpe". Ficou três meses sem falar, com o lado esquerdo paralisado, e só voltou a andar depois de muita fisioterapia. Em fins de 1995, submeteu-se a duas cirurgias delicadas, uma de carótida, outra para implantar uma ponte de safena. Saiu do hospital às vésperas de seu aniversário de setenta anos, que comemorou com festa no dia 18 de novembro. No texto do convite, uma fina ironia machadiana: "Tendo ido às fronteiras do além, e não gostado do que viu, prefere ficar um pouco mais por essas bandas, a fim de comemorar com seus amigos 70 anos de sua teimosa presença." Em 11 de janeiro de 1996 sentiu-se mal e, a caminho da emergência, so-

Jorge e Ênio no Natal de 1989: inseparáveis, foram chamados de Cosme & Damião.

Jorge Zahar Editor

Rio de Janeiro, Junho de 1985

Não tendo mais qualquer participação acionária na editora que fundei há trinta anos, a Zahar Editores S.A., é com prazer que comunico a continuação de meu trabalho editorial, agora em associação com meus filhos Jorge Zahar Junior e Ana Cristina Zahar, no mesmo local, rua México 31, de minha propriedade.

Os objetivos da nova empresa são os mesmos que sempre nortearam minha vida profissional: publicar livros de inquestionável valor cultural, com boa apresentação gráfica e os preços contidos num limite razoável.

Também o mercado visado é o mesmo, ou seja, o que é formado pelo público acadêmico e pelo leitor ativamente interessado no mundo em que vive, ávido por conhecimentos novos.

A atualidade brasileira, nestes novos tempos democráticos que agora começamos a viver, merecerá especial atenção.

Acredito que o programa inaugural da editora para o trimestre Julho/Setembro, que acompanha a presente, reflita com precisão o que está dito acima. Os livros que compõem a primeira parte desse programa são, todos eles, de elevado interesse nos mais diversos campos do conhecimento: filosofia, educação, música, psicologia, antropologia, ciência política, sociologia, etc. Os volumes da coleção Brasil:Os Anos de Autoritarismo, por sua vez, pretendem fazer um balanço sereno e objetivo da realidade nacional, depois desses vinte anos em que o povo brasileiro viveu talvez a mais trágica de todas as experiências anti-democráticas que já perturbaram a sua evolução política, social e cultural.

Sei que o sucesso de um programa editorial, por bem pensado que seja, depende da boa divulgação que obtiver cada um dos livros logo que publicados. Como essa divulgação não me foi negada no passado e me permitiu construir, livro por livro, um catálogo de mais de 1.200 títulos, acredito que também não me faltará agora.

Muito obrigado

Jorge Zahar

RUA MÉXICO 31 SOBRELOJA   TEL.: 240 0226 - 262 5123   20031 RIO DE JANEIRO, RJ

Em comunicado de junho de 1985 Jorge anuncia a nova editora e a continuidade de seus princípios: "Publicar livros de inquestionável valor cultural."

250   A MARCA DO Z

PHILOBIBLION
LIVROS DE ARTE LTDA

Rio de Janeiro, 17 de Junho de 1985.

Jorge, meu velho e querido amigo:

    Causou-me viva emoção – e justificado orgulho de ser seu irmão <u>ad infinitum</u> – receber a carta-circular que JORGE ZAHAR <u>EDITOR</u> acaba de enviar <u>urbe et orbi</u>.

    O qualificativo profissional tão bem se incorpora ao nome que, em verdade, poderia ficar fazendo parte integrante dele <u>per omnia</u>, com registro cartorial e tudo, transmissível aos filhos.

    O programa inaugural de seu trabalho no novo campo de lutas confirma a velha <u>garra</u> e o alto nível qualitativo a que já nos acostumou ao longo de trinta anos. Como John-Paul Jones, o heroi da Guerra de Independência dos Estados Unidos, você bem poderia ter dito "<u>I've not yet begun to fight</u>", quando se viu forçado, de uma hora para outra, a recomeçar <u>all over again</u>.

    Com a Cristina e o Jorginho a seu lado, e toda experiência acumulada, só pode dar certo. E VAI DAR CERTO!

                                  Abraços fraternais do seu

                                       Ênio Silveira

Av. Churchill, 109 – 7º S/704 – 20020 – Castelo – Rio – RJ – Brasil – Tel.: 240-3037
CGC: 42.595.199/0001-98 – Insc. Est. 81.409.145

Numa carta emocionada e gaiata Ênio Silveira responde ao anúncio da nova editora: "Causou-me viva emoção – e justificado orgulho de ser seu irmão *ad infinitum*."

freu um edema pulmonar do qual não se recuperaria. Meses depois, Carlos Heitor Cony recebeu em casa um telefonema de Jorge fora dos horários em que se falavam habitualmente, já perto das nove da noite. "Vamos tomar um uísque?", propôs ele. "É que eu estou com muita saudade do Ênio, vamos falar sobre ele. Acho que só nós dois podemos fazer isso." Numa homenagem ao editor da Civilização Brasileira realizada na Uerj, Jorge foi igualmente direto e, sem exagero, deu a dimensão de sua perda: "Ele foi a pessoa mais importante da minha vida, com exceção de meus familiares."

"MEU FILHO, que maravilha esse livro, Jean Delumeau, *História do medo no Ocidente*! Que coisa, como você é corajoso." Assim começou um telefonema de Jorge Zahar a Luiz Schwarcz, logo depois de ter recebido um exemplar do erudito ensaio que ele mesmo poderia ter editado. Mas a conversa não parava por aí: "Você vai perder um monte de dinheiro, não vai vender nada! Mas que maravilha!" Estamos em 1989, e fazia pouco mais de três anos estabelecera-se uma movimentada linha direta entre as sedes da JZE e da Companhia das Letras, em São Paulo. Por sua irrefreável vocação paternal, Jorge chamava muita gente de "minha filha" e "meu filho", mas com Schwarcz estabeleceu um vínculo que ia além do mero tratamento carinhoso desde que os dois se conheceram, em 1984, na Feira do Livro de Frankfurt. Aos 28 anos, o editor da Brasiliense era então uma estrela ascendente do mercado editorial, e seu chefe, Caio Graco Prado, promoveu o encontro das duas gerações. O que os aproximou imediatamente não foi o gosto pelos livros ou pela música, mas pelos *cèpes*. Foi em torno dos cogumelos selvagens que sentaram juntos pela primeira vez. Desde aquela noite, Jorge e seu amigo 36 anos mais jovem não deixaram de manter contato. E, quando partiu para criar a Companhia das Letras, Schwarcz passou a telefonar para Jorge praticamente todos os dias, em geral mais de uma vez por dia.

Schwarcz era um relutante aluno de administração na Fundação Getúlio Vargas quando foi entrevistado por Caio Graco para uma vaga na Brasiliense. A conversa, que terminou na contratação, aconteceu em 1978, no exato dia em que era lançado o periódico *Leia Livros*. A publicação, inspirada no *New York Review of Books*, tinha Claudio Abramo como editor e fora idealizada por Caio como forma de ativar uma rede de intervenções no debate público pela redemocratização, centrada na editora fundada por seu pai, Caio Prado Junior, e que então atravessava sérios problemas financeiros. Foi nesse contexto de inquietação e intensos debates que nasceu em 1979 a coleção Primeiros Passos. Idealizada e coordenada por Caio, ela era a ponta de lança do perfil arrojado da editora. Coleções como Circo de Letras e Cantadas Literárias cercavam de literatura, novíssima e clássica, os livrinhos de intervenção tão ao gosto do dono da editora. Divergências sobre rumos editoriais e até sobre formas de tocar o negócio levaram Schwarcz a cogitar um novo projeto. Caio estava aferrado à ideia de manter a editora com o perfil jovem e vibrante que a tornara referência na época, mas seu editor preferia ver pela frente um novo mercado. Pensava num público que, tendo entre 25 e trinta anos, teria amadurecido intelectualmente com os livros da Brasiliense e seria receptivo a voos mais altos.

É nesse momento de mudança que ele se aproxima definitivamente de Jorge. Entre os dois havia, de alguma forma, a relação idealizada de mestre e discípulo, ainda que, segundo Schwarcz, suas concepções de editora fossem, nos detalhes, bem distintas. Na terceira etapa de sua vida editorial, Jorge era compreensivelmente mais cauteloso. Escaldado pelas intempéries do mercado, às vezes ele parecia ao jovem editor um tanto pessimista, um pessimista paradoxal, que com frequência achava que um livro não daria certo mas, acreditando nele, levava-o adiante, a despeito da própria previsão. A JZE também mantinha-se fiel a um modelo de crescimento mais lento e sólido, que não dependia de best-seller ou de grandes eventos em torno dos livros. Vindo de uma empreitada vitoriosa, que conciliava prestígio e sucesso de vendas, Schwarcz queria incorporar ao que aprendera na Brasiliense aquilo que via como qualidades em concorrentes como a

Nova Fronteira e a Record. A ideia de que trabalhassem juntos, que Luiz relembra vagamente cogitada por Jorge quando de sua saída da Brasiliense, não vingaria. De certo modo, no entanto, os dois se associariam: no início da Companhia das Letras, a Zahar assumiria sua distribuição no Rio e, depois de estabelecida, a Companhia passaria a representar comercialmente a Zahar em São Paulo – acordo que se mantém em vigor há mais de trinta anos.

Nos muitos telefonemas e em viagens bate e volta de São Paulo para o Rio – com frequência dedicadas apenas a um almoço –, Schwarcz consultava Jorge sobre quase tudo o que envolvia a editora. Foi por seu intermédio que Paulo Francis tornou-se seu autor e amigo. Foi com ele que se submeteu muitas vezes a um exercício de autocontrole: sempre que tinha um desentendimento profissional e escrevia violentas cartas, as lia ao telefone para Jorge, que ouvia as imprecações e recomendava: "Agora, meu filho, arrume uma gaveta, guarde a carta e nunca a mande." Em entrevista a José Castello para um perfil no qual, em 1991, era tratado como o "decano" dos editores brasileiros, Jorge dizia admirar tanto Schwarcz quanto era admirado por ele: "Sei que para ele funciono como um pai. Mas ele talvez não possa imaginar o quanto de estímulo tiro dessa relação. O quanto ele me revitaliza", declarou. Quando a Companhia das Letras comemora com festa seu 500º título publicado, Jorge escreve a Schwarcz na habitual mistura de afeto e humor: "Desejaria dizer que você é hoje o que eu gostaria de ter sido ontem. Mas não foi possível, não foi de jeito, mas nem por isso trago qualquer dor dentro do peito, parafraseando agora o velho Bandeira depois da vodca Orloff."

No final de maio de 1998, três semanas antes de morrer, Jorge passou cinco dias em São Paulo, numa viagem que, vista em retrospecto, pareceu ao editor da Companhia das Letras uma tranquila despedida. Em geral zeloso de suas agendas de trabalho, organizadas para aproveitar cada momento do dia, Jorge tomou a ponte aérea com um único compromisso: assistir a um concerto do violinista Itzhak Perlman, que tocaria Brahms, Franck, Mozart e Ravel. E durante o tempo que passou na cidade cumpriu meticulosa

Com Luiz Schwarcz nos anos 1980 e 1990: para o fundador da Companhia das Letras, Jorge foi amigo e conselheiro profissional.

rotina: os almoços eram com Luiz, que a cada dia o levava a um de seus restaurantes preferidos, dentre eles o Arábia, onde Jorge se fartou de uma comida que remetia às suas origens – tudo sempre acompanhado por um borgonha.

As tardes ele passava com Lilia Moritz Schwarcz, mulher de Luiz e também fundadora da Companhia. Quando estava no Rio, pesquisando para escrever *As barbas do imperador*, ensaio histórico e biográfico sobre a construção da imagem de dom Pedro II, Lilia deixava a Biblioteca Nacional para, a duzentos metros dali, almoçar no Maxim's da Zahar. E Jorge aguardava ansioso, como quem segue um seriado, as novidades garimpadas nos arquivos. Pois aquelas tardes em São Paulo, na semana de despedida, ele passou "tomando os pontos" do concurso de livre-docência na USP, para o qual Lilia se preparava, cujo tema era precisamente a pesquisa sobre Pedro II. Ficava sempre para o jantar na casa dos dois amigos. Foi a última vez que se viram.

Pilar del Rio, mulher de José Saramago, registrou em seu diário de viagem um almoço do casal com os dois editores no Rio de Janeiro, em fevereiro de 1996. Na anotação, um retrato perspicaz: "Luiz, que afirma ter aprendido tudo de Jorge, feliz com o acolhimento que estão dando ao seu autor Saramago. Jorge, alegre com o entusiasmo do discípulo, que em pouco tempo criou uma editora, a Companhia das Letras, indispensável na vida cultural brasileira. Os dois cuidando-se mutuamente, assim os conhecemos há anos, e assim continuam."

"Puta que o pariu! Aquele cara matou ele!", berrou Jorge, dando um soco na mesa de trabalho. A fúria, estranha a seu comportamento, era proporcional ao impacto da notícia que acabara de receber: Paulo Francis estava morto. Naquela manhã de terça-feira, 4 de fevereiro de 1997, coube a Cristina a ingrata tarefa de comunicar ao pai que, horas antes, um enfarto tinha fulminado em casa, em Nova York, um de seus amigos mais queridos. De supetão, desfazia-se de vez a trinca já desfalcada havia um ano pela morte de Ênio Silveira. Nem os amigos nem a mulher de Francis, Sonia Nolasco, supunham que as dores no braço da semana anterior à sua morte, diagnosticadas como bursite, eram sintoma de sérios problemas cardíacos. Todos sabiam, isso sim, que desde outubro do ano anterior a vida dele tinha virado um inferno. Joel Rennó, presidente da Petrobras, era o "cara" ao qual Jorge se referia e que decidira responder com tiro de canhão às pedras jogadas contra ele por Francis. Pedia na Justiça americana, e através de caríssimos advogados pagos pela empresa brasileira, que fosse indenizado em 100 milhões de dólares pelas acusações de corrupção, sem provas, que Francis fizera contra ele no embalo da conversa de bar que dava o tom do *Manhattan Connection*, programa da TV a cabo brasileira em que era a estrela absoluta.

O ano anterior, 1996, já não tinha sido nada fácil. Começou com a morte de Ênio; em abril, Cristina passaria por duas delicadas cirurgias de coluna e, em setembro, Jorge ficaria dois meses fora de combate em consequência de uma nova cirurgia no coração – a primeira fora em 1991 – para implantação de duas pontes de safena e troca das válvulas aórtica e mitral. Na convalescença naturalmente complicada, os efeitos físicos de mais uma intervenção invasiva no coração vinham de par com uma depressão bastante comum, aliás, a esse quadro clínico. Quando começava a retomar a vida normal, já tendo voltado ao cotidiano da editora, Jorge despertou num sábado com Paulo Francis chegando à sua casa. Preocupado, e também alertado por Luiz Schwarcz, tomara um avião em Nova York na sexta-feira à noite especialmente para vê-lo. Convocou ainda Carlos Heitor Cony, Millôr Fernandes e Ruy Castro para uma animada rodada de conversa com Jorge. Passaram o dia juntos e, no domingo, Francis voltou a Nova York. Depois desse encontro, só se falariam por telefone.

A viagem intempestiva dava a medida do afeto que os uniu por quarenta anos. Quando se mudou de vez para Nova York, foi em Jorge e Ênio que Francis teve seu principal apoio, mesmo a distância. Os dois cuidaram desde o saneamento de uma caótica situação financeira deixada no Brasil à remessa mensal de uma ajuda até que a vida, dificílima nos primeiros tempos na cidade, se estabilizasse. "Alguma coisa de concreto tem de ser feito, por não ser possível a continuação de um estado de coisas que, sobre ser penoso e constrangedor para você, não o é menos para nós, seus amigos", escreve Jorge em 1972. "Além de altamente preocupante para mim, pois eu, com meu característico otimismo, logo vejo você se contorcendo de fome numa cidade que é o próprio símbolo da abundância. Passar fome no sudeste da Ásia está bem, há todo um décor e uma longa tradição para isso, mas em New York, porra, é chato."

Um bom retrato, involuntário, de como os três amigos atravessaram décadas de convivência está numa edição do Ideias. O suplemento literário do *Jornal do Brasil* de 9 de abril de 1994 dedica uma longa entrevista a Francis, que lançava pela Companhia das Letras, editora a que chegou através de Jorge, *Trinta anos esta noite: 1964, o que vi e vivi*, suas peculiares memórias da ditadura. Consolidado, o personagem de si mesmo que o consagrou mantinha intacta a violência retórica de outros tempos, agora voltada contra a esquerda: "Por 10 mil dólares me ofereço para um debate com Lula em televisão nacional. Duvido que alguém alfabetizado votasse nele depois." Ponderando ser uma "simplificação" falar em vinte anos de ditadura, define-se como um antípoda do que foi: "Sou um conservador esclarecido, não um Gêngis Khan. Faço minhas as palavras de Churchill: 'Quem não foi socialista até os 40 anos não tem coração. Quem é socialista depois dos 40 não tem cabeça.'"

No mesmo suplemento, três páginas antes, há uma resenha de Ênio Silveira sobre o livro, com o carinho da amizade e o desencanto das divergências políticas: "Preocuparam-me, mais, certas re-visões (ou reinterpretações) dos incidentes políticos *vistos* e *vividos* por ele, para acomodá-los à postura neoliberal que hoje defende como a única viável para o Brasil. ... É igualmente indiscutível (para quem o conheça bem, como eu) que ele não é um *homem a soldo*. Individualista ao extremo, lobo solitário, ele é insubornável. ... Não sendo sectário, por princípio e temperamento, a leitura de

Paulo Francis, Pedro Lorch, Jorge e Cristina, ela devidamente caracterizada para a festa de 65 anos do pai, um almoço "só para homens".

Trinta anos esta noite antes me entristeceu do que irritou." Entre a estridência iconoclasta de Francis e a defesa veemente de princípios de Ênio, Jorge se expressa, no mesmo jornal, no mesmo caderno, da forma que preferia, pelos livros que publicava. A capa do suplemento é dedicada a uma elogiosa resenha de *A fabricação do rei: a construção da imagem pública de Luís XIV*, sofisticado ensaio de Peter Burke que acabara de sair pela JZE e ainda se mantém em catálogo. No equilíbrio instável que a partir dos anos 1990 se estabeleceu entre Francis e Ênio, Jorge foi, até o fim, o fiel da balança. Jamais se afastou de nenhum dos dois.

"Ênio e Jorge publicaram em português os livros melhores do pós-guerra de 1945", escreveu Francis na morte de Ênio, como se

TEMPO DE MUDA 259

IDÉIAS/LIVROS

DEPOIMENTO

A história e as armadilhas da memór[ia]

Para Ênio Silveira, Paulo Francis reinterpreta 1964 para acomodar os fatos à sua [...]

■ **Trinta anos esta noite: 1964, o que vi e vivi**, de Paulo Francis. Companhia das Letras, 208 páginas, 13 URVs

ÊNIO SILVEIRA

Falando a respeito de Proust, Samuel Beckett dizia que ele não tinha boa memória e julgava ter sido isso de grande vantagem para o escritor francês, pois "quem tem boa memória não se lembra de nada, posto que não se esquece de nada."

Louvado em amizade e convívio que, com *ups and downs*, já atravessam mais de 30 anos, digo que uma das qualidades marcantes de Paulo Francis é sua memória extraordinária, tanto para coisas relevantes (ele é capaz de repetir, palavra por palavra, cenas inteiras de peças de Shakespeare, de declamar sem vacilação *The love song of J. Alfred Prufrock*, de Eliot, de cantarolar árias de Verdi ou de Wagner) quanto para a trivia de números telefônicos, nomes e endereços de restaurantes, *who's who* no *high life* nacional e internacional.

Em seu livro mais recente, *Trinta anos esta noite: 1964: o que vi e vivi*, esse dom se vê e ora comprovado, ora posto em xeque por ele próprio. Não me refiro, por certo, às pequenas falhas factuais, algumas já corrigidas pelo próprio Francis (como dar por falecido o jornalista Ascendino Leite — que está *alive and kicking* —; ou dizer que o novo embaixador soviético, Gennady Ivanovich Fomin, nomeado pouco antes do Golpe, "era um mero diplomata... sinal claro de que a URSS lavava as mãos de nós", quando na realidade ele era membro do Comitê Central do PCUS e um diplomata que sempre ocupou postos de alto relevo em sua carreira; ou, ainda, supor que os *gulags* eram "essencialmente o restabelecimento da escravidão de cerca de 20 milhões

Ênio Silveira é editor da Civilização Brasileira

João Goulart (ao centro), um dos personagens do drama nacional descrito em Trinta [...]

de pessoas para *baratear o custo de mão-de-obra* (o grifo é meu), e permitir o que Marx chama de acumulação primitiva do capital".

Preocuparam-me, mais, certas re-visões (ou reinterpretações) dos incidentes políticos *vistos e vividos* por ele, para acomodá-los à postura neoliberal que hoje defende como a única viável para o Brasil. Coisas como chamar Castello Branco "de presidente e não ditador, porque foi eleito pelo Congresso, um Congresso desfalcado de impuros, mas ainda com maioria eleita...", e "modernizar o Brasil economicamente era o que mais lhe interessava..."; como dizer que o Senhor Frank Church, na reunião que manteve comigo em minha casa, e da qual Paulo Francis foi testemunha, "de jeito algum insinuou participação de seu governo". (Church, efetivamente, não acreditava em participação *direta*, mas sabia muito bem — e *disse* — da instigação política, militar e econômica realizada pelos Estados Unidos — governo e grandes empresas — através de convênios, financiamentos, preparação psicológica, reaparelhamento das Forças Armadas,

tudo isso inserido no clima então reinante da Guerra Fria entre os dois blocos em confronto); como negar que esteja havendo concentração de renda no alto da pirâmide neoliberal sistematicamente edificada a partir de 64, ao escrever que "Como a esquerda controla todos os institutos de pesquisa, e a maioria dos acadêmicos

> No seu livro, Paulo Francis não tem mais dúvidas, só certezas

não sabe sequer escrever, conseguindo diplomas e posições da maneira tradicional brasileira, o pistolão, é difícil encontrar dados que me confirmem, mas estou seguro de que a classe média no Brasil aumentou considerávelmente e não há, em absoluto, essa concentração de renda na mão de alguns milhares de tubarões da

iniciativa privad[a...]
e/ou de avali[ação...]
ção Getúlio V[argas]
Ibope, a Data[...]
apenas quatr[o...]
essa crescente
contradizer [...]
Francis arg[umenta...]
uma premis[sa...]
que toda a c[...]
idônea e [...]
da qual [...]
segundo o [...]
passageir[o...]
os dias a[...]
pós-64 a [...]
substanc[...]
parece e[...]
lução s[...]
obstant[e...]
ele, de [...]
dou m[...]

É o [...]
todo [...]
bem [...]
discu[...]
bem [...]
hom[...]
extr[...]
bor[...]

ENTREVISTA / PAULO FRANCIS

"Sou um conservador esclarecido"

HÉLIO SUSSEKIND

— *Trinta anos esta noite* é um relato pessoal sobre 1964. Nele, Jango aparece como um fraco, que não evitou o golpe por medo de derramamento de sangue. Acredita, como Brizola, que o golpe poderia ter sido evitado?

— Jango era fraco de caráter. É impossível imaginar Brizola ou Lacerda entregando a rapadura com a passividade de Jango em...

■ Aproveitando o aniversário dos 30 anos do movimento de 64, Paulo Francis aplicou um golpe de mestre: o lançamento de Trinta anos esta noite: 1964, o que vi e vivi (Companhia das Letras). Resultado: edição esgotada. Rápido no gatilho, Francis respondeu em dois disparos (via fax, de Nova Iorque) às perguntas do **Idéias**. E mostrou que, mesmo à distância, a pontaria permanece em dia. O que mais não muda são os alvos: Lula, o PT, o Congresso, a Constituição. Ex-aluno de um colégio jesuíta, chegou a pensar em se tornar padre beneditino [...] uma rápida passagem pelo Teatro do [...] Magno, trocou o [...]

pente, houve um estalo de Vieira. Percebi que as frases começavam a se formar antes que eu tirasse a capa da máquina. Frouxentemente erro porque não termino de escrever as palavras, que jorram incessantemente da minha cabeça. Escrever é ritmo, disse Virginia Woolf. Concordo. Uma coisa que achei interessante: o que distingue meu jornalismo é que sou todas as técnicas do modernismo literário. Nunca isso foi notado, que eu saiba. Wanal... Acredito que escrevo o que sei.

— **Sen estilo é muito imitado?**
— Dizem que sim, mas não me cabe nem me interessa o assunto. Se eu for imitado em daqui a minha opinião sobre os assuntos que me interessam ficará muito satisfeito. O jornalismo em que fui criado era o de Carlos Lacerda, Joel Silveira, Costa Rego, Antonio Callado, Millôr Fernandes, Sérgio Porto e outros. Todo mundo tinha opinião. Hoje, a imprensa, com exceções notáveis, me parece um pouco eufemística demais. Cláudio Abramo dizia: "Brasileiro não diz o que pensa e não pensa o que diz." Se for verdade, é muito triste.

— **Em 1983 o sr. preparava uma "terceira cabeça", que deveria tratar da infância e adolescência dos personagens de Cabeça de papel e Cabeça de negro. Este projeto foi arquivado?**
— Ainda não encontrei o pique para o terceiro *Cabeça*. Ou melhor: imagino que seria tão doloroso que ainda não tive coragem de mergulhar no romance. Agora mesmo, no Rio, soube de um horror familiar de 40 anos do qual se falava como se eu soubesse que acontecera. Eu não sabia, fiquei petrificado, mas sou um bom ator e continuei normalmente a conversa. Depois, sozinho no meu hotel, disse alguns versos favoritos de T. S. Eliot e Shakespeare. É assim que exorcizo meus demônios. Como Macbeth, gostaria de dizer amém. Mas não consegui e não consigo dizer amém. Dentro de anos reverterei ao meu lugar, como diz a Santa Madre. Quando vi meu amigo Antônio Maria ser colocado em uma mera gaveta no São João Batista minha alma se foi com ele, me doceu às botas e furou o solo, como dizem aqui. Gostaria de escrever livros como os de Machado de Assis e Lima Barreto, deixar ao menos uma pitada de mortalidade.

— **Quem tem medo de Paulo Francis?**
— Não sei quem tem medo de mim ou por quê. Sou um doce de coco.

JORNAL DO BRASIL
Idéias
LIVROS

IMAGEM DO REI

[ar]tistas e escritores trabalhavam o 'marketing político' de Luís XIV

Júlio César e Carlos Magno. No Centro de Paris, transformado numa estátua de 4 metros de altura, ele assumia a forma de um gigante que pisava um Cérbero de três cabeças, símbolo da tríplice aliança contra a França. Já num medalhão ele poderia aparecer como Júpiter a fulminar inimigos internos, como os protestantes.

Não havia ninguém mais zioso da imagem do rei do que o próprio Luís XIV. Ao partir para a guerra na Holanda, ele carregou para o front não apenas a rainha e as duas amantes, mas também os pintores Le Brun e Van de Meulen, para que retratassem suas façanhas com precisão.

O mito determinava não apenas os movimentos do Luís XIV de bronze, de tinta ou de pedra, mas também os do rei de carne e osso. Cada gesto de sua rotina, por mais banal que fosse — levantar-se, comer, deitar-se —, tornou-se parte de um rígido ritual, encenado diante de uma audiência. "Com um relógio e um calendário, a 300 léguas da corte, sabia-se em dada hora o que o rei fazia",

dizia Saint-Simon. Até seu despertar era dividido em duas etapas: o *petit lever*, mais informal, e o *grande lever*, mais solene. Em suas memórias, um nobre italiano que frequentava a corte mostrou seu espanto ao saber que o rei ficava cercado por seus camareiros fidalgos até quando estava *installé sur sa chaise percée* — em português claro: sentado na privada.

Em outro livro publicado recentemente, *O rei-máquina: espetáculo e política no tempo de Luís XIV* (Editora José Olympio), o historiador francês Jean-Marie Apostolidés sugere que, em algum momento, se complicaram ritual perdeu sua razão de ser e deixou de simbolizar o poder do monarca absoluto para expressão o ocaso do Rei-Sol. O *rei-maquinista*, que determinava o tom, o cenário e a coreografia do espetáculo do poder, transformou-se num personagem [...]

Hyacinthe Rigaud: dar as costas ao quadro era uma grande ofensa ao rei

Molière retribuiu favores do rei com elogios e servilismo

[Quem não foi socialista até os 40 não tem coração. Quem é depois dos 40 não tem cabeça]

— **A mídia tem o poder de decidir uma eleição?**
— Depende do candidato. Franklin Roosevelt se elegeu quatro vezes presidente dos EUA com 98% da mídia contra ele. É difícil de qualquer forma medir essa influência. O que mais se teme, que ela falsifique esse ou aquele evento, é logo contestado na mesma mídia pelos que se julgam ofendidos. Logo, o público decide em quem votar por imponderáveis.

— **Na imprensa, o sr. foi capaz de estabelecer um estilo muito particular. É possível falar em estilo em jornalismo?**
— Quando comecei, em 1952, levava uma semana para escrever um artigo. Quando estreei como crítico de teatro, na *Revista da Semana* também era demorada a composição. De re[...]

ressam. Deram US$ 100 mil a Thatcher para dizer o que todo mundo já sabe. Por US$ 10 mil, me ofereço para um debate com Lula na televisão nacional. Duvido que alguém alfabetizado votasse nele depois. E, de graça, eu debateria com um psicanalista da escola de Lacan.

[...] século 20 imitou Luís

No Ideias/JB de 9 de abril de 1994, os amigos reunidos: Francis dá entrevista sobre seu *Trinta anos esta noite*, Ênio faz dura resenha do livro de Francis e a Zahar tem a capa do caderno.

fosse impossível falar de um sem falar do outro, a dupla inseparável que já foi chamada de Cosme & Damião. "Jorge, mais no didático, de Maurice Dobb a Marcuse, nos dando a visão de mundo esperançosa daquele tempo de derrota do nazi-fascismo, de democratização do Brasil depois do Estado Novo de Getúlio Vargas, em que se acreditava em socialismo e numa maior sinceridade e liberdade nas relações pessoais. Ênio era mais político, isto é, queria influir diretamente na reorganização do Brasil, com livros polêmicos sobre o momento histórico. ... Ênio era um aristocrata natural, disposto a discutir livremente todas as ideias, mesmo as que lhe pareciam absurdas. Não era um fanático de antolhos, encilhado em lugares-comuns. ... O riso infeccioso de Ênio e sua atitude elegantemente desabusada diante da vida serão entesourados por nós que tivemos o privilégio de ser seus amigos, enquanto não chega a nossa vez."

Mesmo naquele tempo de perdas, Jorge não deixava o bom humor de lado. Ao ler uma reportagem sobre Rubem Braga, que morrera em 1990, sentiu fundo a falta do cronista. E, em carta a José Castello, jornalista feito interlocutor, desabafou: "Rubem Braga voltou a juntar-se à turma dos meus mortos mais fresquinhos, que ainda insistem em não me largar: Ênio (freguês de caderno), Francis (idem), Callado e outros menos votados, como o Diaulas Riedel, que, sendo espírita (era o dono da Editora Pensamento), teria ectoplasmática facilidade de me dar notícias do *là-bas*, mas não o faz. Não se pode confiar nos amigos mortos."

Ao luto pessoal, sobrepunha-se para Jorge um outro, geracional: uma semana antes de Francis, em 28 de janeiro, morria Antonio Callado; treze dias depois dele, em 17 de fevereiro, seria a vez de Darcy Ribeiro. "Francis era meu amigo íntimo e próximo até morrer, Darcy influenciou demais a linha editorial quando eu abri a Zahar, e Callado foi alguém com quem estive a vida inteira, mesmo que o vendo de tempos em tempos", me disse Jorge em entrevista

Jorge posa para a que seria sua última entrevista à imprensa, em março de 1998, obedecendo à própria regra de só aparecer ao lado dos livros que publicava.

"Na editora não há mais o incessante toc, toc, toc da sua máquina", escreveu Cristina no catálogo da exposição Homenagem a Jorge Zahar.

para uma reportagem do *Globo* sobre as mortes de intelectuais que dedicaram parte importante de sua produção a refletir sobre o Brasil. "Até pensei, meio morbidamente, que quem poderia escrever o grande necrológio do Darcy era o Callado. Para mim, mudou tudo. Mas acho que para a cultura brasileira também. Não é decadência, mas um tempo de muda."

Entre 1997 e 1998, o catálogo da JZE foi uma clara expressão do "tempo de muda" tão objetivamente diagnosticado por Jorge. Foram anos de consolidação, com o lançamento de obras fundamentais de autores especialmente acalentados e prezados por ele, como Norbert Elias (*Os alemães*) e Jacques Lacan (*Escritos*). E tempo também de renovação, com as novas gerações bastante atuantes. Foi ainda o momento em que Cristina Zahar encontrou em Zygmunt Bauman aquele que seria o "autor de sua vida", como Leo Huberman o fora, trinta anos antes, para o pai. O sociólogo polonês tinha passado pela editora em 1977 com *Por uma sociedade crítica*; e, nos anos 1990, pouco antes de formular seu célebre conceito de liquidez para analisar a sociedade moderna, aparecia no horizonte como um original e acessível intérprete do mundo contemporâneo. Jorge achou pouco prudente, mas Cristina contratara vários títulos de uma só vez. *O mal-estar da pós-modernidade* e *Modernidade e Holocausto* foram os primeiros a sair, alguns meses depois da morte de Jorge. A partir dali, Bauman seria um dos autores-chave da editora: até o início de 2017, quando morreu aos 91 anos, teve publicados quase quarenta títulos, com mais de 650 mil exemplares vendidos.

Em 2008, uma exposição reuniu objetos pessoais e de trabalho, fotografias e documentos de Jorge, marcando os dez anos de sua morte com uma celebração, em cada detalhe, do imenso prazer que era, para ele, fazer livros. Dois anos depois, a editora voltaria a chamar-se simplesmente Zahar, como ele imaginou no início de sua carreira. A letra Z cortada por um livro aberto, desenhada em 1956, ganharia uma releitura, confundindo-se agora com o próprio formato do livro, integrada a ele. Mais de cinco décadas após se transformar em sinônimo de livros que importam e permanecem, a marca do Z mudava ligeiramente sua caligrafia. E, por outras mãos e caminhos diferentes, mantinha intacto o espírito que a animou desde quando apareceu pela primeira vez nas livrarias, na capa de um certo *Manual de sociologia*.

Referências

A inflação de três dígitos consta do verbete dedicado ao tema no *Dicionário histórico-biográfico brasileiro* do CPDOC/FGV (<cpdoc.fgv.br/acervo/dhbb>). ¶ O ensaio "Depois de 21 anos, o desacordo" foi publicado por Zuenir Ventura no *Jornal do Brasil* (28 dez 1985) e reproduzido em *Cultura em trânsito: da repressão à abertura* (Rio de Janeiro, Aeroplano, 2000). ¶ A declaração de princípios de Jorge consta de carta enviada a livreiros; a de Cristina foi dada em entrevista à revista *Fatos* (sem data). ¶ Jorge fala sobre a concorrência do xerox em reportagem que marca seus setenta anos na *Folha de S.Paulo* (10 fev 1990). ¶ "Um eu encoberto", publicado por Heloisa Buarque de Hollanda em sua coluna no *Jornal do Brasil* (17 jan 1981) e reproduzido em *Cultura em trânsito*. ¶ A tiragem de *O que é isso, companheiro?* consta em *O livro no Brasil*, de Laurence Hallewell. ¶ "Os pequenos em alta", reportagem da *Veja* (14 ago 1985), dá o panorama dos livros introdutórios e registra o pessimismo de Jorge. ¶ A correspondência com instruções aos autores é parte do Acervo Jorge Zahar. ¶ O comentário de Irineu Franco Perpétuo, "JZE marcou a música", foi publicado na *Folha de S.Paulo* (13 jun 1998). ¶ O levantamento dos títulos de referência da JZE está em "Um país cada vez mais disposto a conhecer", Ideias, *Jornal do Brasil* (12 mai 1990). ¶ A carta de Ênio sobre a JZE (17 jun 1985) é parte do Acervo Jorge Zahar. ¶ A tese do "feijão e o sonho" é aqui citada a partir do depoimento de Ênio para a série Editando o Editor. ¶ Jorge fala sobre o "calcanhar de Aquiles" do amigo em entrevista ao *Jornal do Brasil* (30 mar 1996). ¶ Para a venda da Civilização Brasileira a Manuel Bullosa, ver o já mencionado depoimento de Ênio a Editando o Editor. ¶ É o próprio editor da Civilização Brasileira quem descreve as consequências da isquemia, citado em *A Revista Civilização Brasileira: um veículo de resistência intelectual*, dissertação de mestrado de Maria Rita C. Jobim da Silveira apresentada ao Programa de Pós-Graduação em Letras (PUC-Rio, 2007). ¶ O texto do convite para a festa de setenta anos é reproduzido no obituário do *Jornal do Brasil* (13 jan 1996). ¶ Carlos Heitor Cony relatou o telefonema de Jorge em entrevista a mim (ago 2014). ¶ A declaração de Jorge na homenagem a Ênio realizada na Uerj foi publicada no *Jornal do Brasil* (30 mar 1996). ¶ O perfil de Luiz Schwarcz e de sua relação com Jorge baseia-se principalmente em entrevista de Luiz concedida a mim (fev 2017) e nos depoimentos dele e de Lilia Moritz Schwarcz para a exposição Homenagem a Jorge Zahar. ¶ Para detalhes sobre a Brasiliense, ver a já citada tese de Andréa L.X. Galucio. ¶ Jorge fala sobre a relação filial em perfil assinado por José Castello na revista *Domingo*, do *Jornal do Brasil* (6 jan 1991), e parabeniza Luiz pelo 500º título publicado em carta que faz parte do Acervo Jorge Zahar. ¶ O "diário de viagem de Pilar" faz parte dos *Cadernos de Lanzarote II* (São Paulo, Companhia das Letras, 1999). ¶ A carta de Jorge para Paulo Francis (20 jan 1972) está no Acervo Jorge Zahar. ¶ Francis escreve sobre Ênio na sua coluna "Diário da Corte" publicada no *Globo* (18 jan 1996). ¶ A carta a José Castello (13 ago 1997) integra o Acervo Jorge Zahar. ¶ A reportagem sobre as mortes de Francis, Callado e Darcy é "A balada das três utopias perdidas", assinada por mim e Elizabeth Orsini no Segundo Caderno do *Globo* (23 fev 1997). ¶

A exposição Homenagem a Jorge Zahar reuniu, nos dez anos de sua morte, objetos, depoimentos, imagens e documentos celebrando uma vida entre livros.

Bibliografia geral
(em torno do mundo dos livros)

Amorim, Sônia Maria. *Em busca de um tempo perdido: edição de literatura traduzida pela editora Globo, 1930-1950*. São Paulo, Edusp/Com-Arte, 2000.
Assouline, Pierre. *Gaston Gallimard: un demi-siècle d'édition française*. Paris, Gallimard, 2006.
Barral, Carlos. *Memorias*. Barcelona, Península, 2001.
Berg, A. Scott. *Max Perkins, um editor de gênios*. Rio de Janeiro, Intrínseca, 2014.
Brito Broca, José. "Roteiro literário do Rio de Janeiro". In: Marcia Abreu (org.). *O repórter impenitente*. Campinas, Editora da Unicamp, 1994.
___. "O livreiro Quaresma no comércio editorial brasileiro". In: Marcia Abreu (org.). *O repórter impenitente*. Campinas, Editora da Unicamp, 1994.
Buarque de Hollanda, Heloisa. "Um eu encoberto". In: Zuenir Ventura e Heloisa Buarque de Hollanda. *Cultura em trânsito: da repressão à abertura*. Rio de Janeiro, Aeroplano, 2000.
Calasso, Roberto. *La marca del editor*. Barcelona, Anagrama, 2015.
Cataldo de Azevedo, Fabiano. "A Zahar Editores e seu projeto editorial (1957-1970)". In: *Livro – Revista do Núcleo de Estudos do Livro e da Edição*, n.6. São Paulo, Atêlie Editorial, nov 2016.
Diderot, Denis. *Carta sobre o comércio do livro*. Rio de Janeiro, Casa da Palavra, 2002.

Dosse, François. *Les hommes de l'ombre: portraits d'éditeurs*. Paris, Perrin, 2014.

Félix, Moacyr (org.). *Ênio Silveira: arquiteto de liberdades*. Rio de Janeiro, Bertrand Brasil, 1998.

Fernandes, Millôr. *Millôr: obra gráfica*. Rio de Janeiro, Instituto Moreira Salles, 2016.

Francis, Paulo. *Paulo Francis: uma coletânea de seus melhores textos já publicados*. Rio de Janeiro, Editora Três, 1978.

___. *O afeto que se encerra*. Rio de Janeiro, Civilização Brasileira, 1980.

___. *Trinta anos esta noite: 1964, o que vi e vivi*. São Paulo, Companhia das Letras, 1994.

___. *A segunda mais antiga profissão do mundo*. São Paulo, Três Estrelas, 2016.

Galucio, Andréa Lemos Xavier. *Civilização Brasileira e Brasiliense: trajetórias editoriais, empresários e militância política*. Tese de doutorado apresentada ao Programa de Pós-Graduação em História. UFF, 2009.

Hallewell, Laurence. *O livro no Brasil: sua história*. São Paulo, Edusp, 2ª ed. rev. e ampl., 2005.

Herralde, Jorge. *El observatorio editorial*. Buenos Aires, Adriana Hidalgo, 2004.

___. *Opiniones mohicanas*. Barcelona, El Acantilado, 2001.

Kachka, Boris. *Hothouse: the art of survival and the survival of art at America's most celebrated publishing house*. Nova York, Simon & Schuster, 2013.

Lewis, Jeremy. *Penguin Special: the story of Allen Lane, the founder of Penguin Books and the man who changed publishing forever*. Londres, Penguin, 2005.

Lippi Oliveira, Lucia. "As ciências sociais no Rio de Janeiro". In: Sergio Miceli (org.). *História das ciências sociais no Brasil*, vol.2. São Paulo, Sumaré/Fapesp, 1995.

Machado de Assis, Joaquim Maria. "Garnier". In: ___. *Obras de Machado de Assis*, vol.2, *Páginas recolhidas*. Rio de Janeiro, Nova Aguilar, 2008.

Machado, Ubiratan. *A etiqueta de livros no Brasil*. São Paulo, Edusp/Imprensa Oficial do Estado de São Paulo/Oficina do Livro Rubens Borba de Moraes, 2003.

___. *História das livrarias cariocas*. São Paulo, Edusp, 2012.

Maués, Flamarion. *Livros contra a ditadura: editoras de oposição no Brasil, 1974-1984*. São Paulo, Publisher Brasil, 2013.

Mello e Souza, Antonio Candido. "Literatura e cultura de 1900 a 1945". In: ___. *Literatura e sociedade*. Rio de Janeiro, Ouro sobre Azul, 2006.

Miceli, Sergio. "Jorge Zahar, editor pioneiro". Prefácio in: Jorge Zahar. *Jorge Zahar*. Série Editando o Editor, organização de Jerusa Pires Ferreira. São Paulo, Edusp/Com-Arte, 2001.

Miller, Laura J. *Reluctant Capitalists: bookselling and the culture of consumption*. Chicago, University of Chicago Press, 2007.

Moniz, Edmundo. *Francisco Alves: livreiro e autor*. Rio de Janeiro, Academia Brasileira de Letras, 2009.

Motta, Rodrigo Patto Sá. *As universidades e o regime militar*. Rio de Janeiro, Zahar, 2014.

Nyssen, Hubert. *La sabiduría del editor*. Madri, Trama Editorial, 2008.

Pacheco, Renato. *Os dias antigos*. Vitória, Edufes, 1998.

Paixão, Fernando. *Momentos do livro no Brasil*. São Paulo, Ática, 1997.

Pereira, Luciana Lombardo Costa. *A lista negra dos livros vermelhos: uma análise etnográfica dos livros apreendidos pela polícia política no Rio de Janeiro*. Tese de doutorado apresentada ao Programa de Pós-Graduação em Antropologia Social, Museu Nacional. UFRJ, 2010.

Saramago, José. *Cadernos de Lanzarote II*. São Paulo, Companhia das Letras, 1999.

Schiffrin, André. *O dinheiro e as palavras*. São Paulo, Bei, 2011.

___. *O negócio dos livros*. Rio de Janeiro, Casa da Palavra, 2006.

Senna, Homero. *República das letras*. Rio de Janeiro, Civilização Brasileira, 1996.

Silveira, Ênio. *Ênio Silveira*. Série Editando o Editor, organização de Jerusa Pires Ferreira. São Paulo, Edusp/Com-Arte, 2003.

Silveira, Maria Rita C. Jobim da. *A Revista Civilização Brasileira: um veículo de resistência intelectual*. Dissertação de mestrado apresentada ao Programa de Pós-Graduação em Letras. PUC-Rio, 2007.

Silverman, Al. *The Time of Their Lives: the golden age of great American publishers, their editors, and authors*. Nova York, St. Martin's Press, 2008.

Simonin, Anne. *Les Éditions de Minuit 1942-1955: le devoir d'insoumission*. Paris, Imec Éditeur, 2008.

Sorá, Gustavo. *Brasilianas: José Olympio e a gênese do mercado editorial brasileiro*. São Paulo, Edusp/Com-Arte, 2010.

Suarez, M.F. e H.R. Woudhuysen (orgs.). *The Oxford Companion to the Book*. Oxford, Oxford University Press, 2010.

Thompson, John B. *Mercadores de cultura: o mercado editorial no século XXI*. São Paulo, Unesp, 2013.

Unseld, Siegfried. *O autor e seu editor*. Rio de Janeiro, Guanabara, 1986.

Velho, Gilberto. *Um antropólogo na cidade: ensaios de antropologia urbana*. Seleção e apresentação de Hermano Vianna, Karina Kuschnir e Celso Castro. Rio de Janeiro, Zahar, 2013.

Ventura, Zuenir. "Depois de 20 anos, o desacordo". In: Zuenir Ventura e Heloisa Buarque de Hollanda. *Cultura em trânsito: da repressão à abertura*. Rio de Janeiro, Aeroplano, 2000.

Veras, Marcelo. "Jorge Zahar em entrevista". *Opção Lacaniana, Revista Brasileira Internacional de Psicanálise*, n.22. São Paulo, Eólia, ago 1998.

Verissimo, Erico. *Um certo Henrique Bertaso*. São Paulo, Companhia das Letras, 2011.

Vieira, Luiz Renato. *Consagrados e malditos: os intelectuais e a editora Civilização Brasileira*. Brasília, Thesaurus, 1998.

Villas Bôas, Glaucia. *A vocação das ciências sociais no Brasil: um estudo da sua produção em livros no acervo da Biblioteca Nacional, 1945-1966*. Rio de Janeiro, Fundação Biblioteca Nacional, 2007.

Zahar, Ana Cristina. "Jorge Zahar, editor". In: Catálogo da exposição Homenagem a Jorge Zahar. Rio de Janeiro, Zahar, 2008.

Zahar, Jorge. *Jorge Zahar*. Série Editando o Editor, organização de Jerusa Pires Ferreira. São Paulo, Edusp/Com-Arte, 2001.

Agradecimentos

A Cristina e Mariana Zahar pelo convite, confiança, estímulo e, sobretudo, paciência com o atrasado autor.

A Ani Zahar, Carlos Heitor Cony, Jorginho Zahar, Karin Schindler, Luiz Schwarcz, Marlene de Castro Correia, Jacques-Alain Miller, Moacir Palmeira, Otávio Guilherme Velho e Therezinha Albuquerque pelas entrevistas em que dividiram comigo as histórias de Jorge.

A Sérgio Augusto, que batizou o livro quase vinte anos antes de ser escrito.

À equipe da Zahar pela presteza e ajuda em diferentes fases do projeto.

A Flávio Pinheiro, Alice Sant'Anna e Guilherme Freitas pelo firme apoio em momentos cruciais.

A Ana Lima Cecilio pelas leituras, sugestões e por tudo de fundamental que não se pode nomear.

À minha laboriosa editora e fonte inesgotável de histórias, que tanto e tão delicadamente cuidou para que este livro chegasse ao seu melhor termo. Crica, só me resta repetir aqui o velho Samuel Beckett: *no author better served.*

Uma cronologia de Jorge Zahar

1920 | 13 fevereiro: nasce em Santa Maria, distrito de Campos dos Goytacazes, Rio de Janeiro.
1929 | A família se muda para Vitória, Espírito Santo.
1936 | Chega ao Rio de Janeiro com a mãe, os dois irmãos e a irmã.
1940 | Começa a trabalhar na livraria e distribuidora de Antonio Herrera.
1947 | Estabelece a livraria Ler, em sociedade com os irmãos Ernesto e Lucien.
1949 | Casa no civil com Hannelore Siebert, "Ani".
1951 | A Ler instala-se em seu endereço definitivo, rua México 31.
1956 | **Dezembro**: funda a Zahar Editores.
1957 | A Zahar Editores lança seu primeiro livro, *Manual de sociologia*, de Jay Rumney e Joseph Maier, reimpresso nove vezes nos anos seguintes.
1962 | Publica *História da riqueza do homem*, de Leo Huberman, best-seller com mais de 300 mil exemplares vendidos até 1984.
1966 | Lança a coleção Textos Básicos de Ciências Sociais, com grande impacto no ensino universitário.
1967 | Viaja à Inglaterra a convite do governo britânico.
1971 | Passa um mês em viagem oficial aos Estados Unidos para visitar editoras universitárias.
1972 | A Zahar Editores lança seu 500º título: *O desafio à educação*, de Sir George Pickering.
1973 | Término da sociedade com os irmãos e início da associação com a editora Guanabara Koogan; publica o primeiro livro de Gilberto Velho (*A*

utopia urbana); recebe o Prêmio Paula Brito 1972, da Secretaria de Cultura do Estado da Guanabara, por "estimular a difusão cultural das artes, ciências e letras".

1979 | Publica o primeiro *Seminário* de Jacques Lacan.

1980 | A Zahar Editores chega ao milésimo título: *História da análise sociológica*, de Tom Bottomore.

1984 | *Freud e o inconsciente*, de Luiz Alfredo Garcia-Roza (em catálogo até hoje), e o *Dicionário de música Zahar*, organizado por Luiz Paulo Horta, estão entre os últimos títulos dos cerca de 1.200 publicados na Zahar Editores; **dezembro:** fim das atividades da Zahar Editores e da associação com a editora Guanabara.

1985 | **Janeiro:** funda, aos 65 anos, a Jorge Zahar Editor (JZE), com os filhos Ana Cristina e Jorge Júnior; **julho:** lançamento dos primeiros títulos da nova editora.

1987 | Condecorado com o grau de Comendador da Ordem de Rio Branco da República Federativa do Brasil.

1989 | Premiado com o Mérito Cultural, concedido pela União Brasileira de Escritores, "por serviços prestados à cultura".

1996 | Recebe a Medalha Alfredo Machado, através da União Brasileira de Escritores, "pelo seu fecundo trabalho em prol do livro".

1997 | A JZE chega ao 500º título com *Sobre a televisão*, de Pierre Bourdieu.

1998 | **Março:** nomeado Chevalier de l'Ordre des Arts et des Lettres, pelo Ministério da Cultura francês; **11 junho:** morre, em decorrência de uma endocardite bacteriana.

Seleção de títulos e autores
(publicados por Jorge Zahar)

1956 | Fundação da Zahar Editores.
1957 | *Manual de sociologia*, de Jay Rumney e Joseph Maier, marca o início da editora e também da coleção Biblioteca de Ciências Sociais.
1958 | Otto Maria Carpeaux é o primeiro autor brasileiro publicado, com *Uma nova história da música*.
1959 | Primeiras obras de nomes que permanecerão no catálogo: Paul Sweezy e Erich Fromm.
1960 | Continua a publicação de autores-chave para a editora: John Kenneth Galbraith (*Capitalismo*); Fromm (*O medo à liberdade*); Paul Baran (*A economia política do desenvolvimento*); Arnold Toynbee (*Helenismo*); Bertrand Russell (*ABC da relatividade*); Sweezy e Huberman (*Cuba: anatomia de uma revolução*).
1961 | Outros importantes nomes das ciências sociais reforçam o catálogo: V. Gordon Childe (*O que aconteceu na história*); Karl Mannheim (*Diagnóstico de nosso tempo*); Joseph A. Schumpeter (*Imperialismo e classes sociais*); C. Wright Mills (*A verdade sobre Cuba*); M. Rostovtzeff (*História de Roma*).
1962 | *História da riqueza do homem*, de Leo Huberman, o grande best-seller da editora; *Uma teoria científica da cultura*, de Bronislaw Malinowski; além de importantes títulos de divulgação científica, como *Um, dois, três... infinito*, de George Gamow, e *A evolução da física*, de Albert Einstein e Leopold Infeld.

1963 | *O eu dividido*, de Ronald Laing; *Introdução à filosofia da matemática*, de Bertrand Russell; *Mito e verdade da revolução brasileira*, de Alberto Guerreiro Ramos; diversas biografias de personagens históricos como Marx, Napoleão, Maquiavel, Roosevelt e Lênin.

1964 | *Psicopatologia da vida cotidiana*, de Sigmund Freud; *As fontes do inconsciente*, de Melanie Klein; início da coleção dedicada ao teatro, que ganhará peso nos anos seguintes; uma série de livros sobre as grandes religiões do mundo; primeiros títulos da área de direito.

1965 | *A ideologia alemã*, de Karl Marx; *A evolução do capitalismo*, de Maurice Dobb; *Psicologia e religião*, de C.G. Jung; *Sociologia e filosofia social de Marx*, primeiro título de Tom Bottomore na editora; além de novos títulos de autores da casa, como Wright Mills e Fromm.

1966 | Lançamento de obras de Jean-Paul Sartre (*Esboço de uma teoria das emoções*), W.R. Bion (*Os elementos da psicanálise*) e D.W. Winnicott (*A criança e seu mundo*); além de *A necessidade da arte*, de Ernst Fisher, e *Capitalismo monopolista*, de Baran e Sweezy; início da série Textos Básicos de Ciências Sociais (dirigida por Antonio Bertelli, Moacir Palmeira e Otávio G. Velho), com cerca de trinta volumes publicados.

1967 | *Tipos psicológicos*, de Jung; *O capital*, de Marx (edição resumida); *O Manifesto Comunista de 1848*; *Ensaios de sociologia*, de Max Weber; *Análise crítica da teoria marxista (Pour Marx)*, de Louis Althusser; *Teoria do desenvolvimento*, de Luís de Aguiar Costa Pinto e Wilson Bazzanella.

1968 | Obras de Herbert Marcuse (*Eros e civilização*; *Ideologia da sociedade industrial*); K. Mannheim (*Ideologia e utopia*); Florestan Fernandes (*Sociedade de classes e subdesenvolvimento*); Marshall McLuhan (*Revolução na comunicação*); Peter Drucker (*O gerente eficaz*); Herbert Read (*Arte e alienação*); Martin Esslin (*O teatro do absurdo*); Ernest Mandel (*A formação do pensamento econômico*); Luiz Carlos Bresser-Pereira (*Desenvolvimento e crise no Brasil, 1930/1967*); Roberto Cardoso de Oliveira (*Urbanização e trabalhismo*).

1969 | *Literatura e revolução*, de Leon Trótski; *A revolução sexual*, de Wilhelm Reich; *Novas tendências na psicologia*, de Melanie Klein; *Reflexões de um cineasta*, de Sergei Eisenstein; *O teatro engajado*, de Eric Bentley; *A ordem oculta da arte*, de Anton Ehrenzweig; uma seleção de textos de G.W.F. Hegel;

Problemas e perspectivas do socialismo, de Isaac Deutscher; *A nova classe média (White Collar)*, de Wright Mills.

1970 | *A acumulação do capital*, de Rosa Luxemburgo; *Vida e obra de Sigmund Freud*, de Ernest Jones; o primeiro livro de grande repercussão de Fernando Henrique Cardoso, *Dependência e desenvolvimento na América Latina* (com Enzo Faletto); dois títulos de Jean Piaget, os primeiros a serem publicados no país; *Sociologia do direito*, de F.A. de Miranda Rosa; *Rebeldes primitivos*, de Eric Hobsbawm; *Xingu: os índios, seus mitos*, de Orlando e Cláudio Villas Bôas (com ilustrações de Poty); *Sociedades tribais*, de Marshall Sahlins.

1971 | *Política e desenvolvimento em sociedades dependentes*, de Fernando Henrique Cardoso; *Infância normal e patológica*, de Anna Freud; dois títulos de Maud Mannoni; um novo livro sobre música retomando o tema na editora, *Introdução à música no século XX*, organizado por Eric Salzman.

1972 | 500º título da Zahar Editores: *O desafio à educação*, de Sir George Pickering; *O caso Dominique*, de Françoise Dolto; *Da substituição de importações ao capitalismo financeiro*, primeiro livro de Maria da Conceição Tavares; *Frentes de expansão e estrutura agrária*, de Otávio G. Velho; *Reflexos condicionados e inibições*, de I. Pavlov.

1973 | Término da sociedade entre os irmãos Zahar e início da associação da Zahar Editores com a editora Guanabara Koogan; publicação de *Capitalismo dependente e classes sociais na América Latina*, de Florestan Fernandes; o primeiro livro de Gilberto Velho, *A utopia urbana*; o volume inicial da *História da filosofia* (em 8 vols.), de François Châtelet.

1974 | Obras de Hélio Jaguaribe; G. Velho (*Desvio e divergência*); os sete volumes restantes da *História da filosofia* de Châtelet.

1975 | Erving Goffman (*Estigma*); Edgar Morin (*O enigma do homem*); Anthony Giddens (*A estrutura de classes*); Florestan Fernandes (*A revolução burguesa no Brasil*); Raymond Aron (*República imperial*); Yvonne Maggie (*Guerra de orixá*).

1976 | Thomas Szasz (*A fabricação da loucura*); Thomas Skidmore (*Pensamento teórico em sociologia*); Alain Touraine (*Em defesa da sociologia*); novos títulos de Bottomore e Piaget.

1977 | A. Ehrenzweig (*Psicanálise da percepção artística*); Serge Leclaire (*Mata-se uma criança*); E.F. Schumacher (*O negócio é ser pequeno [Small* *is Beautiful]*); Moustapha Safouan; Ludwig Binswanger; Gaston Bachelard; Zygmunt Bauman (*Por uma sociologia crítica*); além de títulos de Bertrand Russell e Andre Gunder Frank.

1978 | Lícia Valladares (*Passa-se uma casa*); Arnold Toynbee (*A humanidade e a mãe-terra*); volumes iniciais da *História das crenças e das ideias religiosas*, de Mircea Eliade; E.E. Evans-Pritchard (*Bruxaria, oráculos e magia entre os Azande*); Clifford Geertz (*A interpretação da cultura*); Philippe Ariès (*História social da criança e da família*); além de um título de Imre Lakatos organizado por Elie Zahar e John Worrall (*A lógica do descobrimento matemático*) e obras de Henri Bergson e Michel Maffesoli.

1979 | Início dos *Seminários* de Jacques Lacan, com a publicação dos Livros I e II; *A história da arte*, de E.H. Gombrich; *Carnavais, malandros e heróis*, de Roberto DaMatta; *Cultura e razão prática*, de Marshall Sahlins; *A favor de Marx*, de Louis Althusser (obra publicada pela editora em 1967, agora com novo título), e também do autor o volume 1 de *Ler O capital*.

1980 | 1000º título da editora: *História da análise sociológica*, de T. Bottomore; *Ler O capital* (vol.2), de Althusser; *O riso*, de Henri Bergson.

1981 | Obras de István Mészáros; Joan Robinson; T. Bottomore; Gilberto Velho; Noam Chomsky; E.H. Carr (*A Revolução Russa*); Florestan Fernandes; Émile Durkheim (*O suicídio*); o volume inicial de *Perspectivas Antropológicas da Mulher*, com organização de Bruna Franchetto, Maria Luiza Heilborn e Maria Laura V.C. Cavalcanti.

1982 | Jürgen Habermas (*Conhecimento e interesse*); Otávio G. Velho (*Sociedade e agricultura*); John Lyons (*Linguagem e linguística*); Bertha Becker (*Geopolítica da Amazônia*); Roger Garaudy (*Liberação da mulher*); Peter Fry (*Para inglês ver*); George Frazer (*O ramo de ouro*, edição resumida e ilustrada); Jean-Jacques Roubine (*A linguagem da encenação teatral*); Lacan (*O Seminário*, Livro 20).

1983 | Luiz Paulo Horta (*Caderno de música*); Vasco Mariz (*Heitor Villa-Lobos, compositor brasileiro*); Janet Malcolm (*Psicanálise, a profissão impossível*); cinco volumes de bolso de uma série da BBC sobre compositores clássicos e outros dois volumes de uma série sobre arte da Universidade de Cambridge.

1984 | *Freud e o inconsciente*, de Luiz Alfredo Garcia-Roza; obras de Heinz Kohut, Toynbee, Giddens, Fromm, Galbraith, Dolto; *Fundamentos da lite-*

ratura grega, de Jacqueline de Romilly, e *Fundamentos da literatura italiana*, de Christian Bec; outros quatro volumes da série da BBC sobre compositores e outros quatro da série de Cambridge sobre arte; *Dicionário de música Zahar*, um dos últimos títulos dos quase 1.200 publicados pela Zahar Editores (1957-1984).
Término da associação com a editora Guanabara Koogan.
1985 | Fundação, com os filhos Ana Cristina e Jorge Júnior, da nova editora, Jorge Zahar Editor, que lança a partir de julho seus primeiros títulos, dentre os quais: *Garotas de programa*, de Maria Dulce Gaspar; *História das ideias políticas*, de Châtelet et al.; dois novos *Seminários* de Jacques Lacan (Livros 2 e 3); *Dialética do Esclarecimento*, de Theodor W. Adorno e Max Horkheimer; *O movimento punk na cidade*, de Janice Caiafa; biografias de Mozart e Bach; o primeiro dos vários volumes dos Cadernos de Música da Universidade de Cambridge; e a coleção fundadora Brasil: Os Anos de Autoritarismo, que teve nomes de grande expressão nacional como: Paulo Francis, Florestan Fernandes, Maria da Conceição Tavares, Paul Singer, Flora Süssekind, Ignácio Rangel, Hélio Jaguaribe, Sérgio Abranches, Carlos Minc, Yan Michalski, Barbosa Lima, Werneck da Silva, Marcos de Castro, Clóvis Brigagão, Ismail Xavier.
1986 | Publicação de vários autores brasileiros: Luiz Felipe Duarte (*Da vida nervosa nas classes trabalhadoras urbanas*); Eduardo Viveiros de Castro (*Araweté: os deuses canibais*); Gilberto Velho (*Subjetividade e sociedade*); e Roque de Barros Laraia (*Cultura: um conceito antropológico*, um best-seller no catálogo), esses todos na coleção Antropologia Social, dirigida por Gilberto Velho; Garcia-Roza (*Acaso e repetição em psicanálise*); Antonio Rezende (*Curso de filosofia*); Antonio José Faro (*Pequena história da dança*) e Luiz Orlando Carneiro (*Obras-primas do jazz*); além de várias traduções, entre elas o *Kama Sutra*, na versão clássica de Sir Richard Burton.
1987 | Início de duas coleções de psicanálise: Campo Freudiano no Brasil (dirigida por Judith e Jacques-Alain Miller), com o lançamento de *Os complexos familiares*, de Lacan, e de *Percurso de Lacan*, de J.-A. Miller; e a coleção Transmissão da Psicanálise (com direção de Marco Antonio Coutinho Jorge), com livros de Gérard Pommier, Catherine Millot e a *Gradiva*, de Wilhelm Jensen. Publicação de diversos autores brasileiros, como Hélio Silva, Manoel Maurício

de Albuquerque, Sérgio Abranches, Luiz Paulo Horta (*Villa-Lobos*) e Maurício Abreu (*Evolução urbana do Rio de Janeiro*), além de coletâneas sobre temas brasileiros trazendo nomes como Gerd Bornheim, Silviano Santiago, Alfredo Bosi e Paulo Sérgio Duarte; dentre as traduções: *História ilustrada da ciência* (em 4 vols.); três tomos sobre as civilizações asteca, inca e maia; *Beethoven*, a biografia definitiva escrita por Maynard Solomon; *A arte do ator*, de J.-J. Roubine; *Dicionário Oxford de literatura*; uma coleção de livros policiais chamada O Creme do Crime, com *As aventuras de Sherlock Holmes*, de Conan Doyle, e *Um bando de corvos*, de Ruth Rendell.

1988 | Entram em cena vários autores que permanecerão no catálogo da casa: Hermano Vianna (*O mundo funk carioca*), J.-D. Nasio (*A criança magnífica da psicanálise*) e Marco Antonio Coutinho Jorge (*Sexo e discurso*); obras de Marcel Detienne, Jean-Pierre Vernant e Nicole Loraux (na requintada coleção de bolso Erudição & Prazer); na psicanálise, mais um volume dos *Seminários* de Lacan; *História da psicanálise na França* (2 vols.), de Elisabeth Roudinesco, e um livro de Jean Laplanche e J.-B. Pontalis; nas obras de referência, o *Dicionário do pensamento marxista*, de T. Bottomore; o *Dicionário de linguística e fonética*, de David Crystal, e o *Dicionário do Renascimento italiano*; no cinema, o clássico *De Caligari a Hitler*, de Siegfried Kracauer, e *A anarquia da fantasia*, de Rainer W. Fassbinder; na música, *O discurso dos sons*, do maestro Nikolaus Harnoncourt; *A música moderna*, de Paul Griffiths, e o *Guia do ouvinte de música clássica*; uma coletânea sobre escravidão dirigida por Ciro Flamarion Cardoso.

1989 | Obras de Alan Macfarlane; Françoise Dolto; Maud Mannoni; o *Dicionário de balé e dança*, de Antonio J. Faro e Luiz Paulo Sampaio; *As principais teorias do cinema*, de J. Dudley Andrew; uma coleção em comemoração ao bicentenário da Revolução Francesa com textos de François Furet, Michel Vovelle e outros; a biografia de Rosa Luxemburgo por Elzbieta Ettinger; *Um prefácio à teoria democrática*, de Robert A. Dahl; início da coleção ilustrada Vidas Literárias.

1990 | *O processo civilizador* (vol.1), de Norbert Elias; *Um prefácio à democracia econômica*, de R.A. Dahl; *Dicionário básico de filosofia*, de Hilton Japiassú e Danilo Marcondes; *Ilhas de história*, de Marshall Sahlins; obras de Garcia-Roza (*O mal radical em Freud*; *Palavra e verdade*); de

Mário da Gama Kury (*Dicionário de mitologia* e o início da publicação de nove volumes de tragédias e comédias gregas traduzidas por ele); o *Dicionário da Idade Média*; *Os generais de Hitler*, organizado por Correli Barnett; biografias de Sartre, Hemingway e Leonardo da Vinci; no cinema, as obras clássicas de Sergei Eisenstein, *A forma do filme* e *O sentido do filme*; *O espírito militar*, de Celso Castro; os três volumes inaugurais da coleção Letras (dirigida por Marlene de Castro Correia), entre eles *Iniciação à fonética e à fonologia*, de Dinah Callou e Yonne Leite.

1991 | *Conceitos da arte moderna*, de Nikos Stangos; *Anarquia, Estado e utopia*, de Robert Nozick; na psicanálise, obras de J.-D. Nasio, Antonio Quinet (*As 4+1 condições da análise*), Garcia-Roza (*Introdução à metapsicologia freudiana*, vol.1) e Slavoj Žižek (*O mais sublime dos histéricos*); na música, o fundamental *Kobbé: o livro completo da ópera* e *Mozart*, a importante biografia escrita por Wolfgang Hildesheimer; e também *Será que Deus joga dados?*, iniciando as obras do matemático Ian Stewart na editora.

1992 | Livros de Perry Anderson (*O fim da história*); Georges Duby (*Idade Média na França*); dois novos *Seminários* de Lacan; e o *Dicionário judaico de lendas e tradições*.

1993 | *Nós e os outros*, de Tzvetan Todorov; o segundo volume de *O processo civilizador*, de N. Elias; *Hitler: um perfil do poder*, de Ian Kershaw; títulos de Lacan (*Televisão*), Garcia-Roza (o segundo volume de *Introdução à metapsicologia freudiana*) e J.-D. Nasio (*5 lições sobre a teoria de Jacques Lacan*).

1994 | *A fabricação do rei*, de Peter Burke; *A voz e o fenômeno*, de Jacques Derrida; *Freud, uma biografia ilustrada*, de Octave Mannoni; mais dois títulos importantes de Norbert Elias (*A sociedade dos indivíduos*; *Mozart, sociologia de um gênio*); e o *Dicionário Grove de música*, versão resumida dos vinte volumes, organizada por Sir Stanley Sadie, obra de referência na área.

1995 | *O mistério do samba*, de Hermano Vianna; *O Seminário*, Livro 4, de Lacan; dois títulos de J.-D. Nasio (entre eles uma introdução às obras de Freud, Sándor Ferenczi e outros); o terceiro volume de *Introdução à metapsicologia freudiana*, de Garcia-Roza; início de duas séries de filosofia, uma delas a coleção Dicionários de Filósofos; *Wagner: um compêndio*, guia completo da música e da vida do compositor.

1996 | *O ser e o evento*, de Alain Badiou; *Matemas*, de J.-A. Miller; o *Dicionário do pensamento social do século XX*, de W. Outhwaite e T. Bottomore; o último volume das traduções do grego de Mário da Gama Kury; a *Poética musical em 6 lições*, de Igor Stravinsky; e dois outros compêndios musicais, *Beethoven* e *Mozart*.

1997 | 500º título da JZE: *Sobre a televisão*, de Pierre Bourdieu; obras de J.-A. Miller (*Lacan elucidado*); Norbert Elias (*Os alemães*); Alain Badiou (*Deleuze*); Michel Foucault (*Resumo dos cursos do Collège de France*); Danilo Marcondes (*Iniciação à história da filosofia*); Roberto Machado (*Zaratustra, tragédia nietzschiana*); o *Dicionário Oxford de filosofia*; além do primeiro Guia de CDs (sobre música clássica, por Luiz Paulo Horta) e de oito volumes iniciais da coleção de bolso Filósofos em 90 Minutos.

1998 | Lançamento dos *Escritos* de Lacan (*opus magnum* que reúne em cerca de mil páginas a íntegra dos textos escritos entre 1936-66); início da publicação regular dos livros de Zygmunt Bauman com *O mal-estar da pós-modernidade* e *Modernidade e Holocausto*; *A linguagem da encenação teatral*, de J.-J. Roubine; o *Dicionário de psicanálise*, de E. Roudinesco e Michel Plon; lançamento da série de bolso Cientistas em 90 Minutos.

Créditos das imagens

8: Foto de Martine Heissat/Acervo Jorge Zahar.
18: Foto de Ana Branco/Agência O Globo.
20: Foto reproduzida do *Jornal do Snel*, ano 12, número 13, agosto de 1998.
24-5: Editoria de Arte/Folhapress; Arquivo/Estadão Conteúdo; CPDOC JB.
34-5: Bettman/Getty Images.
36: Fotógrafo desconhecido/Site da prefeitura de Muqui.
37: Bolsa de Lyon, c.1900. Fotógrafo desconhecido/Wikimedia Commons.
39: Fotógrafo desconhecido/Cartão-postal da década de 1950.
40: Foto gentilmente cedida por Therezinha Albuquerque.
48: Imagem reproduzida de mapa turístico do Rio de Janeiro (São Paulo, Companhia Lithografica Ypiranga, 1937).
51: Foto reproduzida de *História das livrarias cariocas,* de Ubiratan Machado.
53: *O Imparcial*/Acervo da Biblioteca Nacional.
60: Foto reproduzida de *História das livrarias cariocas*, de Ubiratan Machado.
61: Cartaz de lançamento do filme, 1945.
68: Foto de Martine Heissat/Acervo Jorge Zahar.
70: Hans Mann, foto reproduzida de *Strolling through Rio* (Amsterdã, Colibris, 1958).
72: Imagens reproduzidas de *A etiqueta de livros no Brasil*, de Ubiratan Machado.
78: Foto gentilmente cedida por Marlene de Castro Correia.
104: Foto de Hans Gunter Flieg/Acervo Instituto Moreira Salles.
124: Anúncio e convite: *Correio da Manhã*/Acervo da Biblioteca Nacional.

125: "Credi-Cheque": *Correio da Manhã*/Acervo da Biblioteca Nacional; "O melhor presente": *Diário de Notícias*/Acervo da Biblioteca Nacional; "Presses Universitaires de France": *Diário de Notícias*/Acervo da Biblioteca Nacional; "A verdade sobre Cuba": *Última Hora*/Acervo da Biblioteca Nacional; "Ler para comprar bem": *Diário de Notícias*/Acervo da Biblioteca Nacional.

126: *Correio da Manhã*/Acervo da Biblioteca Nacional.

132: Imagens gentilmente cedidas pela *Monthly Review*.

142: Foto reproduzida de *Momentos do livro no Brasil*, de Fernando Paixão.

144: Dezembro de 1978. Arquivo/Agência O Globo.

162-3: Arquivo Público do Estado do Rio de Janeiro.

164: *Correio da Manhã*/Acervo da Biblioteca Nacional.

166: *Correio da Manhã*/Acervo da Biblioteca Nacional.

169: Foto reproduzida de *História das livrarias cariocas*, de Ubiratan Machado.

172: Aesi/UFMG, 1971.

177: *Jornal do Brasil*, 17 set 1966, Suplemento do Livro/CPDOC JB.

183: Foto gentilmente cedida por Luis Erlanger.

227: Foto gentilmente cedida por Angelina Harari.

249: Foto de Martine Heissat/Acervo Jorge Zahar.

255: Fotos gentilmente cedidas por Lilia e Luiz Schwarcz.

260-1: *Jornal do Brasil*, 9 abr 1994, Ideias Livros/CPDOC JB.

263: Foto de Gabriel de Paiva/Agência O Globo.

Fotos não creditadas são do Acervo Jorge Zahar.

Índice onomástico

A

Abramo, Claudio, 152, 253
Adorno, Theodor, 89, 240
Aguiar, Leonor, 142
Alencar, José de, 73
Allende, Salvador, 189
Almeida, Guilherme de, 19
Alpert, Harry, 89
Althusser, Louis, 171, 224, 226
Alves, Francisco, 73
Amado, Jorge, 21, 46, 164
Amoroso Lima, Alceu, 83, 168
Andrade, Mário de, 46, 101
Arendt, Hanna, 89
Ariès, Philippe, 217, 218
Arletty, 59
Arraes, Madalena, 167
Arraes, Miguel, 167
Assis, Machado de, 46, 73
Augusto, Sérgio, 5, 26, 178
Avellar, José Carlos, 246

B

Bach, Johann Sebastian, 241
Baciu, Stefan, 134
Balzac, Honoré de, 29, 31, 42, 62, 67, 228
Bandeira, Manuel, 19, 76, 80, 98, 101, 147, 156, 254
Banderas, Antonio, 5, 26
Baptiste (*O Boulevard do Crime*), 59
Baran, Paul, 133, 173
Barbosa dos Santos, Alaôr, 90
Barraclough, Geoffrey, 127
Barrault, Jean-Louis, 59, 147
Barreto, Lima, 72
Barroso, Gustavo, 144
Barroso, Ivo, 184
Barthes, Roland, 178, 224
Bastide, Roger, 36
Baudelaire, Charles, 18, 79
Bauman, Zygmunt, 265
Beethoven, Ludwig van, 241

Benjamin, Walter, 178
Bentley, Eric, 147
Bergson, Henri, 209
Bernardes, Sérgio, 167
Bernstein, Eduard, 170
Bertaso, Henrique, 98
Bertelli, Antonio Roberto, 174-6
Bilac Pinto, Regina, 17
Bill, Max, 104, 105
Bion, Wilfred, 118
Bloch, Erwin J., 94-6
Bonnecaze Ribeiro, Edgard, 192
Borchardt, Julian, 171
Bottomore, Thomas, 122, 127, 209, 240
Braga, Rubem, 80, 262
Brahms, Johannes, 254
Britto, Sulamita de, 181
Broca, Brito, 72, 73
Brodsky, Joseph, 9
Bronislaw, Malinowski, 122
Buarque de Holanda, Aurélio, 144
Buarque de Holanda, Heloisa, 233
Buarque de Holanda, Sérgio, 92, 167
Buel, Romaric Sulger, 18, 19
Bullosa, Manuel, 248
Burckhardt, Jacob, 118
Burke, Peter, 262
Burnett, Lago, 135
Burton, Tim, 246

C

Cabral, Álvaro, 178
Cabral, Sérgio, 185

Calasso, Roberto, 109
Callado, Antonio, 11, 149, 262, 264-5
Campos, Álvaro de (heterônimo de Fernando Pessoa), 17
Campos, Geir, 135
Campos, Humberto de, 46
Campos, Milton, 99
Candido, Antonio, 92
Capanema, Gustavo, 82
Cardoso, Durval, 46
Cardoso, Fernando Henrique, 179, 180
Cardoso, Ruth, 22
Carlos Magno, Paschoal, 147
Carné, Marcel, 59
Carpeaux, Otto Maria, 100-1, 123, 210
Carroll, Lewis, 246
Caruso, Chico, 13
Carvão, Aloísio, 105
Castello, José, 254, 262
Castelo Branco, Humberto, 118, 167-8
Castro Correia, Marlene de, 17, 76, 78-9, 160
Castro, Celso, 239
Castro, Ruy, 257
Châtelet, François, 240
Chaves, Demerval, 74
Chomsky, Noam, 209
Churchill, Winston, 258
Clark, Lygia, 105
Coelho, Edmundo, 176
Cohen, Albert K., 181

Cohn-Bendit, Daniel, 181
Conan Doyle, Arthur, 246
Condé, José, 101
Cony, Carlos Heitor, 20, 21, 101, 145, 252, 257
Costa, Jaime, 147
Coutinho Jorge, Marco Antonio, 244
Couto e Silva, Golbery do, 193
Cunha, Luiz Antônio, 239

D

DaMatta, Roberto, 208, 209
Del Rio, Pilar, 256
Delumeau, Jean, 252
Deutscher, Isaac, 173, 185
Di Cavalcanti, Emiliano, 167
Dias Gomes, Alfredo de Freitas, 168
Diderot, Denis, 71
Dobb, Maurice, 262
Dostoiévski, Fiódor, 46, 98
Drummond de Andrade, Carlos, 17, 76, 80, 98, 147
Dumas, Alexandre, 246-7
Durkheim, Émile, 209
Dutra, Eurico Gaspar, 82, 160, 170, 178
Dutra, Waltensir, 170

E

Eco, Umberto, 178
Eichner, Erich, 63, 108-9
Einstein, Albert, 132

Eisenstein, Sergei, 246, 247
Elbrick, Charles Burke, 183
Eliade, Mircea, 209
Elias, Norbert, 265
Engels, Friedrich, 171
Enzensberger, Hans Magnus, 178
Érico *ver* Monterosa, Érico
Erlanger, Ernesto, 183, 184
Escot, Emmie, 37
Escot, Jean-Gaspard, 37
Escot, Marguerite, 37
Escot, Marie *ver* Zahar, Marie (Maria)
Espinosa (personagem de Garcia-Rosa), 220
Evans-Pritchard, E.E., 217

F

Fagundes Telles, Lygia, 20, 21
Fairbanks, Douglas, 5, 26
Faletto, Enzo, 179
Faro, Antonio José, 241
Feitosa, Newton, 55, 61
Félix, Moacyr, 17, 155
Feltrinelli, Giangiacomo, 9
Fernandes, Florestan, 170, 179, 180, 209, 232
Fernandes, Millôr, 42-3, 149, 152, 155, 157, 158-9, 257
Ferreira, Procópio, 147
Ferreira Gullar, 168
Figueiredo, Newton Carlos de *ver* Newton Carlos
Fischer, Ernst, 178

Fitzgerald, Scott, 141
Fontes, Lourival, 135
Forbes, Jorge, 224
Fortuna, 185
Francis, Paulo (Franz Paulo Trannin Heilborn), 11, 26, 42, 43, 100, 140-1, 147-52, 155, 157, 160, 183, 185, 198, 232, 254, 256-7, 258, 259, 262, 264
Franco Perpétuo, Irineu, 242
Franck, César, 254
Frazer, James George, 209, 210
Freedman, Robert, 171
Freud, Sigmund, 118, 198, 201, 219, 220, 244
Freyre, Gilberto, 46, 92
Fromm, Erich, 89, 99, 119, 219
Furlanetto, 242
Furter, Pierre, 181

G

Gabeira, Fernando, 20, 21, 233
Galbraith, John Kenneth, 119, 127
Gama Kury, Mário da, 243
Garance (*O Boulevard do Crime*), 59
Garcez, Paulo, 185
García Lorca, Federico, 19
Garcia, Irineu, 80, 81
Garcia-Roza, Luiz, 19, 197, 218-20
Garnier, Louis Baptiste, 73
Gaspar, Maria Dulce, 240
Gasparian, Fernando, 171
Gattai, Zélia, 20, 21
Geertz, Clifford, 217, 218

Geisel, Ernesto, 167, 193
Gêngis Khan, 258
Gensse, Marguerite, 37
Gerth, H.H., 178
Góes, Moacyr de, 239
Goffman, Erving, 218
Goldmann, Lucien, 178
Gombrich, E.H., 204-8, 242
Gomes Leite, Maurício, 101-2
Gonzaga de Sá (personagem de Lima Barreto), 72
Goulart, João (Jango), 167
Gravatá, Luiz, 158
Guerreiro Ramos, Alberto, 127

H

Habermas, Jürgen, 209
Harari, Angelina, 227
Harewood, Conde de, 242
Hegel, Georg Wilhelm Friedrich, 173
Heilbroner, Robert, 122
Hemingway, Ernest, 141, 149, 246
Herralde, Jorge, 9
Herrera Filho, Antonio, 55
Herrera, Antonio, 53, 54, 55, 57, 80
Hess, Rudolf, 89
Hinkle Jr., Roscoe C., 89
Hitler, Adolf, 89
Horkheimer, Max, 89, 240
Horta, Luiz Paulo, 210-1, 242
Huberman, Leo, 130-3, 134, 135-6, 265

I

Ianni, Octavio, 170
Isaías Caminha (personagem de Lima Barreto), 72
Ivo, Lêdo, 98

J

Jaguar, 185
Japiassú, Hilton, 243
Jesus, Clementina de, 167
Jobim, Lygia, 146
Johanna (esposa do primo Elie), 32
Jones, John Paul, 247
Joyce, James, 246
Jung, Carl Gustav, 118

K

Kipling, Rudyard, 247
Klein, Melanie, 118
Knopf, Alfred A., 143
Kobbé, Gustave, 242
Koogan, Abraão, 199, 201
Kracauer, Sigfried, 246, 247
Kuschnir, Karina, 218

L

Lacan, Jacques, 22, 197, 208, 221-7, 244, 265
Lacerda, Carlos, 23
Lacerda, Sérgio, 23
Lady Dudley (*O lírio do vale*), 29
Laemmert, Eduardo, 73
Laemmert, Enrique, 73
Laing, Ronald, 118
Lakatos, Imre, 32, 33
Lane, Robert, 174
Langella, Frank, 5, 26
Lara Resende, Otto, 147
Laraia, Roque de Barros, 218
Leão, Nara, 167
Lessa, Orígenes, 248
Lima Sobrinho, Barbosa, 164
Lima, Hildebrando Mateus de, 144
Lins, Álvaro, 167
Lisboa, José Carlos, 76
London, Jack, 247
Lorch, Pedro, 199, 208, 211
Loyola Brandão, Ignácio de, 233
Lula da Silva, Luiz Inácio, 258

M

Macedo Soares, Flávio, 127
Machado, Alfredo, 23
Machado, Sérgio, 20, 21
Machado, Ubiratan, 57
Maciel, Luiz Carlos, 185
Mackenzie, Norman, 173
Maggie, Yvonne, 213-6, 218
Mahler, Gustav, 241
Maier, Joseph, 87-9, 90
Mann, Thomas, 21, 23
Mannheim, Karl, 122
Marcondes, Danilo, 243
Marcondes Ferreira, Cleo, 143, 199
Marcondes Ferreira, Octalles, 142, 143, 144

Marcuse, Herbert, 89, 171, 173, 174, 262
Mariz, Vasco, 211
Marx, Karl, 119, 149, 170, 173, 198
Matos, Almir, 134
McCarthy, Joseph, 132
Medeiros, Carlos Alberto, 201
Melo Neto, João Cabral de, 80
Mendes Campos, Paulo (Paulinho), 49, 78, 90, 147, 156-7
Menezes, Djacir, 87, 173
Merleau-Ponty, Maurice, 178
Métailié, Anne-Marie, 20
Miceli, Sergio, 179
Michalski, Yan, 239
Miguel Pereira, Lúcia, 98
Miller, Jacques-Alain, 22, 224-8, 244
Miller, Judith, 224, 226, 227, 244
Miller, Laura J., 72
Minc, Carlos, 232
Mitterrand, François, 170
Monteiro Lobato, José Bento Renato, 102, 142-3
Montenegro, Fernanda, 167
Monterosa, Érico, 87, 104, 107, 108, 109, 110-1, 176
Monterosa, Masha, 108
Moore, Stanley, 170
Moraes, Eneida de, 134
Moraes, Vinicius de, 80, 147
Morel, Edmar, 167
Moritz Schwarcz, Lilia, 256
Mortsauf, Henriette de (*O lírio do vale*), 29

Mota Lima, Pedro, 82
Mozart, Wolfgang Amadeus, 241, 254
Müller-Doohm, Stefan, 89

N

Nasio, J.-D., 246
Natalie (*O lírio do vale*), 29
Nathalie (*O Boulevard do Crime*), 62
Nery, Adalgisa, 135
Neves, Tancredo, 231
Newton Carlos, 136
Niemeyer, Oscar, 164
Nisbet, Robert, 209
Nolasco, Sonia, 149, 257
Nunes, Janary, 123

O

O'Connor, Harvey, 123, 124
O'Donnell, Julia, 218
Obholzer, Karin, 244
Oiticica, Hélio, 105
Oliveira, Franklin de, 103, 105, 123, 155
Oliveira Nunes, Edson de, 236
Olympio, José, 10, 23, 50

P

Pacheco, Renato, 46
Palmeira, Moacir, 174-6, 178, 213
Pape, Lygia, 105

ÍNDICE ONOMÁSTICO   *291*

Parsons, Talcott, 181
Paula Machado, Cândido de, 60
Pedro Américo, 185
Pedro I, 185
Pedro II, 256
Pedrosa, Mário, 105
Pelto, Pertti, 218
Penido, Cristiano, 188, 189
Penna, Lincoln, 236
Pereira Pinto, Jorge, 39
Perlman, Itzhak, 254
Pessoa, Fernando, 17
Pinho, Sérgio, 188, 189
Piñon, Nélida, 20, 21
Piraccini, Vanna, 20, 21
Pires Gonçalves, Leônidas, 193
Popper, Karl, 32
Portinari, Candido, 103
Porto, Sergio, 150
Pound, Ezra, 246
Power, Tyrone, 5, 26
Prado, Caio Graco, 23, 252, 253
Prado Júnior, Caio, 23, 253
Prestes, Luís Carlos, 80, 82
Prévert, Jacques, 62
Proust, Marcel, 98, 246

Q

Quadros, Jânio, 118
Quaresma, 73
Queiroz, Rachel de, 98
Quintana, Mário, 98

R

Raillard, Alice, 20, 21
Ramos, Graciliano, 72, 78, 134
Rangel, Flávio, 155
Rangel, Ignácio, 239
Rangel, Maria Lucia, 26
Ravel, Joseph Maurice, 254
Reich, Wilhelm, 118, 174
Rendell, Ruth, 220
Rennó, Joel, 257
Ribeiro Couto, Rui Esteves, 144
Ribeiro, Darcy, 11, 189, 210, 264-5
Ribeiro, Vicente, 190-3
Ricoeur, Paul, 224
Riedel, Diaulas, 262
Rimbaud, Arthur, 79, 149
Robbe-Grillet, Alain, 178
Roberto, Marcelo, 73
Roberto, Milton, 73
Rocha, Glauber, 99
Rodrigues, Nelson, 84, 103
Rónai, Paulo, 127
Roudinesco, Elisabeth, 246
Rumney, Jay, 87-9, 90
Russell, Bertrand, 118

S

Sabino, Fernando, 145, 147
Sahlins, Marshall, 218
Sampaio, Luiz Paulo, 241, 242
Santa Rosa, Tomás, 102-3, 105
Santayana, George, 232
Santos Dumont, Alberto, 108
Saramago, José, 256

Sarney, José, 20, 21, 231
Sartre, Jean-Paul, 134
Schindler, Karin, 96-7
Schumpeter, Joseph, 122
Schwarcz, Luiz, 157, 221, 252-6, 257
Sears, David O., 174
Serpa, Ivan, 105
Shakespeare, William, 62, 149, 246
Siebert, Anna Maria, 62, 64
Siebert, Emil (Emílio), 62
Siebert, Hannelore ver Zahar, Ani
Silva Brito, Mário da, 155
Silva Pereira, Mário da, 55
Silveira, Ênio, 17, 23, 43, 140-1, 142-6, 147, 149, 150, 151, 152, 155, 157, 164, 167-8, 170, 171, 185, 199, 247-51, 257, 258, 259, 262
Silveira, Valdomiro, 143
Souza, Amaury de, 176
Spengler, Oswald, 118
Stendhal, 228
Strathern, Paul, 239
Suzuki Jr., Matinas, 236
Sweezy, Paul, 127, 129, 132, 133, 134, 135, 136, 173

T

Tavares, Maria da Conceição, 179, 180, 232
Teixeira, Anísio, 83
Timasheff, Nicholas, 98
Torres, Antônio, 20, 21
Toynbee, Arnold J., 118

Trautmann, Catherine, 20, 21, 22
Trenet, Charles, 79
Trótski, Lev, 174, 185
Tuffi, 52

V

Vandenesse, Félix de (*O lírio do vale*), 29, 31, 67
Vargas, Getúlio, 82, 160, 262
Velho, Gilberto, 22, 99, 176, 178, 179, 181, 182, 197, 212-7, 240
Velho, Octavio Alves, 99, 155, 174, 181, 193, 213
Velho, Otávio Guilherme, 99, 174-6, 179, 181, 182
Ventura, Zuenir, 231
Verdi, Giuseppe, 241
Verissimo, Erico, 98
Verne, Jules, 247
Vianna, Hermano, 218
Vianna, Moniz, 62
Viany, Alex, 80
Vieira, José Geraldo, 98
Villas Bôas, Glaucia, 93
Viveiros de Castro, Eduardo, 218

W

Wagner, Richard, 241
Wahl, François, 224
Wainer, Samuel, 135
Waissman, Nathan, 201
Weber, Max, 178
Weissmann, Franz, 105

ÍNDICE ONOMÁSTICO

Werneck de Castro, Moacyr, 19, 155
Werneck de Castro, Nenen, 19
Wilde, Oscar, 246
Wilson, Edmund, 149
Winnicott, Donald, 118
Woolf, Virginia, 246
Wright Mills, Charles, 122, 127, 129, 134, 135, 178
Wright, Richard, 143

X

Xavier, Ismail, 239

Z

Zahar, Agripina, 43, 54
Zahar, Ana Cristina (Cristina), 11, 23, 32, 33, 65, 69, 76, 97, 115, 155, 157, 183, 186-8, 189, 190-3, 197, 198, 201, 217, 220, 227, 232, 236, 237, 239, 241, 242, 247, 257, 264, 265
Zahar, Ana Maria (Aninha), 22, 69, 71, 115, 183, 187, 188-9, 193, 228
Zahar, Ani (Hannelore), 11, 32, 62, 63-8, 71, 79, 108, 146, 182, 188, 189, 193, 213
Zahar, Basil Elias (Basílio), 29, 32, 33-7, 38, 39, 40, 41, 43, 46
Zahar, Clarice, 23, 190, 191
Zahar, Elias, 32, 33, 34
Zahar, Elie, 32, 33
Zahar, Ernesto, 29, 38, 41, 42, 43, 49, 53, 54, 55, 57-8, 61, 65, 74, 82, 160, 197, 198-9
Zahar, Ernesto Júnior (Ernestinho), 43, 54
Zahar, Fadi, 32
Zahar, Georges, 32
Zahar, Ivan, 43, 54
Zahar, Karime, 32
Zahar, Lucien, 29, 41, 42, 43, 49, 54, 57, 58, 65, 197, 198-9, 201
Zahar, Margot, 29, 32, 41, 42, 43
Zahar, Marie (Maria), 29, 33, 37-8, 39, 40, 41, 43, 46, 80
Zahar, Mariana, 23, 32, 62, 190, 239, 246
Zahar Júnior, Jorge (Jorginho), 23, 65, 69, 115, 188, 190, 193, 197, 198, 200, 201, 220, 247
Zeca (*Cabeça de papel*), 100
Zévacco (Zevaco), Michel, 31
Ziraldo, 185
Zola, Émile, 31, 43
Zorro (*A marca do Zorro*), 5, 26
Zweig, Stefan, 109, 201

 A marca FSC® é a garantia de que a madeira utilizada na fabricação do papel deste livro provém de florestas de origem controlada e que foram gerenciadas de maneira ambientalmente correta, socialmente justa e economicamente viável.

Este livro foi composto em Sabon 11/15 e Futura
e impresso em papel offset 90g/m² e cartão triplex 250g/m²
por Geográfica Editora em outubro de 2017.

Publicado no ano do 60º aniversário da Zahar, editora fundada
sob o lema "A cultura a serviço do progresso social".